전면개정판 제36회 공인중개사 시험대비
방송대학TV 무료강의 | 첫방송 2025.7.7(월) 오전 7시

박문각 공인중개사

KB213429

합격예상문제 2차

부동산세법

박문각 부동산교육연구소 편

브랜드만족
1위
박문각

근거자료
후면표기

2025

동영상강의
www.pmg.co.kr

합격까지 박문각
합격 노하우가 다르다!

박문각

이 책의 머리말

이번 2025 공인중개사 합격예상문제는
절대적으로 공인중개사 수험생의 '효율적인 수험공부'를 최우선 목표로 했다.

최근 공인중개사 시험에서 부동산 관련 세법은 복잡하고 실무적인 내용을 묻고 있다.

따라서 부동산세법은 이론을 바탕으로 많은 연습 과정이 필요하기 때문에 다양한 문제를 풀어보는 것이 중요하다. 또한 매년 세법이 개정되기 때문에 개정 세법의 내용을 숙지해야 할 필요가 있다. 따라서 본서의 목적은 다양한 문제를 통하여 핵심 내용을 정리하고 단시간 내 이론의 체계를 잡고 최근 출제 경향에 맞는 문제 경향에 익숙해지도록 하는 데 목적이 있다. 공인중개사 시험은 어려운 것보다는 익숙하지 않은 것이다. 꾸준한 반복을 통하여 익숙해짐으로써 어려움을 극복하면 충분히 안정적인 점수가 나오리라 확신한다.

본서의 구성은 다음과 같다.

01 | 철저하게 공인중개사 시험과 관련된 것으로 범위를 한정하였으며 최근 기출문제를 분석하여 수험생이 최소의 시간으로 습득할 수 있도록 문제를 구성하였다.

02 | 최근 종합형 문제와 각 세목별 비교 문제 등이 자주 출제되는 점에 착안하여 같은 유형의 문제를 많이 수록함으로써 학습의 효율성을 높이는 데 집중하였다.

03 | 각 문제마다 충실한 해설을 통하여 이론과 문제 두 마리 토끼를 잡을 수 있도록 하였다.

따라서 본서로 흐름을 잡고 연습하면 최소의 시간으로 최대의 효과를 얻을 수 있을 것이라 생각한다.

본서는 이러한 사항에 역점을 두고 집필하였으므로 공인중개사 시험을 준비하는 수험생들의 훌륭한 길잡이가 될 수 있으리라 믿어 의심치 않으며 모든 수험생들에게 합격의 영광이 함께 하길 기원한다.

본서를 집필하는 과정에서 많은 분들의 도움을 받았다. 출간을 허락해 주신 도서출판 박문각 박용 회장님과 편집부 직원 여러분들에게 감사의 마음을 전한다.

2025년 봄
편저자 씀

공인중개사 시험정보

시험일정 및 시험시간

1. 시험일정 및 장소

구 분	정기접수	빈자리접수	시험시행일	합격자발표
일 정	2025. 8. 4. ~ 8. 8.	2025. 9. 29. ~ 9. 30.	2025. 10. 25.	2025. 11. 26.
장 소	원서 접수시 수험자가 시험지역 및 시험장소를 직접 선택			

TIP 1. 제1·2차 시험이 동시접수·시행·발표됨
2. 빈자리 접수는 정기접수 환불로 발생한 수용인원 범위 내에서 선착순으로만 이루어져 조기 마감될 수 있음

2. 시험시간

구 분	교시	시험과목 (과목당 40문제)	시험시간	
			입실시간	시험시간
제1차 시험	1교시	2과목	09:00까지	09:30 ~ 11:10(100분)
제2차 시험	1교시	2과목	12:30까지	13:00 ~ 14:40(100분)
	2교시	1과목	15:10까지	15:30 ~ 16:20(50분)

＊ 수험자는 반드시 입실시간까지 입실하여야 함(시험 시작 이후 입실 불가)
＊ 개인별 좌석배치도는 입실시간 20분 전에 해당 교실 칠판에 별도 부착함
＊ 위 시험시간은 일반응시자 기준이며, 장애인 등 장애유형에 따라 편의제공 및 시험시간 연장가능(장애 유형별 편의제공 및 시험시간 연장 등 세부내용은 큐넷 공인중개사 홈페이지 공지사항 참조)
＊ 2차만 응시하는 시간연장 수험자는 1·2차 동시응시 시간연장자의 2차 시작시간과 동일 시작

TIP 시험일시, 시험장소, 시험방법, 합격자 결정방법 및 응시수수료의 환불에 관한 사항 등은 '제36회 공인중개사 자격시험 시행공고'시 고지

응시자격 및 합격자 결정방법

1. 응시자격: 제한 없음

다만, 다음의 각 호에 해당하는 경우에는 공인중개사 시험에 응시할 수 없음
① 공인중개사시험 부정행위자로 처분 받은 날로부터 시험시행일 전일까지 5년이 경과되지 않은 자(공인중개사법 제4조의3)
② 공인중개사 자격이 취소된 후 합격자발표일까지 3년이 경과하지 않은 자(공인중개사법 제6조)
③ 이미 공인중개사 자격을 취득한 자

2. 합격자 결정방법

제1·2차 시험 공통. 매 과목 100점 만점으로 하여 매 과목 40점 이상, 전 과목 평균 60점 이상 득점한 자

TIP 제1차 시험에 불합격한 자의 제2차 시험은 무효로 함
＊ 제1차 시험 면제대상자: 2024년 제35회 제1차 시험에 합격한 자

시험과목 및 출제비율

구 분	시험과목	시험범위	출제비율
제1차 시험 (2과목)	부동산학개론 (부동산 감정평가론 포함)	부동산학개론 • 부동산학 총론[부동산의 개념과 분류, 부동산의 특성(속성)] • 부동산학 각론(부동산 경제론, 부동산 시장론, 부동산 정책론, 부동산 투자론, 부동산 금융론, 부동산 개발 및 관리론)	85% 내외
		부동산 감정평가론(감정평가의 기초이론, 감정평가방식, 부동산가격 공시제도)	15% 내외
	민법 및 민사특별법 중 부동산중개에 관련되는 규정	민 법 • 총칙 중 법률행위 • 질권을 제외한 물권법 • 계약법 중 총칙·매매·교환·임대차	85% 내외
		민사특별법 • 주택임대차보호법 • 집합건물의 소유 및 관리에 관한 법률 • 가등기담보 등에 관한 법률 • 부동산 실권리자명의 등기에 관한 법률 • 상가건물 임대차보호법	15% 내외
제2차 시험 1교시 (2과목)	공인중개사의 업무 및 부동산 거래신고 등에 관한 법령 및 중개실무	공인중개사법	70% 내외
		부동산 거래신고 등에 관한 법률	
		중개실무	30% 내외
	부동산공법 중 부동산중개에 관련되는 규정	국토의 계획 및 이용에 관한 법률	30% 내외
		도시개발법	30% 내외
		도시 및 주거환경정비법	
		주택법	40% 내외
		건축법	
		농지법	
제2차 시험 2교시 (1과목)	부동산공시에 관한 법령 및 부동산 관련 세법	부동산등기법	30% 내외
		공간정보의 구축 및 관리 등에 관한 법률 제2장 제4절 및 제3장	30% 내외
		부동산 관련 세법(상속세, 증여세, 법인세, 부가가치세 제외)	40% 내외

TIP 답안은 시험시행일에 시행되고 있는 법령을 기준으로 작성

공인중개사 개요 및 전망

"자격증만 따면 소자본만으로 개업할 수 있고
'나'의 사업을 능력껏 추진할 수 있다."

공인중개사는 자격증만 따면 개업하고, 적당히 돌아다니기만 해도 적지 않은 수입을 올릴 수 있는 자유직업. 이는 뜬구름 잡듯 공인중개사가 되려는 사람들의 생각인데 천만의 말씀이다. 예전에도 그랬고 지금은 더하지만 공인중개사는 '부동산 전문중개인다워야' 제대로 사업을 유지할 수 있고 괜찮은 소득도 올릴 수 있는 최고의 자유직업이 될 수 있다.

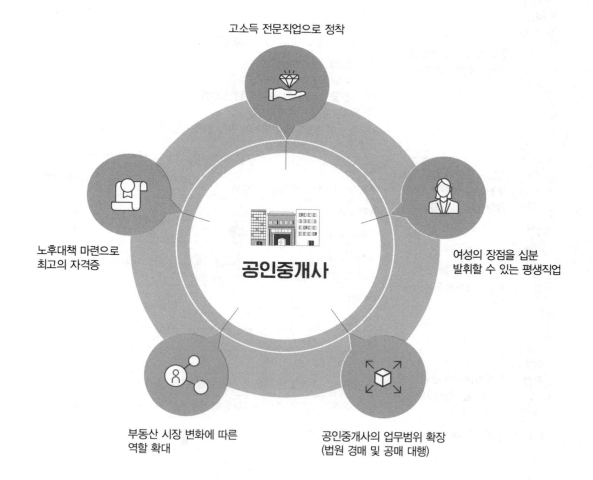

고소득 전문직업으로 정착

노후대책 마련으로
최고의 자격증

공인중개사

여성의 장점을 십분
발휘할 수 있는 평생직업

부동산 시장 변화에 따른
역할 확대

공인중개사의 업무범위 확장
(법원 경매 및 공매 대행)

"자격증 취득하면 무슨 일 할까?"

공인중개사 자격증에 대해 사람들이 가장 많이 궁금해하는 점이 바로 '취득 후 무슨 일을 하나'이다. 하지만 공인중개사 자격증 취득 후 선택할 수 있는 직업군은 생각보다 다양하다.

개업공인중개사로서의 공인중개사 업무는 알선·중개 외에도 중개부동산의 이용이나 개발에 관한 지도 및 상담(부동산컨설팅)업무도 포함된다. 부동산중개 체인점, 주택 및 상가의 분양대행, 부동산의 관리대행, 경매 및 공매대상 부동산 취득의 알선 등 부동산의 전문적 컨설턴트로서 부동산의 구입에서 이용, 개발, 관리까지 폭넓은 업무를 다룰 수 있다.

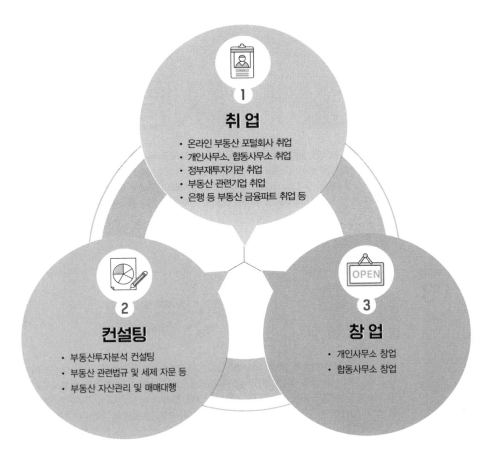

1 취업
- 온라인 부동산 포털회사 취업
- 개인사무소, 합동사무소 취업
- 정부재투자기관 취업
- 부동산 관련기업 취업
- 은행 등 부동산 금융파트 취업 등

2 컨설팅
- 부동산투자분석 컨설팅
- 부동산 관련법규 및 세제 자문 등
- 부동산 자산관리 및 매매대행

3 창업
- 개인사무소 창업
- 합동사무소 창업

공인중개사 공략법

📖 학습 정도에 따른 공략법

type 01 입문자의 경우

공인중개사 시험 준비 경험이 전혀 없는 상태라면 먼저 시험에 대한 전체적인 파악과 과목에 대한 이해가 필요하다. 서점에서 공인중개사 관련 서적을 살펴보고 공인중개사 시험에 대한 대략적 지식을 쌓은 후 학원에서 수험상담을 받는 것이 좋다.

type 02 학습경험이 있는 경우

잠시라도 손을 놓으면 실력이 급격히 떨어질 수 있으므로 문제풀이를 통해 학습한 이론을 정리하고, 안정적 실력 향상을 위해 꾸준히 노력해야 한다. 강의 또한 평소 취약하다고 느끼는 과목에 대해 집중 심화학습을 해야 한다. 정기적인 모의고사를 실시하여 결과에 따라 약점을 보완하는 동시에 성적이 잘 나오는 과목에 대해서도 소홀하지 않도록 지속적인 복습을 해야 한다.

type 03 시간이 부족한 직장인 또는 학생의 경우

시험에 올인하는 수험생에 비해 절대적으로 학습시간이 부족하므로 시간을 최대한 아껴가며 효율적으로 공부하는 방법을 찾는 것이 무엇보다도 중요하다. 평소에는 동영상 강의 등을 활용하여 과목별 이해도를 높이고 자투리 시간을 활용하여 지하철이나 버스 안에서 자기만의 암기카드, 핸드북 등을 보며 학습하는 것이 좋다. 주말은 주로 기본이론보다는 주중에 학습한 내용의 심화학습 위주로 공부해야 한다.

🎯 **학습 방법**에 따른 공략법

type 01
독학할 경우

 > +

신뢰할 수 있는 기본서를 선택하여 기본이론을 충실히 학습하면서 문제집 또는 모의고사집을 통하여 실전에 필요한 문제풀이 방법을 터득하는 것이 관건이다. 주기적으로 모의고사 등에 응시하여 자신의 실력을 확인하면서 체계적인 수험계획을 세우고 이에 따라서 공부하여야 한다.

TIP 관련 법령 개정이 잦은 공인중개사 시험의 특성상 시험 전 최신 수험정보를 확인해 보는 자세가 필요하다.

※ 최신 수험정보 및 수험자료는 박문각 홈페이지(www.pmg.co.kr)에서 박문각출판 참고

type 02
학원강의를 수강할 경우

 > +

보통 학원에서는 2달을 기준으로 기본서, 문제집, 모의고사 등에 관련된 강의가 개설·진행되는데 그에 맞춰서 수험 전체의 일정을 잡는 것이 좋다. 학원수업 후에는 개인공부를 통해 실력을 쌓아 나가고, 쉬는 날에도 공부의 흐름을 놓치지 않도록 그 주에 공부한 부분을 가볍게 훑어보는 것이 좋다. 학원 내 스터디 모임과 학원의 전문상담원을 통하여 수험정보를 빠르고 쉽게 접할 수 있는 장점도 있다.

type 03
동영상강의를 수강할 경우

 > + =

동영상을 통하여 이론 강의와 문제풀이 강의를 동시에 수강할 수도 있고, 단원별로 이론강의 수강 후에 문제풀이 강의로 즉시 실력을 점검할 수도 있다. 그리고 이해가 안 되거나 어려운 부분은 책갈피해 두었다가 다시 볼 수 있다. 패키지 강좌, 프리미엄 강좌 등을 이용하면 강의료가 할인된다.

※ 공인중개사 동영상강의: www.pmg.co.kr
   박문각 공인중개사 전화문의: 02-6466-7201

제35회 공인중개사 시험총평

2024년 제35회 공인중개사 시험
"전년도에 비해 난이도가 상승하였다."

제35회 공인중개사 시험에서 1차 과목인 부동산학개론은 지엽적이고 어려운 문제가 앞부분에 집중 배치되었고 계산문제와 2차 과목의 문제도 다수 출제되어 전년도에 비해 어려웠고, 민법은 예년보다 다소 쉽게 출제되었지만, 최근 판례들을 응용한 문제들이 출제되어 체감 난이도는 전년도와 비슷하였다.

2차 과목은 전반적으로 어려웠으나 부동산세법은 기본개념, 논점 위주로 출제되어 기본서를 바탕으로 꾸준히 학습을 했다면 충분히 합격할 수 있는 난이도였다. 반면 공인중개사법·중개실무, 부동산공법, 부동산공시법령은 고난도 문제와 생소한 유형의 문제가 대거 출제되어 수험생들의 체감 난이도는 예년에 비해 훨씬 높아졌다고 할 수 있다.

제35회 시험의 과목별 출제 경향은 다음과 같다.

1차

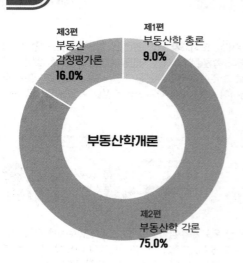

제3편
부동산
감정평가론
16.0%

제1편
부동산학 총론
9.0%

부동산학개론

제2편
부동산학 각론
75.0%

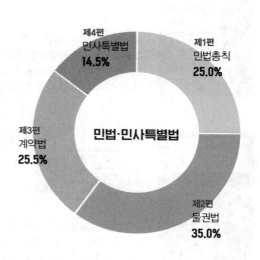

제4편
민사특별법
14.5%

제1편
민법총칙
25.0%

제3편
계약법
25.5%

민법·민사특별법

제2편
물권법
35.0%

부동산학개론은 계산문제, 2차 과목 문제 등 지엽적이고 어려운 문제가 다수 출제되어 작년보다 어려운 시험이었다.

민법·민사특별법은 최근 판례들을 응용한 문제들이 다수 출제되어 체감 난이도가 다소 높았던 시험이었다.

2차

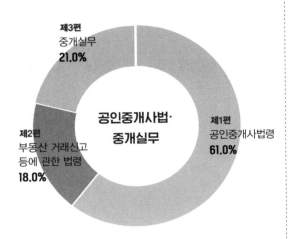

제3편
중개실무
21.0%

제2편
부동산 거래신고
등에 관한 법령
18.0%

공인중개사법·
중개실무

제1편
공인중개사법령
61.0%

공인중개사법·중개실무는 전반적으로 전년도와 비슷한 난이도로 출제되었으나, 시험범위를 벗어난 문제가 다소 출제되어 체감 난이도가 높아졌다.

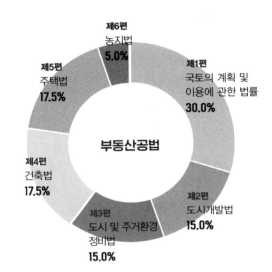

제6편
농지법
5.0%

제5편
주택법
17.5%

제4편
건축법
17.5%

제3편
도시 및 주거환경
정비법
15.0%

부동산공법

제1편
국토의 계획 및
이용에 관한 법률
30.0%

제2편
도시개발법
15.0%

부동산공법은 일부 법률에서 최근 출제된 적 없는 계산문제와 매우 지엽적인 문제가 출제되어 전체적인 난이도가 많이 상승했다.

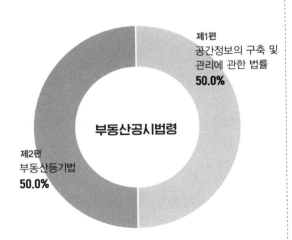

제1편
공간정보의 구축 및
관리에 관한 법률
50.0%

부동산공시법령

제2편
부동산등기법
50.0%

'공간정보관리법'은 몇 문제 외에는 비교적 평이한 난이도를 유지했고, '부동산등기법'은 지금까지 출제된 적 없던 유형의 문제들이 절반 가까이 출제되어 어려웠다.

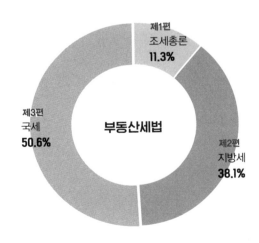

제1편
조세총론
11.3%

제3편
국세
50.6%

부동산세법

제2편
지방세
38.1%

부동산세법은 기본개념을 이해하였는지를 중점적으로 물어보았고 단순 법조문을 묻는 문제, 사례형 문제, 계산문제를 혼합하여 출제하였다.

GUIDE

출제경향 분석 및 수험대책

🖳 어떻게 출제되었나?

▶ 출제경향 분석

구 분		제31회	제32회	제33회	제34회	제35회	총 계	비율(%)
조세총론		1	2	2	2	2	9	11.25
지방세	취득세	1.5	2	2	2	3	10.5	13.125
	등록면허세	2.5	1	1	2	0	6.5	8.125
	재산세	3	2.5	2	2	3	12.5	15.625
	지방소득세	0	0	0	0	0	0	0.0
	지역자원시설세	1	0	0	0	0	1	1.25
국 세	종합부동산세	1	2.5	2	2	2	9.5	11.875
	양도소득세	5	6	5	5	5	26	32.5
	종합소득세	1	0	2	1	1	5	6.25
총 계		16	16	16	16	16	80	100.0

제35회 공인중개사 시험에서 부동산세법은 난이도를 극상급 3문제, 상급 2문제, 중급 7문제, 하급 4문제로 구분하여 출제하였다. 난이도 극상급 문제는 시험장에서 풀기 어려운 문제였으며 기본개념을 정확하게 이해한 수험생에게 합격 점수가 안정적으로 나올 수 있는 문제를 중급과 하급으로 출제하였다. 실제 시험장에서 난이도 극상급과 상급 문제를 통과한 후 난이도 중급과 하급에 해당하는 문제를 푸는 능력이 필요한 시험이었다.

세목별 출제 문항은 조세총론 2문제, 취득세 3문제, 재산세 3문제, 종합부동산세 2문제, 양도소득세 5문제, 종합소득세 1문제로 총 16문제를 출제하였다.

문제 유형은 틀린 것을 찾는 문제(4문제), 옳은 것을 찾는 문제(7문제), 박스형 문제(4문제), 계산 문제(1문제)로 다양하게 출제하였다. 그리고 세목별 구체적인 문제(14문제), 종합 문제(2문제)로 출제하였다.

단순 법조문을 묻는 문제, 사례형 문제, 계산문제를 혼합하여 출제하였다. 최근의 출제경향은 세법에 대한 기본적인 내용을 정확하게 이해하고 있는 지를 확인하는 쪽으로 바뀌고 있다. 물론 문제 지문을 구성할 때 구색을 맞추기 위해 지엽적인 내용을 출제하는 경우도 있지만 세법의 기본 개념을 정확히 이해하였다면 합격 점수를 확보하는 것에는 별 어려움이 없도록 출제하고 있다.

앞으로의 수험전략은 정확한 이해를 바탕으로 주어진 시간 내에 다양한 문제를 풀어 가는 능력을 키우는 것이다. 만점보다는 합격점수를 확보하는 전략이 절대적으로 필요하다.

📋 이렇게 준비하자!

▶ 조세총론

조세총론은 국세와 지방세를 총괄하는 것으로 매년 2문제 정도 출제되고 있다. 조세에 관한 기본적이고 공통적인 내용으로 최근 시험에서는 이의신청·심판청구, 서류의 송달, 납세의무 성립·확정·소멸, 조세와 다른 채권의 관계, 거래단계별 조세, 연대납세의무 등의 전반적인 내용을 골고루 출제하고 있다. 이 부분을 정확하게 이해하고 정리하기 위해서는 개별적인 세목을 먼저 공부한 후 연결하여 학습하는 것이 좋다.

▶ 취득세

취득세는 기초 개념을 확실하게 파악해야 상호 연결이 쉽게 이루어진다. 자주 출제되는 부분은 납세의무자, 과세표준, 세율 신고·납부부분으로서 전체적인 흐름 파악을 종합적으로 묻고 있다. 추가로 과점주주, 토지의 지목변경 등 취득의제 부분을 기본적으로 파악해 두어야 한다.

▶ 등록면허세

등록면허세는 등록에 대한 등록면허세와 면허에 대한 등록면허세로 구분한다. 공인중개사 시험에서는 등록에 대한 등록면허세가 출제되고 있다. 종합문제 형태로 출제되고 있으므로 세부적인 사항을 깊게 공부하는 것보다 전체적인 흐름을 파악하는 것이 바람직하다.

▶ 재산세

재산세는 부동산 보유단계에서 과세하는 지방세로, 매년 2~3문제 정도 출제되고 있다. 자주 출제되는 부분은 토지의 과세대상 구분, 과세표준, 세율, 납세의무자, 부과·징수이므로 이 부분을 중점적으로 학습하는 것이 좋다. 재산세를 철저하게 공부해야만 종합부동산세도 자연스럽게 정리할 수 있다.

▶ 종합부동산세

종합부동산세를 이해하기 위해서는 재산세 학습이 밑받침되어야 한다. 특히 종합부동산세의 과세대상, 납세의무자, 신고·납부 등을 재산세와 연결하여 학습하는 것이 중요하다.

▶ 양도소득세

양도소득세는 매년 5~6문제가 출제되는 중요 부분이다. 양도소득세를 효율적으로 학습하려면 양도소득세의 전체 흐름을 바탕으로 세부적인 내용을 연결하여 학습해야 한다. 구체적으로 중요한 부분은 양도의 정의, 과세대상, 양도·취득시기, 양도소득세 계산구조, 신고·납부, 비과세이다. 최근에는 계산문제가 1문제씩 출제되고 있는데 실제 시험장에서 풀기에는 시간상 어려움이 있을 수 있다. 하지만 양도소득세 전체를 파악하기 위해서는 계산문제 푸는 연습을 꼭 해야 한다.

▶ 종합소득세

종합소득세에서는 부동산임대업의 사업소득을 주로 출제하고 있다. 부동산임대업의 범위와 비과세 및 총수입금액 계산을 중점적으로 출제하고 있다.

이 책의 구성 및 특징

01 | 실전에 강한 기출·예상문제

실전예상문제

철저한 최신출제경향 분석을 통해 출제가능성이 높은 문제를 수록함으로써 실전능력을 기를 수 있도록 하였다.

대표유형

단원 내에서 키워드가 유사한 문제를 모아 테마를 만들고, 그 테마를 대표하는 문제를 통해 시험에 자주 출제되는 문제의 유형을 제시하였다.

난이도·핵심키워드·포인트 표시

난이도를 3단계로 표시하고 포인트와 핵심키워드를 통해 보다 정확한 문제 분석을 제시함으로써 수험생 스스로 셀프테스트가 가능하도록 구성하였다.

Part **01** 조세총론

제1절 **과세주체(과세권자)에 따른 분류**

대표유형

「지방세기본법」상 특별시세 세목이 아닌 것은?

① 취득세   ② 등록면허세   ③ 지방소비세
④ 지역자원시설세   ⑤ 지방교육세

해설 ② 등록면허세는 구세이다. 즉, 특별시·광역시 단위에서는 특별시청·광역시청으로 귀속되는 것이 아닌 구청으로 귀속된다. ◆정답 ②

01 「지방세기본법」상 도세 세목이 아닌 것은?
도세
① 취득세   ② 등록면허세
③ 지방교육세   ④ 지역자원시설세
⑤ 재산세

02 「지방세기본법」상 특별시세 세목이 아닌 것은?
특별시세
① 주민세   ② 취득세
③ 지방소비세   ④ 지방교육세
⑤ 등록면허세

03 다음 중 모두 국세에 해당하는 것은?
국세
① 상속세·증여세·양도소득세
② 양도소득세·재산세·등록면허세
③ 재산세·종합부동산세·등록면허세
④ 상속세·증여세·양도소득세·지방교육세
⑤ 지역자원시설세·양도소득세

02 | 정확하고 명쾌한 정답 및 해설

효율적 지면 구성

문제풀이에 방해되지 않도록 문제와 해설 · 정답을 분리하여 수록하였고 편리한 학습을 위하여 책속의 책 형태로 구성하였다.

상세한 해설

문제의 핵심을 찌르는 정확하고 명쾌한 해설은 물론, 문제와 관련하여 더 알아두어야 할 내용을 제시함으로써 문제풀이의 효과를 극대화하고자 하였다.

Part 01 조세총론

Answer

01 ⑤	02 ⑤	03 ②	04 ①	05 ③	06 ④	07 ③	08 ①	09 ④	10 ①
11 ⑤	12 ③	13 ④	14 ②	15 ⑤	16 ②	17 ③	18 ⑤	19 ①	20 ②
21 ④	22 ②	23 ③	24 ③	25 ②	26 ④	27 ③	28 ③	29 ④	30 ①
31 ④									

01 ⑤ 재산세는 시 · 군세이다. 즉, 도 단위에서는 도청으로 귀속되는 것이 아닌 시 · 군 · 구로 귀속된다.

02 ⑤ 등록면허세: 구세, 도세
① 주민세: 특별시세 · 광역시세, 시 · 군세
② 취득세: 특별시세 · 광역시세, 도세
③ 지방소비세: 특별시세 · 광역시세, 도세
④ 지방교육세: 특별시세 · 광역시세, 도세

03 1. 국세: 양도소득세, 상속세, 증여세
2. 지방세: 취득세, 등록면허세, 재산세, 지방교육세, 지역자원시설세

04 ① 재산세와 지역자원시설세는 지방세이다.
② 지방교육세는 지방세이다.
③ 모두 지방세이다.
⑤ 지역자원시설세는 지방세이다.

05 1. 국세: 양도소득세, 종합소득세, 상속세, 증여세
2. 지방세: 등록면허세, 재산세, 지방교육세, 지역자원시설세

06 ④ 취득세의 납세의무 성립시기는 '과세물건을 취득하는 때'이다.

07 ③ 농어촌특별세의 납세의무 성립시기는 본세의 납세의무가 성립하는 때이다.

08 ① 개인분 주민세: 과세기준일 (매년 7월 1일) (지방세기본법 제34조 제1항 제6호 가목, 지방세법 제79조 제2항)
② 거주자의 양도소득에 대한 지방소득세: 과세표준이 되는 소득에 대하여 소득세의 납세의무가 성립하는 때 (매년 12월 31일) (지방세기본법 제34조 제1항 제7호)

이 책의 차례

PART
01

조세총론

PART
02

지방세

PART
03

국 세

부 록

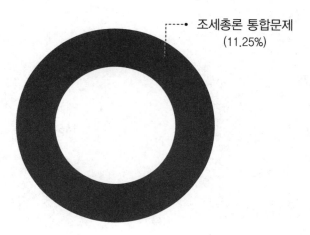

조세총론 통합문제
(11.25%)

🔖 최근 5개년 출제경향 분석

부동산 관련 세법을 총정리하는 부분으로 출제비중은 2문제 정도이다.
납세의무의 성립·확정·소멸, 조세와 다른 채권의 관계, 거래단계별 조세, 용어의 설명에 대해서 최근 출제되고 있다.

PART

01

조세총론

PART 01 조세총론

제1절 과세주체(과세권자)에 따른 분류

대표유형

「지방세기본법」상 특별시세 세목이 아닌 것은?

① 취득세　　　　　　② 등록면허세　　　　　　③ 지방소비세

④ 지역자원시설세　　⑤ 지방교육세

해설 ② 등록면허세는 구세이다. 즉, 특별시·광역시 단위에서는 특별시청·광역시청으로 귀속되는 것이 아닌 구청으로 귀속된다.　　　　　　　　　　　　　　　　　　　**● 정답 ②**

01 「지방세기본법」상 도세 세목이 아닌 것은?

도세

① 취득세　　　　　　　　　　② 등록면허세

③ 지방교육세　　　　　　　　④ 지역자원시설세

⑤ 재산세

02 「지방세기본법」상 특별시세 세목이 아닌 것은?

특별시세

① 주민세　　　　　　　　　　② 취득세

③ 지방소비세　　　　　　　　④ 지방교육세

⑤ 등록면허세

03 다음 중 모두 국세에 해당하는 것은?

국세

① 상속세 · 증여세 · 양도소득세

② 양도소득세 · 재산세 · 등록면허세

③ 재산세 · 종합부동산세 · 등록면허세

④ 상속세 · 증여세 · 양도소득세 · 지방교육세

⑤ 지역자원시설세 · 양도소득세

04 다음 중 모두 국세에 해당하는 것은?

국세

① 재산세, 인지세, 지역자원시설세
② 양도소득세, 상속세, 법인세, 부가가치세, 지방교육세
③ 취득세, 재산세, 등록면허세
④ 상속세, 증여세, 종합부동산세, 인지세
⑤ 양도소득세, 부가가치세, 지역자원시설세

05 다음 중 모두 지방세에 해당하는 것은?

지방세

① 상속세 · 증여세 · 양도소득세
② 양도소득세 · 재산세 · 등록면허세
③ 재산세 · 등록면허세 · 종합소득세
④ 상속세 · 증여세 · 양도소득세 · 지방교육세
⑤ 지역자원시설세 · 지방교육세

제2절 | 납세의무의 성립 · 확정 · 소멸

1 납세의무의 성립시기

대표유형

납세의무의 성립시기로 옳은 것으로만 묶인 것은?

ㄱ 소득세: 소득을 지급하는 때
ㄴ 종합부동산세: 과세기준일(매년 6월 1일)
ㄷ 취득세: 취득한 날부터 60일이 되는 날
ㄹ 등록에 대한 등록면허세: 재산권과 그 밖의 권리를 등기하거나 등록하는 때
ㅁ 재산세: 매년 7월 1일

① ㄱ, ㄴ   ② ㄱ, ㄴ, ㄹ   ③ ㄴ, ㄹ
④ ㄷ, ㄹ, ㅁ   ⑤ ㄴ, ㄹ, ㅁ

해설 옳은 것: ㄴ, ㄹ (2개)
ㄱ 소득세: 소득을 지급하는 때 ⇨ 과세기간이 끝나는 때
ㄷ 취득세: 취득한 날부터 60일이 되는 날 ⇨ 과세물건을 취득하는 때
ㅁ 재산세: 매년 7월 1일 ⇨ 과세기준일(매년 6월 1일)   ❶ 정답 ③

06
성립시기

국세 및 지방세의 납세의무 성립시기에 관한 내용으로 틀린 것은? (단, 특별징수 및 수시부과와 무관함)

① 소득세: 과세기간이 끝나는 때
② 거주자의 양도소득에 대한 지방소득세: 과세표준이 되는 소득에 대하여 소득세의 납세의무가 성립하는 때
③ 종합부동산세: 과세기준일
④ 취득세: 과세물건을 취득한 날부터 60일이 되는 때
⑤ 재산세: 과세기준일

07
복습문제
성립시기

납세의무의 성립시기에 관한 설명 중 옳지 않은 것은?

① 등록에 대한 등록면허세: 재산권과 그 밖의 권리를 등기하거나 등록하는 때
② 지방교육세: 과세표준이 되는 세목의 납세의무가 성립하는 때
③ 농어촌특별세: 과세기간이 종료하는 때
④ 재산세: 과세기준일
⑤ 지방소득세: 과세표준이 되는 소득에 대하여 소득세·법인세의 납세의무가 성립하는 때

08
성립시기

국세 및 지방세의 납세의무 성립시기에 관한 내용으로 옳은 것은? (단, 특별징수 및 수시부과와 무관함)

① 개인분 주민세: 매년 7월 1일
② 거주자의 양도소득에 대한 지방소득세: 매년 3월 31일
③ 재산세에 부가되는 지방교육세: 매년 8월 1일
④ 중간예납하는 소득세: 매년 12월 31일
⑤ 자동차 소유에 대한 자동차세: 납기가 있는 달의 10일

② 납세의무의 확정

대표유형

지방세로서 보통징수방법만으로 부과 · 징수하는 것은?

① 취득세　　　　　　② 등록면허세　　　　　③ 재산세
④ 지방교육세　　　　⑤ 양도소득세

해설 ③ 재산세 : 지방세, 보통징수
① 취득세 : 지방세, 신고납부
② 등록면허세 : 지방세, 신고납부
④ 지방교육세 : 지방세, 신고납부(취득세, 등록면허세) · 보통징수(재산세)
⑤ 양도소득세 : 국세, 신고납세제도

❶ 정답 ③

Point 09
확정

원칙적으로 과세관청의 결정에 의하여 납세의무가 확정되는 국세를 모두 고른 것은?

㉠ 취득세	㉡ 종합부동산세
㉢ 재산세	㉣ 양도소득세

① ㉠　　　　　　　　　　　　　② ㉡
③ ㉢　　　　　　　　　　　　　④ ㉡, ㉢
⑤ ㉢, ㉣

10
확정

과세표준과 세액을 정부가 결정하는 때 세액이 확정됨이 원칙이나 납세의무자가 법정신고기간 내 이를 신고하는 때에는 정부의 결정이 없었던 것으로 보는 세목은?

① 종합부동산세　　　　　　② 양도소득세
③ 등록면허세　　　　　　　④ 취득세
⑤ 재산세

복습문제

11 「국세기본법」 제22조 [납세의무의 확정]에 설명이다. 틀린 것은?

중
확정

① 소득세는 납세의무자가 과세표준과 세액을 정부에 신고했을 때에 확정된다.

② 소득세의 납세의무자가 과세표준과 세액의 신고를 하지 아니하거나 신고한 과세표준과 세액이 세법에서 정하는 바와 맞지 아니한 경우에는 정부가 과세표준과 세액을 결정하거나 경정하는 때에 그 결정 또는 경정에 따라 확정된다.

③ 종합부동산세는 해당 국세의 과세표준과 세액을 정부가 결정하는 때에 확정된다.

④ 납세의무자가 「종합부동산세법」 제16조 제3항에 따라 과세표준과 세액을 정부에 신고하는 경우에는 납세의무자가 과세표준과 세액을 정부에 신고했을 때에 확정된다.

⑤ 양도소득세의 예정신고만으로 양도소득세 납세의무가 확정되지 아니한다.

---

③ **납부의무의 소멸**

대표유형

다음 중 납부의무의 소멸사유인 것은 몇 개인가?

㉠ 부과가 철회되었을 때
㉡ 부과가 취소된 때
㉢ 국세를 부과할 수 있는 기간에 국세가 부과되지 아니하고 그 기간이 끝난 때
㉣ 국세징수권의 소멸시효가 완성된 때
㉤ 납세의무자가 사망한 때

① 1개   ② 2개   ③ 3개
④ 4개   ⑤ 5개

해설 ㉡ 부과가 취소된 때: 소멸 ○
㉢ 국세를 부과할 수 있는 기간에 국세가 부과되지 아니하고 그 기간이 끝난 때: 소멸 ○
㉣ 국세징수권의 소멸시효가 완성된 때: 소멸 ○
㉠ 부과가 철회되었을 때: 소멸 ×
㉤ 납세의무자가 사망한 때: 소멸 ×(납세자의 사망은 납부의무의 소멸사유가 아니고 상속인에게 납세의무가 승계된다)

◆ 정답 ③

**Point
12**

납세의무 소멸

다음은 「국세기본법」상 납세의무 소멸에 대한 설명이다. 옳지 않은 것은?

① "납부"라 함은 당해 납세의무자는 물론 연대납세의무자, 제2차 납세의무자, 납세보증인, 물적납세의무자 및 기타 이해관계가 있는 제3자 등에 의한 납부를 말한다.

② "충당"이라 함은 국세환급금을 당해 납세의무자가 납부할 국세 및 체납처분비 상당액과 상계시키는 것을 말한다.

③ 납세자에게 부정행위가 없으며 특례제척기간에 해당하지 않는 경우 원칙적으로 납세의무 성립일부터 3년이 지나면 종합부동산세를 부과할 수 없다.

④ 국세의 징수를 목적으로 하는 국가의 권리는 이를 행사할 수 있는 때부터 5억원 이상의 국세는 10년 동안 행사하지 아니하면 소멸시효가 완성된다.

⑤ 부담부증여에 따라 증여세와 함께 소득세가 과세되는 경우 그 소득세는 증여세에 대하여 정한 제척기간과 동일하다.

13

국세부과의
제척기간

다음은 「국세기본법」상 국세부과의 제척기간에 관한 설명이다. 가장 옳지 않은 것은?

① 국세부과의 제척기간은 권리관계를 조속히 확정시키려는 것이므로 국세징수권 소멸시효와는 달리 진행기간의 중단이나 정지가 없으므로 제척기간이 경과하면 정부의 부과권은 소멸되어 과세표준이나 세액을 변경하는 어떤 결정(경정)도 할 수 없다.

② 과세표준과 세액을 신고하는 국세(「종합부동산세법」에 따라 신고하는 종합부동산세는 제외한다)의 경우 해당 국세의 과세표준과 세액에 대한 신고기한 또는 신고서 제출기한의 다음 날이 국세부과 제척기간의 기산일이다.

③ 종합부동산세의 제척기간 기산일은 납세의무가 성립한 날이다.

④ 소득세 납세자가 법정신고기한까지 과세표준신고서를 제출하지 아니한 경우 제척기간은 해당 소득세를 부과할 수 있는 날부터 5년간이다.

⑤ 증여세 신고서를 제출한 자가 거짓 신고 또는 누락신고를 한 경우(그 거짓신고 또는 누락신고를 한 부분만 해당한다)의 제척기간은 부과할 수 있는 날부터 15년간이다.

복습문제
14
납세의무 소멸

다음은 「지방세기본법」상 납세의무 소멸에 대한 설명이다. 옳지 않은 것은?

① 각 세목별 납세의무 성립일로부터 부과제척기간인 5년(7년, 10년)의 기간이 경과하면 지방자치단체의 부과권은 소멸되어 과세표준이나 세액을 변경하는 어떤 결정 또는 경정도 할 수 없다.

② 납세자가 사기나 그 밖의 부정한 행위로 지방세를 포탈하거나 환급 또는 경감받은 경우 부과의 제척기간은 15년이다.

③ 납세자가 법정신고기한까지 과세표준신고서를 제출하지 아니한 경우 부과의 제척기간은 7년이다. 다만, 상속 또는 증여를 원인으로 취득하는 경우와 「부동산 실권리자명의 등기에 관한 법률」에 따른 명의신탁약정으로 실권리자가 사실상 취득하는 경우로서 법정신고기한까지 과세표준신고서를 제출하지 아니한 경우 부과의 제척기간은 10년이다.

④ 「지방세기본법」 또는 지방세관계법에서 신고납부하도록 규정된 지방세의 경우에는 해당 지방세에 대한 신고기한의 다음 날이 제척기간의 기산일이다.

⑤ ④ 외의 지방세의 경우에는 해당 지방세의 납세의무성립일이 제척기간의 기산일이다. 따라서 보통징수가 원칙인 재산세의 제척기간 기산일은 매년 6월 1일이다.

15
국세징수권의 소멸시효

다음은 「국세기본법」상 국세징수권의 소멸시효에 관한 설명이다. 가장 옳지 않은 것은?

① 국세의 징수를 목적으로 하는 국가의 권리는 이를 행사할 수 있는 때부터 5억원 이상의 국세는 10년, 5억원 미만의 국세는 5년 동안 행사하지 아니하면 소멸시효가 완성된다.

② "소멸시효가 완성한다"함은 소멸시효기간이 완성하면 국세징수권이 당연히 소멸하는 것을 말한다.

③ 과세표준과 세액의 신고에 의하여 납세의무가 확정되는 국세의 경우 신고한 세액에 대해서는 그 법정 신고납부기한의 다음 날이 국세징수권 소멸시효의 기산일이다.

④ 과세표준과 세액을 정부가 결정, 경정 또는 수시부과결정하는 경우 납세고지한 세액에 대해서는 그 고지에 따른 납부기한의 다음 날이 국세징수권 소멸시효의 기산일이다.

⑤ 납세고지·독촉 또는 납부최고(納付催告)·교부청구·압류의 사유로 소멸시효는 정지된다.

16 납세의무의 성립 · 확정 · 소멸에 대한 설명 중 틀린 것은 몇 개인가?

(중)
납세의무의
성립 · 확정 · 소멸

⊙ 재산세 납세의무는 과세기준일(6월 1일)에 성립한다.
ⓛ 취득세는 원칙적으로 보통징수 방법에 의한다.
© 재산세 납세의무는 과세표준과 세액을 지방자치단체에 신고하여 확정된다.
® 거주자 甲은 2025년 2월 10일 거주자 乙로부터 국내소재 상업용 건축물(오피스텔 아님)을 취득하고 2025년 10월 현재 소유하고 있는 경우 재산세 납세의무는 2030년 5월 31일까지 지방자치단체가 부과하지 아니하면 소멸한다.
® 납세자가 법정신고기한까지 과세표준신고서를 제출하지 아니한 경우 지방세 부과의 제척기간은 7년이다. 다만, 상속 또는 증여를 원인으로 취득하는 경우와「부동산 실권리자 명의 등기에 관한 법률」에 따른 명의신탁약정으로 실권리자가 사실상 취득하는 경우 지방세 제척기간은 10년이다.

① 1개   ② 2개   ③ 3개
④ 4개   ⑤ 5개

제3절   조세와 다른 채권의 관계

대표유형

「국세기본법」및「지방세기본법」상 조세채권과 일반채권의 관계에 관한 설명으로 틀린 것은?

① 납세담보물을 매각하였을 때에는 압류 순서에 관계없이 그 담보된 국세 및 강제징수비는 매각대금 중에서 다른 국세 및 강제징수비와 지방세에 우선하여 징수한다.
② 재산의 매각대금 배분시 당해 재산에 부과된 종합부동산세는 당해 재산에 설정된 전세권에 따라 담보된 채권보다 우선한다.
③ 소득세의 법정기일 전에 주택임대차보호법에 따른 대항요건과 확정일자를 갖춘 사실이 증명되는 재산을 매각할 때 그 매각금액 중에서 소득세를 징수하는 경우, 그 확정일자를 갖춘 임대차계약서상의 보증금은 소득세보다 우선 변제된다.
④ 취득세 신고서를 납세지 관할 지방자치단체장에게 제출한 날 전에 저당권 설정 등기 사실이 증명되는 재산을 매각하여 그 매각대금에서 취득세를 징수하는 경우, 저당권에 따라 담보된 채권은 취득세에 우선한다.
⑤ 재산의 매각대금 배분시 당해 재산에 부과된 재산세는 당해 재산에 설정된 저당권에 따라 담보된 채권보다 우선하지 못한다.

해설 ⑤ 재산의 매각대금 배분시 당해 재산에 부과된 재산세는 당해 재산에 설정된 저당권에 따라 담보된 채권보다 우선한다.   ◆ 정답 ⑤

17

조세채권과
일반채권의 관계

「국세기본법」 및 「지방세기본법」상 조세채권과 일반채권의 관계에 관한 설명으로 틀린 것은?

① 재산의 매각대금 배분시 당해 재산에 부과된 재산세는 당해 재산에 설정된 저당권에 따라 담보된 채권보다 우선한다.

② 법정기일 전에 저당권의 설정을 등기한 사실이 등기사항증명서(부동산 등기부 등본)에 따라 증명되는 재산을 매각한 경우 그 매각금액에서 그 재산에 대하여 부과되는 소방분에 대한 지역자원시설세는 저당권에 따라 담보된 채권에 우선하여 징수한다.

③ 취득세 신고서를 납세지 관할 지방자치단체장에게 제출한 날 전에 저당권 설정 등기 사실이 증명되는 재산을 매각하여 그 매각대금에서 취득세를 징수하는 경우, 저당권에 따라 담보된 채권은 취득세에 우선하지 못한다.

④ 납세담보물 매각시 압류에 관계되는 조세채권은 담보 있는 조세채권보다 우선하지 못한다.

⑤ 재산의 매각대금 배분시 당해 재산에 부과된 종합부동산세는 당해 재산에 설정된 저당권에 따라 담보된 채권보다 우선한다.

18

조세채권과
일반채권의 관계

「국세기본법」 및 「지방세기본법」상 조세채권과 일반채권의 관계에 관한 설명으로 틀린 것은?

① 강제집행으로 부동산을 매각할 때 그 매각금액 중에 국세를 징수하는 경우, 강제집행 비용은 국세에 우선한다.

② 법정기일 전에 저당권의 설정을 등기한 사실이 등기사항증명서(부동산 등기부 등본)에 따라 증명되는 재산을 매각한 경우 그 매각금액에서 그 재산에 대하여 부과된 재산세는 저당권에 따라 담보된 채권에 우선하여 징수한다.

③ 재산의 매각대금 배분시 당해 재산에 부과된 재산세에 부가되는 지방교육세는 당해 재산에 설정된 전세권에 따라 담보된 채권보다 우선한다.

④ 재산의 매각대금 배분시 당해 재산에 부과된 소방분에 대한 지역자원시설세는 당해 재산에 설정된 저당권에 따라 담보된 채권보다 우선한다.

⑤ 납세담보물 매각시 압류에 관계되는 조세채권은 담보 있는 조세채권보다 우선한다.

19

피담보채권보다
우선 징수하는 조세

체납된 조세의 법정기일 전에 채권담보를 위해 甲이 저당권 설정등기한 사실이 부동산 등기부 등본에 증명되는 甲 소유 토지 A의 공매대금에 대하여 그 조세와 피담보채권이 경합되는 경우, 피담보채권보다 우선 징수하는 조세가 아닌 것은? (단, 토지 A에 다음의 조세가 부과됨)

① 취득세

② 종합부동산세

③ 소방분에 대한 지역자원시설세

④ 재산세

⑤ 재산세에 부가되는 지방교육세

제**4**절 본세와 부가세

대표유형

부동산 보유시 부과될 수 있는 지방세와 그에 대한 부가세(附加稅)가 옳게 연결된 것은? (감면은 제외)

① 종합부동산세 - 농어촌특별세　　② 재산세 - 농어촌특별세

③ 취득세 - 농어촌특별세, 지방교육세　　④ 종합부동산세 - 지방소득세

⑤ 재산세 - 지방교육세

해설 ⑤ 재산세(보유단계)(지방세) - 지방교육세(20%)
① 종합부동산세(보유단계)(국세) - 농어촌특별세(20%)
② 재산세(보유단계)(지방세) - 지방교육세(20%)
③ 취득세(취득단계)(지방세) - 농어촌특별세(10%), 지방교육세(20%)
④ 종합부동산세(보유단계)(국세) - 농어촌특별세(20%)

◆ 정답 ⑤

20
부가세

다음 중 부가세가 부과되지 않는 조세는?

① 취득세　　　　　　　　　　② 증여세

③ 종합부동산세　　　　　　　　④ 양도소득세

⑤ 등록면허세

복습문제
21
독립세와 부가세

다음 각 조세의 독립세와 부가세에 대한 내용으로 틀린 것은?

① 종합부동산세에는 납부세액의 20%에 해당하는 농어촌특별세가 부가된다.

② 취득세에는 표준세율에서 2%를 뺀 세율을 적용하여 산출한 세액의 20%에 해당하는 지방교육세가 부가된다.

③ 등록면허세 및 재산세에는 납부세액의 20%에 해당하는 지방교육세가 부가된다.

④ 취득세에는 표준세율을 100분의 2로 적용하여 산출한 취득세액의 20%에 해당하는 농어촌특별세가 부가된다.

⑤ 양도소득세에는 감면세액의 20%에 해당하는 농어촌특별세가 부가된다.

제5절 | 거래 단계별 조세

대표유형

거주자인 개인 甲이 乙로부터 부동산을 취득하는 경우, 거주자인 개인 甲이 취득단계에서 부담할 수 있는 지방세를 모두 고른 것은?

㉠ 취득세   ㉡ 농어촌특별세
㉢ 재산세   ㉣ 종합부동산세
㉤ 양도소득세

① ㉠   ② ㉠, ㉡   ③ ㉠, ㉡, ㉢
④ ㉡   ⑤ ㉡, ㉤

해설 ㉠ 취득세: 취득단계, 지방세
㉡ 농어촌특별세: 취득 · 보유 · 양도단계, 국세
㉢ 재산세: 보유단계, 지방세
㉣ 종합부동산세: 보유단계, 국세
㉤ 양도소득세: 양도단계, 국세

❖정답 ①

22 부동산의 보유단계에서 과세되는 국세로서 옳은 것은?

보유단계 국세

① 재산세   ② 종합부동산세
③ 상속세   ④ 양도소득세
⑤ 취득세

23 다음 중 부동산의 보유와 양도시에만 부과되는 조세는?

보유와 양도

① 인지세   ② 농어촌특별세
③ 지방소득세   ④ 지방교육세
⑤ 부가가치세

제 6 절 **물납과 분납**

대표유형

조세의 납부방법으로 물납과 분할납부가 둘 다 가능한 것을 모두 고른 것은? (단, 물납과 분할납부의 법정 요건은 전부 충족한 것으로 가정함) 제25회 수정

㉠ 부동산임대업에서 발생한 사업소득에 대한 종합소득세
㉡ 종합부동산세
㉢ 취득세
㉣ 재산세 도시지역분
㉤ 소방분에 대한 지역자원시설세

① ㉠, ㉡　　　　　　② ㉠, ㉢　　　　　　③ ㉡, ㉢
④ ㉣　　　　　　　　⑤ ㉣, ㉤

해설 ㉣ 재산세 도시지역분 : 물납 ○, 분납 ○
㉠ 부동산임대업에서 발생한 사업소득에 대한 종합소득세 : 물납 ×, 분납 ○
㉡ 종합부동산세 : 물납 ×(폐지 2016.03.02.), 분납 ○
㉢ 취득세 : 물납 ×, 분납 ×
㉤ 소방분에 대한 지역자원시설세 : 물납 ×, 분납 ○　　　　　　◆ 정답 ④

24

물납

부동산에 관련된 조세 중 물납을 허용하고 있는 것은?

① 취득세　　　　　　　　② 등록면허세
③ 재산세　　　　　　　　④ 종합부동산세
⑤ 양도소득세

25

분할납부

다음 중 분할납부(분납)을 할 수 없는 조세는?

① 종합부동산세　　　　　② 등록면허세
③ 재산세　　　　　　　　④ 양도소득세
⑤ 상속세

Point 26 ● 물납과 분할납부

조세의 납부방법으로 물납과 분할납부가 둘 다 가능한 것을 모두 고른 것은? (단, 물납과 분할납부의 법정 요건은 전부 충족한 것으로 가정함)

> ㉠ 취득세
> ㉡ 등록면허세
> ㉢ 재산세
> ㉣ 재산세 도시지역분
> ㉤ 소방분에 대한 지역자원시설세
> ㉥ 종합부동산세
> ㉦ 부동산임대업에서 발생한 사업소득에 대한 종합소득세
> ㉧ 양도소득세

① ㉠, ㉡   ② ㉠, ㉤   ③ ㉡, ㉥
④ ㉢, ㉣   ⑤ ㉥, ㉦

제7절 불복

대표유형

「지방세기본법」상 이의신청·심판청구에 관한 설명으로 틀린 것은?

① 이의신청을 거친 후에 심판청구를 할 때에는 이의신청에 대한 결정 통지를 받은 날부터 90일 이내에 조세심판원장에게 심판청구를 하여야 한다.

② 이의신청인, 심판청구인 또는 처분청(처분청의 경우 심판청구로 한정한다)은 그 신청 또는 청구에 관계되는 서류를 열람할 수 있으며, 대통령령으로 정하는 바에 따라 지방자치단체의 장 또는 조세심판원장에게 의견을 진술할 수 있다.

③ 지방세에 관한 불복시 불복청구인은 심판청구를 거치지 않고 행정소송을 제기할 수 있다.

④ 이의신청 또는 심판청구는 그 처분의 집행에 효력이 미치지 아니한다. 다만, 압류한 재산에 대해서는 이의신청 또는 심판청구의 결정이 있는 날부터 30일까지 공매처분을 보류할 수 있다.

⑤ 이의신청인은 신청 또는 청구 금액이 2천만원 미만인 경우에는 그의 배우자, 4촌 이내의 혈족 또는 그의 배우자의 4촌 이내 혈족을 대리인으로 선임할 수 있다.

해설 ③ 지방세에 관한 불복시 불복청구인은 심판청구를 거치지 아니하면 행정소송을 제기할 수 없다.

◆정답 ③

Point
27

이의신청과
심판청구

「지방세기본법」상 이의신청과 심판청구에 관한 설명으로 틀린 것은?

① 이의신청을 거치지 아니하고 바로 심판청구를 할 수 있다.

② 이의신청인은 신청 금액이 2천만원 미만인 경우에는 그의 배우자, 4촌 이내의 혈족 또는 그의 배우자의 4촌 이내 혈족을 대리인으로 선임할 수 있다.

③ 대리인은 본인을 위하여 그 신청과 신청의 취하에 관한 모든 행위를 할 수 있다.

④ 이의신청을 받은 지방자치단체의 장은 그 신청의 서식 또는 절차에 결함이 있는 경우와 불복사유를 증명할 자료의 미비로 심의할 수 없다고 인정될 경우에는 20일간의 보정기간을 정하여 문서로 그 결함의 보정을 요구할 수 있다. 다만, 보정할 사항이 경미한 경우에는 직권으로 보정할 수 있다. 이 경우 보정기간은 결정기간에 포함하지 아니한다.

⑤ 「지방세기본법」에 따른 과태료의 부과처분을 받은 자는 이의신청 또는 심판청구를 할 수 없다.

28
상
조세구제제도

「국세기본법」상 조세구제제도에 관한 설명이다. 옳지 않은 것은?

① 「조세범 처벌절차법」에 따른 통고처분에 대하여는 심사 또는 심판을 청구할 수 없다.

② 세법에 따라 국세청장이 해야 할 처분에 대하여는 이의신청을 할 수 없다.

③ 심사청구는 세법에 특별한 규정이 있는 것을 제외하고는 해당 처분의 집행에 영향을 미치지 않으므로 심사청구인이 심각한 재해를 입은 경우에만 집행정지를 결정할 수 있다.

④ 심사청구 또는 심판청구에 대한 재조사 결정에 따른 처분청의 처분에 대한 행정소송은 심사청구 또는 심판청구와 그에 대한 결정을 거치지 않고 제기할 수 있다.

⑤ 과세전적부심사 청구인은 법령에서 정한 요건을 갖추어 국선대리인을 선정하여 줄 것을 신청할 수 있다.

복습문제

29

상

이의신청 또는
심판청구

「지방세기본법」상 이의신청 또는 심판청구에 관한 설명으로 틀린 것은?

① 이의신청을 하려면 그 처분이 있은 것을 안 날(처분의 통지를 받았을 때에는 그 통지를 받은 날)부터 90일 이내에 하여야 한다.

② 이의신청을 거친 후에 심판청구를 할 때에는 이의신청에 대한 결정 통지를 받은 날부터 90일 이내에 도지사의 결정에 대하여는 조세심판원장에게 심판청구를, 시장·군수의 결정에 대하여는 도지사에게 심사청구를 하거나 조세심판원장에게 심판청구를 하여야 한다.

③ 이의신청에 따른 결정기간 내에 이의신청에 대한 결정 통지를 받지 못한 경우에는 결정 통지를 받기 전이라도 그 결정기간이 지난 날부터 심판청구를 할 수 있다.

④ 이의신청, 심판청구는 그 처분의 집행에 효력이 미치지 아니한다. 다만, 압류한 재산에 대하여는 이의신청, 심판청구의 결정처분이 있는 날부터 60일까지 공매처분을 보류할 수 있다.

⑤ 이의신청인이 재해 등을 입어 이의신청기간 내에 이의신청을 할 수 없을 때에는 그 사유가 소멸한 날부터 14일 이내에 이의신청을 할 수 있다.

제8절 조세총론 종합문제

대표유형

「지방세기본법」상 부과 및 징수, 불복, 용어에 관한 설명으로 옳은 것은?

① 취득세는 원칙적으로 보통징수 방법에 의한다.

② "보통징수"란 지방세를 징수할 때 편의상 징수할 여건이 좋은 자로 하여금 징수하게 하고 그 징수한 세금을 납부하게 하는 것을 말한다.

③ 법정신고기한까지 과세표준 신고서를 제출하지 아니한 자는 지방자치단체의 장이 「지방세법」에 따라 그 지방세의 과세표준과 세액을 결정하여 통지하기 전에는 납기 후의 과세표준 신고서를 제출할 수 있다.

④ 납세자가 법정신고기한까지 소득세의 과세표준신고서를 제출하지 아니하여 해당 지방소득세를 부과할 수 없는 경우에 지방세 부과 제척기간은 5년이다.

⑤ 지방세에 관한 불복시 불복청구인은 이의신청을 거치지 않고 심판청구를 제기할 수 없다.

해설 ① 취득세는 원칙적으로 신고납부 방법에 의한다.
② "특별징수"란 지방세를 징수할 때 편의상 징수할 여건이 좋은 자로 하여금 징수하게 하고 그 징수한 세금을 납부하게 하는 것을 말한다.
④ 납세자가 법정신고기한까지 소득세의 과세표준신고서를 제출하지 아니하여 해당 지방소득세를 부과할 수 없는 경우에 지방세 부과 제척기간은 7년이다.
⑤ 지방세에 관한 불복시 불복청구인은 이의신청을 거치지 않고 심판청구를 제기할 수 있다. ◆ 정답 ③

30 「국세기본법」에 따른 서류의 송달에 관한 설명으로 옳지 않은 것은?

서류의 송달

① 소득세법에 따른 중간예납세액의 납부고지서는 금액에 관계없이 일반우편으로 송달할 수 있다.

② 연대납세의무자에게 서류를 송달할 때 대표자가 없으면 납부고지와 독촉에 관한 서류를 제외하고는 연대납세의무자 중 국세를 징수하기에 유리한 자를 명의인으로 한다.

③ 상속이 개시된 경우 상속재산관리인이 있을 때에는 그 상속재산관리인의 주소 또는 영업소에 송달한다.

④ 서류를 교부하였을 때에는 송달서에 수령인이 서명 또는 날인하게 해야 하고, 수령인이 서명 또는 날인을 거부하면 그 사실을 송달서에 적어야 한다.

⑤ 교부에 의한 서류 송달의 경우에 해당 행정기관의 소속 공무원은 송달을 받아야 할 자가 거부하지 않으면 송달할 장소와 다른 장소에서 서류를 교부할 수 있다.

31 국세 및 지방세의 연대납세의무에 관한 설명으로 틀린 것은?

연대납세의무

① 어느 연대납세의무자에 대하여 소멸시효가 완성된 때에는 다른 연대납세의무자의 납세의무에 영향을 미친다.

② 상속으로 인하여 단독주택을 상속인이 공동으로 취득하는 경우에는 상속인 각자가 상속받는 취득물건을 취득한 것으로 보고, 공동상속인이 그 취득세를 연대하여 납부할 의무를 진다.

③ 공동사업에 관한 소득금액을 계산하는 경우(주된 공동사업자에게 합산과세되는 경우 제외)에는 해당 공동사업자가 그 종합소득세를 연대하여 납부할 의무가 없다.

④ 공동으로 소유한 자산에 대한 양도소득금액을 계산하는 경우에는 해당 자산을 공동으로 소유하는 공유자가 그 양도소득세를 연대하여 납부할 의무를 진다.

⑤ 공동주택의 공유물에 관계되는 지방자치단체의 징수금은 공유자가 연대하여 납부할 의무가 없다.

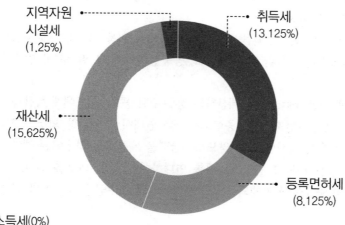

지역자원
시설세
(1.25%)

취득세
(13.125%)

재산세
(15.625%)

등록면허세
(8.125%)

■ 지방소득세(0%)

🔖 최근 5개년 출제경향 분석

취득세의 출제비중은 2~3문제 정도이다. 취득세 납세의무자, 취득시기 등, 과세표준, 세율, 부과·징수, 비과세 등이 골고루 출제되고 있다. 여기에 최근에는 취득세와 등록면허세를 비교하는 문제와 취득세 종합문제를 출제하고 있다.

등록면허세의 출제비중은 1~2문제 정도이다. 등록면허세 납세의무자, 과세표준, 세율, 부과·징수, 비과세 등이 골고루 출제되고 있다. 여기에 최근에는 취득세와 등록면허세를 비교하는 문제까지 출제되고 있다.

재산세의 출제비중은 2~3문제 정도이다. 재산세 과세대상, 토지의 과세대상 구분, 과세표준, 세율, 납세의무자, 부과·징수, 비과세 등이 골고루 출제되고 있다. 최근에는 재산세 종합문제까지 출제하고 있다.

PART

02

지방세

제1절 취득

대표유형

「지방세법」상 취득세에 관한 설명 중 옳은 것은 몇 개인가?

㉠ 「민법」 등 관계법령에 따른 등기를 하지 아니한 부동산의 취득은 사실상 취득하더라도 취득한 것으로 볼 수 없다.
㉡ 법인설립시에 발행하는 주식 또는 지분을 취득함으로써 과점주주가 된 경우에는 그 과점주주가 해당 법인의 부동산 등을 취득한 것으로 본다.
㉢ 공유수면을 매립하거나 간척하여 토지(농지 제외)를 조성한 경우 취득세가 과세된다.
㉣ 보유토지의 지목이 전(田)에서 대지(垈地)로 변경되어 가액이 증가한 경우 취득세가 과세된다.
㉤ 증여자의 채무를 인수하는 부담부증여의 경우에 그 채무액에 상당하는 부분은 부동산 등을 유상 취득한 것으로 보지 아니한다.
㉥ 직계비속이 직계존속의 부동산을 매매로 취득하는 때에 해당 직계비속의 다른 재산으로 그 대가를 지급한 사실이 입증되는 경우 유상으로 취득한 것으로 본다.

① 1개   ② 2개   ③ 3개   ④ 4개   ⑤ 5개

해설 1. 옳은 것: ㉢, ㉣, ㉥ (3개)
2. 틀린 것: ㉠, ㉡, ㉤ (3개)
㉠ 「민법」 등 관계법령에 따른 등기·등록을 하지 아니한 경우라도 사실상 취득하면 각각 취득한 것으로 보고 해당 취득물건의 소유자 또는 양수인을 각각 취득자로 한다. ⇨ 사실상의 취득
㉡ 법인설립시에 발행하는 주식 또는 지분을 취득함으로써 과점주주가 된 경우에는 그 과점주주가 해당 법인의 부동산 등을 취득한 것으로 보지 아니한다.
㉤ 증여자의 채무를 인수하는 부담부증여의 경우에 그 채무액에 상당하는 부분은 부동산 등을 유상 취득한 것으로 본다.
◆ 정답 ③

01 「지방세법」상 취득세가 과세되는 경우를 설명한 것 중 틀린 것은?

취득세가
과세되는 경우

① 부동산의 취득은 「민법」 등 관계 법령에 따른 등기를 하지 아니한 경우라도 사실상 취득하면 취득한 것으로 본다.
② 건물을 신축한 경우 과세표준은 사실상 취득가격이며 세율은 2.8%를 적용한다.
③ 건물을 개수한 경우 과세표준은 사실상 취득가격이며 세율은 중과기준세율을 적용한다 (개수로 인하여 건축물 면적이 증가하지 아니함).
④ 토지의 지목을 사실상 변경함으로써 그 가액이 증가한 경우에 취득으로 보지 아니한다.
⑤ 법인설립시에 발행하는 주식 또는 지분을 취득함으로써 과점주주가 된 경우에는 취득으로 보지 아니한다.

복습문제

02

과점주주의
간주취득세

「지방세법」상 과점주주의 간주취득세에 대한 설명 중 틀린 것은? (단, 주식발행법인은 「자본시장과 금융투자업에 관한 법률 시행령」 제176조의9 제1항에 따른 유가증권시장에 상장한 법인이 아니며, 「지방세특례제한법」은 고려하지 않음)

① 과점주주 집단 내부에서 주식이 이전되었으나 과점주주 집단이 소유한 총주식의 비율에 변동이 없는 경우 과점주주 간주취득세의 납세의무는 없다.

② 개인인 "甲"이 비상장법인 설립시 70% 지분을 취득한 경우에는 취득세 납세의무가 없다.

③ 과점주주가 아닌 주주가 다른 주주로부터 주식을 취득함으로써 최초로 과점주주가 된 경우 취득세 납세의무가 있다.

④ 이미 과점주주가 된 주주가 해당 법인의 주식을 취득하여 해당 법인의 주식의 총액에 대한 과점주주가 가진 주식의 비율이 증가된 경우 과점주주 간주취득세의 납세의무는 있다.

⑤ 다른 주주의 주식이 감자됨으로써 비상장법인의 대주주인 "丙"의 지분비율이 60%에서 70%로 증가한 경우에는 취득세 납세의무가 있다.

03

과점주주 지분비율

다음은 비상장법인의 주주인 甲의 주식변동사항이다. 2025년 취득으로 간주되는 지분비율은?

- 2023년 : 법인 설립시(40%) ⇨ 증자 및 취득비율(30%) ⇨ 총지분 지분비율(70%)
- 2024년 : 보유 중 양도지분비율(30%)
- 2025년 : 지분의 추가 취득(40%)

① 0%   ② 10%   ③ 20%
④ 70%   ⑤ 80%

04

과점주주 취득세
과세표준

甲은 판매업을 영위하는 비상장법인인 (주)박문각의 주식을 소유하고 있다. 甲의 지분율의 변동내역과 법인의 자산내역이 다음과 같은 경우 甲의 2025년 5월 19일 주식 취득시 취득세 과세표준을 계산하면?

구 분	2024년 3월 25일	2025년 5월 19일
지분율 변동사유	설립시 취득	주식매입
주식 지분율	40%	60%

> 2025년 5월 19일 현재 (주)박문각의 자산내역
> ㉠ 토지: 10억원
> ㉡ 건물: 5억원
> ㉢ 차량: 2억원
> ㉣ 골프 회원권: 3억원
> ㉤ (주)삼성전자 주식: 10억원

① 0원 ② 4억원 ③ 8억원
④ 12억원 ⑤ 18억원

제2절 **취득세 과세대상**

대표유형

다음은 취득세의 과세대상을 열거한 것이다. 옳지 않은 것은?
① 토지의 지목변경
② 매매에 의한 특허권의 취득
③ 증여에 의한 콘도미니엄 회원권의 취득
④ 교환에 의한 농지의 취득
⑤ 건축물의 증축

해설 ② 매매는 유상승계취득에 해당하지만 특허권은 취득세 과세대상이 아니므로 취득세가 과세되지 않는다.
① 토지의 지목변경은 취득의제에 해당하여 취득세가 과세된다.
③ 증여는 무상승계취득에 해당하며 콘도미니엄 회원권은 취득세 과세대상에 해당하여 취득세가 과세된다.
④ 교환은 유상승계취득에 해당하며 농지는 취득세 과세대상에 해당하여 취득세가 과세된다.
⑤ 건축물의 증축은 취득의제에 해당하여 취득세가 과세된다. ◆ 정답 ②

05 지방세법상 취득세 과세객체가 되는 취득의 목적물이 아닌 것은?

취득세 과세대상

① 콘도미니엄 회원권
② 등기된 부동산임차권
③ 골프 회원권
④ 지목(地目)이 잡종지인 토지
⑤ 승마 회원권

06 다음 중 취득세 과세대상이 되는 경우는?

취득세 과세대상

① 유가증권시장에 상장된 주식을 취득한 경우
② 차량을 원시취득한 경우
③ 법인 설립시에 발행하는 주식 또는 지분을 취득함으로써 과점주주가 된 경우
④ 법인이 부동산을 현물출자 받아 취득하는 경우
⑤ 출판권을 상속받은 경우

제3절 취득세 납세의무자

> **대표유형**
>
> 「지방세법」상 취득세의 납세의무자 등에 관한 설명으로 옳은 것은?
>
> ① 취득세는 부동산, 부동산에 준하는 자산, 어업권을 제외한 각종 권리 등을 취득한 자에게 부과한다.
> ② 건축물 중 조작(造作)설비, 그 밖의 부대설비에 속하는 부분으로서 그 주체구조부(主體構造部)와 하나가 되어 건축물로서의 효용가치를 이루고 있는 것에 대하여는 주체구조부 취득자 외의 자가 가설(加設)한 경우에도 주체구조부의 취득자가 함께 취득한 것으로 본다.
> ③ 법인설립시 발행하는 주식을 취득함으로써 지방세기본법에 따른 과점주주가 되었을 때에는 그 과점주주가 해당 법인의 부동산 등을 취득한 것으로 본다.
> ④ 차량, 기계장비, 항공기 및 주문을 받아 건조하는 선박은 원시취득인 경우에만 납세의무가 있다.
> ⑤ 토지의 지목을 사실상 변경함으로써 그 가액이 증가한 경우에 취득으로 보지 아니한다.
>
> **해설** ① 취득세는 부동산, 차량, 기계장비, 항공기, 선박, 입목, 광업권, 어업권, 골프 회원권, 승마 회원권, 콘도미니엄 회원권, 종합체육시설 이용 회원권 또는 요트 회원권을 취득한 자에게 부과한다.
> ③ 법인설립시에 발행하는 주식 또는 지분을 취득함으로써 과점주주가 된 경우에는 취득으로 보지 아니한다.
> ④ 차량, 기계장비, 항공기 및 주문을 받아 건조하는 선박은 승계취득인 경우에만 납세의무가 있다.
> ⑤ 토지의 지목을 사실상 변경함으로써 그 가액이 증가한 경우에 취득으로 본다.
> ◆ 정답 ②

07

취득세 납세의무자

「지방세법」상 취득세의 납세의무자 등에 관한 설명으로 옳은 것은?

① 법인설립시 발행하는 주식을 취득함으로써 지방세기본법에 따른 과점주주가 되었을 때에는 그 과점주주가 해당 법인의 부동산 등을 취득한 것으로 본다.

② 증여자의 채무를 인수하는 부담부증여의 경우에 그 채무액에 상당하는 부분은 부동산 등을 유상 취득한 것으로 본다.

③ 건축물 중 조작 설비, 그 밖의 부대설비에 속하는 부분으로서 그 주체구조부와 하나가 되어 건축물로서의 효용가치를 이루고 있는 것에 대하여는 주체구조부 취득자 외의 자가 가설(加設)한 경우 가설한 자가 취득한 것으로 본다.

④ 「민법」 등 관계법령에 따른 등기를 하지 아니한 부동산의 취득은 사실상 취득하더라도 취득한 것으로 볼 수 없다.

⑤ 토지의 지목을 사실상 변경함으로써 그 가액이 증가한 경우에 취득으로 보지 아니한다.

08

취득세의 납세의무

「지방세법」상 취득세의 납세의무에 관한 설명으로 틀린 것은?

① 부동산의 취득은 「민법」 등 관계 법령에 따른 등기를 하지 아니한 경우라도 사실상 취득하면 취득한 것으로 본다.

② 건축물 중 조작설비로서 그 주체구조부와 하나가 되어 건축물로서의 효용가치를 이루고 있는 것에 대하여는 주체구조부 취득자 외의 자가 가설한 경우에도 주체구조부의 취득자가 함께 취득한 것으로 본다.

③ 직계비속이 권리의 이전에 등기가 필요한 직계존속의 부동산을 서로 교환한 경우 무상으로 취득한 것으로 본다.

④ 「주택법」에 따른 주택조합이 해당 조합원용으로 취득하는 조합주택용 부동산(조합원에게 귀속되지 아니하는 부동산은 제외)은 그 조합원이 취득한 것으로 본다.

⑤ 법인설립시에 발행하는 주식 또는 지분을 취득함으로써 과점주주가 된 경우에는 취득으로 보지 아니한다.

복습문제 09

취득세 납세의무자

다음은 취득세의 납세의무자에 대한 설명이다. 틀린 것은?

① 과세대상물건에 대한 등기·등록을 이행하지 아니한 경우라도 사실상으로 취득한 때에는 취득한 것으로 보아 소유자 또는 양수인이 납세의무자가 된다.

② 「주택법」에 따른 주택조합이 해당 조합원용으로 취득하는 조합주택용 부동산(공동주택과 부대시설·복리시설 및 그 부속토지를 말함)은 그 조합원이 취득한 것으로 본다.

③ 과점주주가 아닌 주주 등이 최초로 과점주주가 된 경우에는 최초로 과점주주가 된 날 현재 과점주주가 소유하고 있는 법인의 주식 등을 모두 취득한 것으로 보아 취득세의 납세의무를 진다.

④ 상속으로 인하여 취득하는 경우에는 상속인 각자가 상속받는 취득물건을 취득한 것으로 보아 취득세의 납세의무를 진다.

⑤ 건축물 중 조작(造作)설비, 그 밖의 부대설비에 속하는 부분으로서 그 주체구조부(主體構造部)와 하나가 되어 건축물로서의 효용가치를 이루고 있는 것에 대하여는 주체구조부 취득자 외의 자가 가설(加設)한 경우에는 이를 가설한 자가 납세의무자가 된다.

제4절 취득세 취득시기

대표유형

「지방세법」상 취득의 시기 등에 관한 설명으로 틀린 것은?

① 무상취득의 경우에는 그 계약일(상속 또는 유증으로 인한 취득의 경우에는 상속 또는 유증 개시일을 말한다)에 취득한 것으로 본다.

② 유상승계취득의 경우 계약상의 잔금지급일에 취득한 것으로 본다.

③ 수입에 따른 취득은 해당 물건을 우리나라에 반입하는 날(보세구역을 경유하는 것은 수입신고필증 교부일을 말한다)을 취득일로 본다.

④ 연부로 취득하는 것(취득가액의 총액이 지방세법 제17조의 적용을 받는 것은 제외한다)은 그 사실상의 연부금 지급일을 취득일로 본다.

⑤ 관계 법령에 따라 매립·간척 등으로 토지를 원시취득하는 경우에는 공사준공인가일을 취득일로 본다.

해설 ② 유상승계취득의 경우 사실상의 잔금지급일에 취득한 것으로 본다. ◆정답 ②

10 취득세의 부과에 관한 취득시기의 설명으로 타당하지 않은 것은?

취득세 취득시기

① 유상승계취득의 경우에는 그 계약상의 잔금지급일이 취득시기이다.

② 무상승계취득의 경우에는 그 등기일이 취득시기이다.

③ 유상승계취득의 경우 계약상 잔금지급일이 명시되지 아니한 경우에는 계약일부터 60일이 경과한 날이 취득시기이다.

④ 건축물을 건축하여 취득하는 경우에는 사용승인서를 내주는 날(사용승인서를 내주기 전에 임시사용승인을 받은 경우에는 그 임시사용승인일을 말한다)과 사실상의 사용일 중 빠른 날이 취득시기이다.

⑤ 연부취득의 경우에는 그 사실상의 연부금 지급일이 취득시기이다.

11 「지방세법」상 취득의 시기 등에 관한 설명으로 틀린 것은?

취득세 취득시기

① 차량·기계장비 또는 선박의 종류변경에 따른 취득은 사실상 변경한 날과 공부상 변경한 날 중 빠른 날을 취득일로 본다.

② 토지의 지목변경에 따른 취득은 토지의 지목이 사실상 변경된 날과 공부상 변경된 날 중 늦은 날을 취득일로 본다.

③ 「민법」 제245조 및 제247조에 따른 점유로 인한 취득의 경우에는 취득물건의 등기일 또는 등록일을 취득일로 본다.

④ 「주택법」 제11조에 따른 주택조합이 주택건설사업을 하면서 조합원으로부터 취득하는 토지 중 조합원에게 귀속되지 아니하는 토지를 취득하는 경우에는 「주택법」 제49조에 따른 사용검사를 받은 날에 그 토지를 취득한 것으로 본다.

⑤ 무상취득의 경우 해당 취득물건을 등기·등록하지 않고 화해조서·인낙조서(해당 조서에서 취득일부터 취득일이 속하는 달의 말일부터 3개월 이내에 계약이 해제된 사실이 입증되는 경우만 해당한다)에 해당하는 서류로 계약이 해제된 사실이 입증되는 경우에는 취득한 것으로 보지 않는다.

복습문제
12
취득세 취득시기

「지방세법」상 취득의 시기 등에 관한 설명으로 옳은 것은?

① 토지의 지목변경에 따른 취득은 토지의 지목이 사실상 변경된 날을 취득일로 본다.

② 부동산을 연부로 취득하는 것은 등기일에 관계없이 그 사실상의 최종연부금 지급일을 취득일로 본다.

③ 무상승계취득한 취득물건을 취득일에 등기·등록한 후 화해조서·인낙조서에 의하여 취득일부터 취득일이 속하는 달의 말일부터 3개월 이내에 계약이 해제된 사실을 입증하는 경우에는 취득한 것으로 보지 아니한다.

④ 「주택법」 제11조에 따른 주택조합이 주택건설사업을 하면서 조합원으로부터 취득하는 토지 중 조합원에게 귀속되지 아니하는 토지를 취득하는 경우에는 「주택법」 제49조에 따른 사용검사를 받은 날에 그 토지를 취득한 것으로 본다.

⑤ 관계 법령에 따라 매립·간척 등으로 토지를 원시취득하는 경우에는 공사준공인가일 전에 사실상 사용하는 경우에도 공사준공인가일을 취득일로 본다.

13
취득세 취득시기

다음 사례의 경우 「지방세법」상 취득세의 취득시기로 옳은 것은?

⊙ 개인 甲이 아파트를 개인 乙로부터 유상승계취득한 경우
ⓒ 계약일: 2025년 8월 28일
ⓒ 계약상의 잔금지급일: 2025년 9월 28일
ⓔ 사실상 잔금지급일: 2025년 11월 20일
ⓜ 입주일: 2025년 11월 25일
ⓗ 등기접수일: 2025년 12월 18일

① 2025년 8월 28일   ② 2025년 9월 28일
③ 2025년 11월 20일   ④ 2025년 11월 25일
⑤ 2025년 12월 18일

제 5 절 **취득세 과세표준**

대표유형

「지방세법」상 취득세의 과세표준에 관한 설명으로 틀린 것은?

① 취득세의 과세표준은 취득 당시의 가액으로 한다.

② 연부로 취득하는 경우 취득세의 과세표준은 연부금액(매회 사실상 지급되는 금액을 말하며, 취득금액에 포함되는 계약보증금을 포함한다)으로 한다.

③ 부동산 등을 무상취득하는 경우(상속에 따른 무상취득의 경우는 제외) 시가표준액을 취득 당시가액으로 한다.

④ 상속에 따른 무상취득의 경우 시가표준액을 취득당시가액으로 한다.

⑤ 부동산 등을 유상거래(매매 또는 교환 등 취득에 대한 대가를 지급하는 거래를 말한다)로 승계취득하는 경우 취득당시가액은 취득시기 이전에 해당 물건을 취득하기 위하여 거래 상대방이나 제3자에게 지급하였거나 지급하여야 할 일체의 비용으로서 대통령령으로 정하는 사실상의 취득가격으로 한다.

해설 ③ 부동산 등을 무상취득하는 경우(상속에 따른 무상취득의 경우는 제외) 취득 당시의 가액은 취득시기 현재 불특정 다수인 사이에 자유롭게 거래가 이루어지는 경우 통상적으로 성립된다고 인정되는 가액(매매사례가액, 감정가액, 공매가액 등 대통령령으로 정하는 바에 따라 시가로 인정되는 가액을 말하며, "시가인정액"이라 한다)으로 한다.

❶ 정답 ③

Point 14

취득세 과세표준

「지방세법」상 취득세의 과세표준에 관한 설명으로 틀린 것은?

① 취득세의 과세표준은 취득 당시의 가액으로 한다.

② 부동산 등을 무상취득하는 경우(상속에 따른 무상취득의 경우는 제외) 시가인정액을 취득당시가액으로 한다.

③ 부동산 등을 원시취득하는 경우 취득당시가액은 사실상 취득가격으로 한다.

④ 상속에 따른 무상취득의 경우 시가인정액을 취득당시가액으로 한다.

⑤ 토지의 지목을 사실상 변경한 경우 취득당시가액은 그 변경으로 증가한 가액에 해당하는 사실상취득가격으로 한다.

15 「지방세법」상 취득세의 과세표준에 관한 설명으로 틀린 것은?

취득세 과세표준

① 부동산 등을 원시취득하는 경우 취득당시가액은 사실상취득가격으로 한다.

② 법인이 아닌 자가 건축물을 건축하여 취득하는 경우로서 사실상취득가격을 확인할 수 없는 경우의 취득당시가액은 시가표준액으로 한다.

③ 토지의 지목을 사실상 변경한 경우 취득당시가액은 소요된 비용으로 한다.

④ 법인이 아닌 자가 토지의 지목을 사실상 변경한 경우 사실상취득가격을 확인할 수 없는 경우 취득당시가액은 시가표준액을 대통령령으로 정하는 방법에 따라 계산한 가액으로 한다.

⑤ 건축물을 개수하는 경우 취득당시가액은 사실상취득가격으로 한다.

16 복습문제 「지방세법」상 취득세의 과세표준에 관한 설명으로 틀린 것은?

취득세 과세표준

① 부담부증여의 경우 유상으로 취득한 것으로 보는 채무액에 상당하는 부분(채무부담액)의 범위는 시가인정액을 그 한도로 한다.

② 취득물건에 대한 시가표준액이 3억원 이하인 부동산 등을 무상취득(상속은 제외한다)하는 경우 시가인정액과 시가표준액 중에서 납세자가 정하는 가액을 취득당시가액으로 한다.

③ 부동산 등을 유상거래로 승계취득하는 경우 지방자치단체의 장은 특수관계인 간의 거래로 그 취득에 대한 조세부담을 부당하게 감소시키는 행위 또는 계산을 한 것으로 인정되는 경우(부당행위계산)에는 시가인정액을 취득당시가액으로 결정할 수 있다.

④ 토지의 지목을 사실상 변경한 경우 사실상취득가격을 확인할 수 없는 경우의 취득당시가액은 토지의 지목이 사실상 변경된 때를 기준으로 지목변경 이후의 토지에 대한 시가표준액에서 지목변경 전의 토지에 대한 시가표준액을 뺀 가액으로 한다.

⑤ 선박, 차량 또는 기계장비의 용도 등 대통령령으로 정하는 사항을 변경한 경우로서 사실상취득가격을 확인할 수 없는 경우의 취득당시가액은 시가표준액으로 한다.

17 Point 「지방세법」상 부동산의 취득세 과세표준을 사실상의 취득가격으로 하는 경우 이에 포함될 수 있는 항목은 몇 개인가? (다만, 아래 항목은 개인이 국가로부터 시가로 유상취득하기 위하여 취득시기 이전에 지급하였거나 지급하여야 할 것으로 가정함)

사실상의 취득가격

> ㉠ 취득대금을 일시급으로 지불하여 일정액을 할인받은 경우 그 할인액
> ㉡ 부동산의 건설자금에 충당한 차입금의 이자
> ㉢ 연불조건부 계약에 따른 이자상당액 및 연체료
> ㉣ 취득대금 외에 당사자 약정에 의한 취득자 채무 인수액

① 0개 　　　　② 1개 　　　　③ 2개
④ 3개 　　　　⑤ 4개

18

사실상의 취득가격

「지방세시행령」 제18조 [사실상 취득가격의 범위 등]에 대한 설명 중 틀린 것은?

① 사실상의 취득가격이란 해당 물건을 취득하기 위하여 거래 상대방 또는 제3자에게 지급했거나 지급해야 할 직접비용과 열거된 간접비용의 합계액을 말한다.

② 취득대금을 일시급 등으로 지급하여 일정액을 할인받은 경우에는 그 할인된 금액으로 한다.

③ 법인이 아닌 자가 취득한 경우 건설자금에 충당한 차입금의 이자 또는 이와 유사한 금융비용은 사실상의 취득가격에 포함한다.

④ 취득대금 외에 당사자의 약정에 따른 취득자 조건 부담액과 채무인수액은 사실상의 취득가격에 포함한다.

⑤ 법인이 아닌 자가 취득한 경우 「공인중개사법」에 따른 공인중개사에게 지급한 중개보수를 제외한 금액으로 한다.

제 6 절 **취득세 세율**

대표유형

「지방세법」상 부동산 취득의 표준세율로 틀린 것은?

① 상속으로 인한 농지취득: 1천분의 23

② 법령으로 정한 비영리사업자의 상속 외의 무상취득: 1천분의 28

③ 매매로 인한 농지 외의 토지 취득: 1천분의 30

④ 합유물 및 총유물의 분할로 인한 취득: 1천분의 23

⑤ 원시취득(공유수면의 매립 또는 간척으로 인한 농지취득 제외): 1천분의 28

해설 ③ 매매로 인한 농지 외의 토지 취득: 1천분의 40   ◆ 정답 ③

19

취득세 표준세율

「지방세법」상 농지를 상호교환하여 소유권이전등기를 할 때 적용하는 취득세 표준세율은? (단, 법령이 정하는 비영리사업자가 아님)

① 1천분의 23   ② 1천분의 25

③ 1천분의 28   ④ 1천분의 30

⑤ 1천분의 35

Point
20

취득세 표준세율

지방세법령상 부동산 취득에 대한 취득세의 표준세율로 옳은 것을 모두 고른 것은? (단, 조례에 의한 세율조정, 지방세관계법령상 특례 및 감면은 고려하지 않음)

> ㉠ 상속으로 인한 농지의 취득: 1천분의 23
> ㉡ 법인의 합병으로 인한 농지 외의 토지 취득: 1천분의 40
> ㉢ 공유물의 분할로 인한 취득: 1천분의 17
> ㉣ 매매로 인한 농지 외의 토지 취득: 1천분의 19

① ㉠, ㉡　　　　　　② ㉡, ㉢　　　　　　③ ㉢, ㉣
④ ㉠, ㉡, ㉢　　　　⑤ ㉡, ㉢, ㉣

21

취득세 표준세율

「지방세법」상 부동산 취득시 취득세 과세표준에 적용되는 표준세율로 틀린 것은 몇 개인가?

> ㉠ 상속으로 인한 농지취득: 1천분의 23
> ㉡ 상속으로 인한 농지 외의 토지 취득: 1천분의 28
> ㉢ 법령으로 정한 비영리사업자의 상속 외의 무상취득(주택 제외): 1천분의 28
> ㉣ 원시취득(공유수면의 매립 또는 간척으로 인한 농지취득 제외): 1천분의 28
> ㉤ 합유물 및 총유물의 분할로 인한 취득: 1천의 23
> ㉥ 매매로 인한 농지 외의 토지 취득: 1천분의 30

① 1개　　　　　　　② 2개　　　　　　　③ 3개
④ 4개　　　　　　　⑤ 5개

복습문제
22

취득세 표준세율

부동산에 대한 취득세 표준세율로서 옳은 것은?
① 건축(신축과 재축은 제외한다) 또는 개수로 인하여 건축물 면적이 증가할 때 그 증가된 부분: 1천분의 28
② 상속으로 임야 취득: 1천분의 23
③ 공유물의 분할(등기부등본상 본인 지분을 초과하는 부분의 경우에는 제외한다): 1천분의 28
④ 매매로 나대지의 취득: 1천분의 30
⑤ 개인이 증여로 농지 취득: 1천분의 28

23
상
취득세 중과

「지방세법」상 아래의 부동산 등을 신(증)축하는 경우 취득세가 중과(重課)되지 않는 것은? (단, 지방세법상 중과요건을 충족하는 것으로 가정함)

① 병원의 병실
② 골프장
③ 고급주택
④ 법인 본점의 사무소전용 주차타워
⑤ 고급오락장

24
하
취득세 세율의 특례

「지방세법」상 취득세 표준세율에서 중과기준세율을 뺀 세율로 산출한 금액을 취득세액으로 하는 경우가 아닌 것은? (단, 취득물건은 취득세 중과대상이 아님)

① 상속으로 인한 취득 중 법령으로 정하는 1가구 1주택 및 그 부속토지의 취득
② 공유물의 분할로 인한 취득(등기부등본상 본인지분을 초과하지 아니함)
③ 건축물의 이전으로 인한 취득(이전한 건축물의 가액이 종전 건축물의 가액을 초과하지 아니함)
④ 「민법」(이혼한 자 일방의 재산분할청구권 행사)에 따른 재산분할로 인한 취득
⑤ 개수로 인한 취득(개수로 인하여 건축물 면적이 증가하지 아니함)

25
중
취득세 세율의 특례

「지방세법」상 취득세액을 계산할 때 중과기준세율만을 적용하는 경우를 모두 고른 것은? (단, 취득세 중과물건이 아님)

⊙ 개수로 인하여 건축물 면적이 증가하는 경우 그 증가된 부분
© 토지의 지목을 사실상 변경함으로써 그 가액이 증가한 경우
© 법인 설립 후 유상 증자시에 주식을 취득하여 최초로 과점주주가 된 경우
② 상속으로 농지를 취득한 경우

① ⊙, ©
② ⊙, ②
③ ©, ©
④ ⊙, ©, ②
⑤ ©, ©, ②

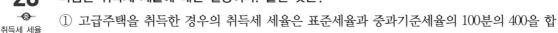

복습문제
26
취득세 세율

다음은 취득세 세율에 대한 설명이다. 틀린 것은?

① 고급주택을 취득한 경우의 취득세 세율은 표준세율과 중과기준세율의 100분의 400을 합한 세율을 적용한다.

② 개수로 인한 취득(개수로 건축물 면적이 증가하여 원시취득으로 보는 경우는 제외)에 대한 취득세는 중과기준세율을 적용한다.

③ 같은 취득물건에 대하여 둘 이상의 세율이 해당되는 경우에는 그중 높은 세율을 적용한다.

④ 토지나 건축물을 취득한 후 5년 이내에 해당 토지나 건축물이 중과세대상에 해당하게 된 경우에는 해당 중과세율을 적용하여 취득세를 추징한다.

⑤ 과밀억제권역에서 본점이나 주사무소의 사업용 부동산(본점이나 주사무소용 건축물을 신축하거나 증축하는 경우와 그 부속토지만 해당한다)을 취득하는 경우에는 표준세율에 중과기준세율의 100분의 300을 합한 세율을 적용한다.

제 7 절 **취득세 부과 · 징수**

대표유형

「지방세법」상 취득세의 부과 · 징수에 관한 설명으로 틀린 것은? 제25회

① 납세의무자가 취득세 과세물건을 사실상 취득한 후 취득세 신고를 하지 아니하고 매각하는 경우에는 산출세액에 100분의 50을 가산한 금액을 세액으로 하여 보통징수의 방법으로 징수한다.

② 재산권을 공부에 등기하려는 경우에는 등기하기 전까지 취득세를 신고납부하여야 한다.

③ 등기 · 등록관서의 장은 취득세가 납부되지 아니하였거나 납부부족액을 발견하였을 때에는 다음 달 10일까지 납세지를 관할하는 시장 · 군수 · 구청장에게 통보하여야 한다.

④ 취득세 납세의무자가 신고 또는 납부의무를 다하지 아니하면 산출세액 또는 그 부족세액에 「지방세기본법」의 규정에 따라 산출한 가산세를 합한 금액을 세액으로 하여 보통징수의 방법으로 징수한다.

⑤ 지방자치단체의 장은 취득세 납세의무가 있는 법인이 장부 등의 작성과 보존의무를 이행하지 아니한 경우에는 산출된 세액 또는 부족세액의 100분의 10에 상당하는 금액을 징수하여야 할 세액에 가산한다.

해설 ① 납세의무자가 취득세 과세물건을 사실상 취득한 후 신고를 하지 아니하고 매각하는 경우에는 산출세액에 100분의 80을 가산한 금액을 세액으로 하여 보통징수의 방법으로 징수한다. 다만, 등기 · 등록이 필요하지 아니한 과세물건 등 대통령령으로 정하는 과세물건에 대하여는 그러하지 아니하다(지방세법 제21조 ②). ◆ 정답 ①

27

취득세의 부과·징수

「지방세법」상 취득세의 부과·징수에 관한 설명으로 틀린 것은?

① 취득세 과세물건을 취득한 자는 그 취득한 날부터 60일 이내에 그 과세표준에 세율을 적용하여 산출한 세액을 신고하고 납부하여야 한다.

② 상속으로 취득세 과세물건을 취득한 자는 상속개시일이 속하는 달의 말일부터 6개월(외국에 주소를 둔 상속인이 있는 경우에는 각각 9개월) 이내에 그 과세표준에 세율을 적용하여 산출한 세액을 신고하고 납부하여야 한다.

③ 취득세 과세물건을 취득한 후 중과세 세율 적용대상이 되었을 경우 60일 이내에 산출한 세액에서 이미 납부한 세액(가산세 포함)을 공제하여 신고·납부하여야 한다.

④ 취득세 신고·납부기한 이내에 재산권과 그 밖의 권리의 취득·이전에 관한 사항을 공부(公簿)에 등기하거나 등록[등재(登載)를 포함한다]하려는 경우에는 등기 또는 등록 신청서를 등기·등록관서에 접수하는 날까지 취득세를 신고·납부하여야 한다.

⑤ 취득세 납세의무자가 신고 또는 납부의무를 다하지 아니하면 산출한 세액 또는 그 부족세액에 「지방세기본법」 제53조부터 제55조까지의 규정에 따라 산출한 가산세를 합한 금액을 세액으로 하여 보통징수의 방법으로 징수한다.

28

취득세의 부과·징수

「지방세법」상 취득세의 부과·징수에 관한 설명으로 틀린 것은?

① 토지의 지목변경에 따라 사실상 그 가액이 증가된 경우, 취득세의 신고·납부를 하지 않고 매각하더라도 취득세 중가산세 규정은 적용되지 아니한다.

② 취득세 납세의무가 있는 법인은 취득 당시의 가액을 증명할 수 있는 장부와 관련 증거서류를 작성하여 갖춰 두어야 한다.

③ 지방자치단체의 장은 취득세 납세의무가 있는 법인이 장부 등의 작성과 보존 의무를 이행하지 아니하는 경우에는 산출된 세액 또는 부족세액의 100분의 10에 상당하는 금액을 징수하여야 할 세액에 가산한다.

④ 취득세액이 50만원 이하일 때에는 취득세를 부과하지 아니한다.

⑤ 토지나 건축물을 취득한 자가 그 취득한 날부터 1년 이내에 그에 인접한 토지나 건축물을 취득한 경우에는 각각 그 전후의 취득에 관한 토지나 건축물의 취득을 1건의 토지 취득 또는 1구의 건축물 취득으로 보아 면세점을 적용한다.

29 ^하 취득세의 부과·징수

「지방세법」상 취득세의 부과·징수에 관한 설명으로 틀린 것은? (단, 납세자가 국내에 주소를 둔 경우에 한함)

① 취득세 납세의무자가 신고 또는 납부의무를 다하지 아니하면 산출세액 또는 그 부족세액에 「지방세기본법」의 규정에 따라 산출한 가산세를 합한 금액을 세액으로 하여 보통징수의 방법으로 징수한다.

② 재산권을 공부에 등기하거나 등록하려는 경우에는 등기 또는 등록 신청서를 등기·등록관서에 접수하는 날까지 취득세를 신고·납부하여야 한다.

③ 취득세 과세물건을 취득한 자는 그 취득한 날부터 60일 이내, 상속으로 인한 경우는 상속개시일부터 6개월 이내에 그 과세표준에 세율을 적용하여 산출한 세액을 신고하고 납부하여야 한다.

④ 지방자치단체의 장은 취득세 납세의무가 있는 법인이 장부 등의 작성과 보존의무를 이행하지 아니한 경우에는 산출된 세액 또는 부족세액의 100분의 10에 상당하는 금액을 징수하여야 할 세액에 가산한다.

⑤ 납세의무자가 취득세 과세물건을 사실상 취득한 후 취득세 신고를 하지 아니하고 매각하는 경우에는 산출세액에 100분의 80을 가산한 금액을 세액으로 하여 보통징수의 방법으로 징수한다.

30 복습문제 ^중 취득세의 부과·징수

「지방세법」상 취득세의 부과·징수에 관한 설명으로 옳은 것은? (단, 납세자가 국내에 주소를 둔 경우에 한함)

① 상속으로 취득세 과세물건을 취득한 자는 상속개시일로부터 6개월 이내에 과세표준과 세액을 신고·납부하여야 한다.

② 취득세 과세물건을 취득한 후에 그 과세물건이 중과세율의 적용대상이 되었을 때에는 취득한 날부터 60일 이내에 중과세율을 적용하여 산출한 세액에서 이미 납부한 세액(가산세 포함)을 공제한 금액을 신고하고 납부하여야 한다.

③ 취득세 과세물건을 취득한 자가 재산권의 취득에 관한 사항을 등기하는 경우 등기한 후 30일 내에 취득세를 신고·납부하여야 한다.

④ 취득세 납세의무가 있는 법인이 장부 등의 작성과 보존의무를 이행하지 아니한 경우 산출세액의 100분의 20에 상당하는 가산세가 부과된다.

⑤ 토지를 취득한 자자 그 취득한 날부터 1년 이내에 그에 인접한 토지를 취득한 경우 그 전후의 취득에 관한 토지의 취득을 1건의 토지 취득으로 보아 취득세에 대한 면세점을 적용한다.

31

취득세의 부과 · 징수

「지방세법」상 취득세의 부과 · 징수에 관한 설명으로 틀린 것은?

① 취득세의 징수는 신고납부의 방법으로 한다.

② 국가, 지방자치단체 또는 지방자치단체조합은 취득세 과세물건을 매각(연부로 매각한 것을 포함한다)하면 매각일부터 30일 이내에 대통령령으로 정하는 바에 따라 그 물건 소재지를 관할하는 지방자치단체의 장에게 통보하거나 신고하여야 한다.

③ 「부동산 등기법」 제28조에 따라 채권자대위권에 의한 등기신청을 하려는 채권자는 납세의무자를 대위하여 부동산의 취득에 대한 취득세를 신고납부할 수 있다. 이 경우 채권자대위자는 행정안전부령으로 정하는 바에 따라 납부확인서를 발급받을 수 있다.

④ 지방자치단체의 장은 채권자대위자의 신고납부가 있는 경우 납세의무자에게 그 사실을 즉시 통보하여야 한다.

⑤ 등기 · 등록관서의 장은 등기 또는 등록 후에 취득세가 납부되지 아니하였거나 납부부족액을 발견하였을 때에는 다음 달 말일까지 납세지를 관할하는 시장 · 군수 · 구청장에게 통보하여야 한다.

32

취득세의 부과 · 징수

지방세법상 취득세의 부과 · 징수에 관한 설명으로 틀린 것은 몇 개인가?

> ㉠ 납세의무자가 취득세 과세물건을 사실상 취득한 후 취득세 신고를 하지 아니하고 매각하는 경우에는 산출세액에 100분의 50을 가산한 금액을 세액으로 하여 보통징수의 방법으로 징수한다.
> ㉡ 취득가액이 100만원인 경우에는 취득세를 부과하지 아니한다.
> ㉢ 취득세 납세의무자가 신고 또는 납부의무를 다하지 아니하면 산출세액 또는 그 부족세액에 「지방세기본법」의 규정에 따라 산출한 가산세를 합한 금액을 세액으로 하여 보통징수의 방법으로 징수한다.
> ㉣ 취득세 과세물건을 취득한 자가 재산권의 취득에 관한 사항을 등기하는 경우 등기한 후 60일 이내에 취득세를 신고 · 납부하여야 한다.
> ㉤ 취득세 과세물건을 취득한 후 중과세 세율 적용대상이 되었을 경우 60일 이내에 산출세액에서 이미 납부한 세액(가산세 포함)을 공제하여 신고 · 납부하여야 한다.

① 0개   ② 1개   ③ 2개
④ 3개   ⑤ 4개

복습문제
33
취득세의 부과·징수

지방세법상 취득세의 부과·징수에 관한 설명으로 틀린 것은?

① 취득세 과세물건을 취득한 자는 그 취득한 날부터 60일[상속으로 인한 경우는 상속개시일이 속하는 달의 말일부터, 실종으로 인한 경우는 실종선고일이 속하는 달의 말일부터 각각 6개월(외국에 주소를 둔 상속인이 있는 경우에는 각각 9개월)] 이내에 그 과세표준에 세율을 적용하여 산출한 세액을 대통령령으로 정하는 바에 따라 신고하고 납부하여야 한다.

② 취득세 과세물건을 취득한 후에 그 과세물건이 중과세 세율의 적용대상이 되었을 때에는 대통령령으로 정하는 날부터 60일 이내에 중과세 세율을 적용하여 산출한 세액에서 이미 납부한 세액(가산세는 제외한다)을 공제한 금액을 세액으로 하여 보통징수의 방법으로 징수한다.

③ 지방세법 또는 다른 법령에 따라 취득세를 비과세, 과세면제 또는 경감받은 후에 해당 과세물건이 취득세 부과대상 또는 추징 대상이 되었을 때에는 그 사유 발생일부터 60일 이내에 해당 과세표준에 세율을 적용하여 산출한 세액[경감받은 경우에는 이미 납부한 세액(가산세는 제외한다)을 공제한 세액을 말한다]을 대통령령으로 정하는 바에 따라 신고하고 납부하여야 한다.

④ 신고·납부기한 이내에 재산권과 그 밖의 권리의 취득·이전에 관한 사항을 공부(公簿)에 등기하거나 등록[등재(登載)를 포함한다]하려는 경우에는 등기 또는 등록신청서를 등기·등록관서에 접수하는 날까지 취득세를 신고·납부하여야 한다.

⑤ 취득세 납세의무자가 신고 또는 납부의무를 다하지 아니한 경우 산출한 세액 또는 그 부족세액에 「지방세기본법」의 규정에 따라 산출한 가산세를 합한 금액을 세액으로 하여 보통징수의 방법으로 징수한다.

34

취득세의 부과 · 징수

「지방세법」상 취득세의 부과 · 징수에 관한 설명 중 틀린 것은?

① 토지를 취득한 자가 취득한 날부터 1년 이내에 그에 인접한 토지를 취득한 경우 그 취득 가액이 50만원일 때에는 취득세를 부과하지 아니한다.

② 법인의 취득당시가액을 증명할 수 있는 장부가 없는 경우 지방자치단체의 장은 그 산출된 세액의 100분의 10을 징수하여야 할 세액에 가산한다.

③ 취득세가 경감된 과세물건이 추징대상이 된 때에는 그 사유 발생일부터 60일 이내에 그 산출세액에서 이미 납부한 세액(가산세 포함)을 공제한 세액을 신고 · 납부하여야 한다.

④ 토지의 지목변경에 따라 사실상 그 가액이 증가된 경우, 신고를 하지 아니하고 매각하는 경우에는 취득세 중가산세 규정은 적용되지 아니한다.

⑤ 취득세 기한 후 신고는 법정신고기한까지 과세표준신고서를 제출하지 아니한 자가 지방자치단체의 장이 「지방세법」에 따라 그 지방세의 과세표준과 세액을 결정하여 통지하기 전까지 할 수 있다.

35

기한 후 신고

다음 중 보기의 (   ) 안에 들어갈 내용으로 옳은 것은?

> 법정신고기한까지 과세표준신고서를 제출하지 아니한 자는 지방자치단체의 장이 「지방세법」에 따라 그 지방세의 과세표준과 세액(「지방세기본법」 및 「지방세법」에 따른 가산세를 포함한다)을 결정하여 통지하기 전에는 납기 후의 과세표준신고서를 제출할 수 있다. 법정신고기한이 지난 후 (㉠) 이내에 기한 후 신고를 한 경우 (㉡)의 100분의 50에 상당하는 금액을 감면한다. 기한 후 신고서를 제출한 경우(납부할 세액이 있는 경우에는 그 세액을 납부한 경우만 해당한다) 지방자치단체의 장은 「지방세법」에 따라 신고일부터 (㉢) 이내에 그 지방세의 과세표준과 세액을 결정하여야 한다.

	㉠	㉡	㉢
①	30일	과소신고가산세액	3개월
②	1개월	무신고가산세액	1개월
③	30일	무신고가산세액	3개월
④	1개월	무신고가산세액	3개월
⑤	30일	과소신고가산세액	1개월

제8절 취득세 비과세

대표유형

다음 중 취득세 비과세대상이 아닌 것은?

① 국가, 지방자치단체, 지방자치단체조합의 취득
② 주택조합 등과 조합원 간의 부동산 취득 및 주택조합 등의 비조합원용 부동산 취득
③ 「징발재산정리에 관한 특별조치법」 또는 「국가보위에 관한 특별조치법 폐지법률」 부칙 제2항에 따른 동원대상지역 내의 토지의 수용·사용에 관한 환매권의 행사로 매수하는 부동산의 취득
④ 「신탁법」에 따른 신탁으로서 신탁등기가 병행되는 신탁의 종료로 인하여 수탁자로부터 위탁자에게 신탁재산을 이전하는 경우
⑤ 대한민국 정부기관의 취득에 대하여 과세하지 않는 외국정부의 취득

해설 ② 주택조합 등과 조합원 간의 부동산 취득 및 주택조합 등의 비조합원용 부동산 취득은 취득세 과세대상이다. ◆ 정답 ②

Point 36

취득세 비과세

「지방세법」상 취득세 비과세에 해당하는 것은 몇 개인가?

㉠ 서울특별시가 구청청사로 취득한 건물
㉡ 대한민국 정부기관의 취득에 대하여 과세하지 않는 외국정부의 취득
㉢ 이전한 건축물의 가액이 종전 건축물의 가액을 초과하지 아니하는 경우 그 건축물의 이전으로 인한 취득
㉣ 국가, 지방자치단체 또는 지방자치단체조합에 귀속 또는 기부채납을 조건으로 취득하는 부동산
㉤ 법령이 정하는 고급주택에 해당하는 임시건축물의 취득
㉥ 「건축법」에 따른 공동주택의 대수선

① 1개   ② 2개   ③ 3개
④ 4개   ⑤ 5개

37
취득세 비과세

「지방세법」상 취득세 비과세에 대한 설명으로 틀린 것은?

① 국가, 지방자치단체 또는 지방자치단체조합에 귀속 또는 기부채납을 조건으로 취득하는 부동산에 대하여는 취득세를 부과하지 아니한다.

② 지방자치단체에 기부채납을 조건으로 부동산을 취득하는 경우라도 그 반대급부로 기부 채납 대상물의 무상사용권을 제공받는 때에는 그 해당 부분에 대해서는 취득세를 부과한다.

③ 법령이 정하는 고급오락장에 해당하는 임시건축물의 취득에 대하여는 존속기간에 상관 없이 취득세를 부과한다.

④ 「주택법」 제2조 제3호에 따른 공동주택의 개수로 인한 취득 중 개수로 인한 취득 당시 「지방세법」 제4조에 따른 주택의 시가표준액이 9억원 이하인 주택과 관련된 개수로 인 한 취득에 대해서는 취득세를 부과하지 아니한다.

⑤ 「건축법」에 따른 공동주택의 대수선은 취득세를 부과하지 아니한다.

38 복습문제
취득세 비과세

「지방세법」상 취득세 비과세에 대한 설명 중 틀린 것은?

① 국가 또는 지방자치단체(다른 법률에서 국가 또는 지방자치단체로 의제되는 법인은 제 외한다), 「지방자치법」 제176조 제1항에 따른 지방자치단체조합, 외국정부 및 주한국제 기구의 취득에 대해서는 취득세를 부과하지 아니한다. 다만, 대한민국 정부기관의 취득 에 대하여 과세하는 외국정부의 취득에 대해서는 취득세를 부과한다.

② 국가, 지방자치단체 또는 지방자치단체조합에 귀속 또는 기부채납(「사회기반시설에 대 한 민간투자법」 제4조 제3호에 따른 방식으로 귀속되는 경우를 포함한다)을 조건으로 취 득하는 부동산 및 「사회기반시설에 대한 민간투자법」 제2조 제1호 각 목에 해당하는 사 회기반시설에 대해서는 취득세를 부과하지 아니한다.

③ 「지방세법」 제9조 제3항에서 규정한 「신탁」이라 함은 「신탁법」에 의하여 위탁자가 수탁 자에 신탁등기를 하거나 신탁해지로 수탁자가 위탁자에게 이전되거나 수탁자가 변경되 는 경우를 말하며, 명의신탁해지로 인한 취득 등도 이에 해당한다.

④ 임시흥행장, 공사현장사무소 등(제13조 제5항에 따른 과세대상은 제외한다) 임시건축물 의 취득에 대하여는 취득세를 부과하지 아니한다. 다만, 존속기간이 1년을 초과하는 경 우에는 취득세를 부과한다.

⑤ 「주택법」 제2조 제3호에 따른 공동주택의 개수(「건축법」 제2조 제1항 제9호에 따른 대수 선은 제외한다)로 인한 취득 중 대통령령으로 정하는 가액 이하의 주택과 관련된 개수로 인한 취득에 대해서는 취득세를 부과하지 아니한다.

제9절 취득세 종합문제

대표유형

「지방세법」상 취득세에 관한 설명으로 옳은 것은?

① 법인설립시에 발행하는 주식 또는 지분을 취득함으로써 과점주주가 된 경우에는 그 과점주주가 해당 법인의 부동산 등을 취득한 것으로 본다.

② 토지의 지목변경에 따른 취득은 지목변경일 이전에 그 사용 여부와 관계없이 사실상 변경된 날과 공부상 변경된 날 중 빠른 날을 취득일로 본다.

③ 상속으로 취득세 과세물건을 취득한 자는 상속개시일부터 60일 이내에 산출한 세액을 신고하고 납부하여야 한다.

④ 취득세 납세의무가 있는 법인이 장부 등의 작성과 보존의무를 이행하지 아니한 경우 산출세액의 100분의 10에 상당하는 가산세가 부과된다.

⑤ 법령이 정하는 고급오락장에 해당하는 임시건축물의 취득은 취득세가 비과세된다.

해설 ① 법인설립시에 발행하는 주식 또는 지분을 취득함으로써 과점주주가 된 경우에는 그 과점주주가 해당 법인의 부동산 등을 취득한 것으로 보지 아니한다.
② 토지의 지목변경에 따른 취득은 토지의 지목이 사실상 변경된 날과 공부상 변경된 날 중 빠른 날을 취득일로 본다. 다만, 토지의 지목변경일 이전에 사용하는 부분에 대해서는 그 사실상의 사용일을 취득일로 본다.
③ 상속으로 취득세 과세물건을 취득한 자는 상속개시일이 속하는 달의 말일부터 6개월 이내에 산출한 세액을 신고하고 납부하여야 한다.
⑤ 법령이 정하는 고급오락장에 해당하는 임시건축물의 취득은 취득세가 과세된다(사치성재산).

> **지방세법 제22조의2【장부 등의 작성과 보존】** ① 취득세 납세의무가 있는 법인은 취득 당시의 가액을 증명할 수 있는 장부와 관련 증거서류를 작성하여 갖춰 두어야 한다.
> ② 지방자치단체의 장은 취득세 납세의무가 있는 법인이 제1항에 따른 의무를 이행하지 아니하는 경우에는 산출된 세액 또는 부족세액의 100분의 10에 상당하는 금액을 징수하여야 할 세액에 가산한다.

❶ 정답 ④

Point 39
상—
취득세 종합문제

「지방세법」상 취득세에 관한 설명으로 틀린 것은?

① 공매를 통하여 배우자의 부동산을 취득한 경우 유상취득으로 본다.

② 건축물 중 조작설비로서 그 주체구조부와 하나가 되어 건축물로서의 효용가치를 이루고 있는 것에 대하여는 주체구조부 취득자 외의 자가 가설한 경우에도 주체구조부의 취득자가 함께 취득한 것으로 본다.

③ 법인설립시 발행하는 주식을 취득함으로써 지방세기본법에 따른 과점주주가 되었을 때에는 그 과점주주가 해당 법인의 부동산 등을 취득한 것으로 본다.

④ 토지의 지목변경에 따른 취득은 지목변경일 이전에 그 사용하는 부분에 대해서는 그 사실상의 사용일을 취득일로 본다.

⑤ 상속에 따른 무상취득의 경우 취득세 과세표준은 시가표준액으로 한다.

40
취득세 종합문제

「지방세법」상 취득세에 관한 설명으로 틀린 것은 몇 개인가?

> ⊙ 「민법」 등 관계법령에 따른 등기를 하지 아니한 부동산의 취득은 사실상 취득하더라도 취득한 것으로 볼 수 없다.
> ⊙ 법인설립시에 발행하는 주식 또는 지분을 취득함으로써 과점주주가 된 경우에는 그 과점 주주가 해당 법인의 부동산 등을 취득한 것으로 본다.
> ⊙ 토지의 지목변경에 따른 취득은 지목변경일 이전에 그 사용 여부와 관계없이 사실상 변경된 날과 공부상 변경된 날 중 빠른 날을 취득일로 본다.
> ⊙ 토지의 지목을 사실상 변경한 경우 과세표준은 그 변경으로 증가한 가액에 해당하는 사실상취득가격으로 한다.
> ⊙ 법령이 정하는 고급오락장에 해당하는 임시건축물의 취득에 대하여는 존속기간에 상관 없이 취득세를 부과하지 아니한다.

① 1개   ② 2개   ③ 3개
④ 4개   ⑤ 5개

41
취득세 종합문제

「지방세법」상 취득세에 관한 설명으로 틀린 것은 몇 개인가?

> ⊙ 부동산을 연부로 취득하는 것은 등기일에 관계없이 그 사실상의 최종연부금 지급일을 취득일로 본다.
> ⊙ 취득세 과세표준을 계산할 때 부가가치세는 취득가격에 포함하지 아니한다.
> ⊙ 건축(신축·재축 제외)으로 인하여 건축물 면적이 증가할 때에는 그 증가된 부분에 대하여 원시취득으로 보아 해당 세율을 적용한다.
> ⊙ 납세의무자가 토지의 지목을 사실상 변경한 후 산출세액에 대한 신고를 하지 아니하고 그 토지를 매각하는 경우에는 산출세액에 100분의 80을 가산한 금액을 세액으로 하여 징수한다.
> ⊙ 「건축법」에 따른 공동주택의 대수선은 취득세를 부과하지 아니한다.

① 1개   ② 2개   ③ 3개
④ 4개   ⑤ 5개

42
🈷
취득세 종합문제

「지방세법」상 취득세에 관한 설명으로 틀린 것은?

① 관계법령에 따라 매립·간척 등으로 토지를 원시취득하는 경우로서 공사준공인가일 전에 사실상 사용하는 경우에는 그 사실상 사용일을 취득일로 본다.

② 환매등기를 병행하는 부동산의 매매로서 환매기간 내에 매도자가 환매한 경우의 그 매도자와 매수자의 취득은 취득세 표준세율에서 중과기준세율을 뺀 세율로 산출한 금액을 그 세액으로 한다.

③ 무상승계취득한 취득물건을 취득일에 등기·등록한 후 화해조서·인낙조서에 의하여 취득일부터 취득일이 속하는 달의 말일부터 3개월 이내에 계약이 해제된 사실을 입증하는 경우에는 취득한 것으로 보지 아니한다.

④ 취득세 과세물건을 무상취득(상속은 제외한다)한 자는 취득일이 속하는 달의 말일부터 3개월 이내에 그 과세표준에 세율을 적용하여 산출한 세액을 신고하고 납부하여야 한다.

⑤ 지방자치단체에 기부채납을 조건으로 부동산을 취득하는 경우라도 그 반대급부로 기부채납 대상물의 무상사용권을 제공받는 때에는 그 해당 부분에 대해서는 취득세를 부과한다.

복습문제
43
🈸
취득세 종합문제

「지방세법」상 취득세에 관한 설명으로 틀린 것은?

① 상속(피상속인이 상속인에게 한 유증 및 포괄유증과 신탁재산의 상속 포함)으로 인하여 취득하는 경우에는 상속인 각자가 상속받는 취득물건(지분을 취득하는 경우에는 그 지분에 해당하는 취득물건을 말함)을 취득한 것으로 본다.

② 「도시 및 주거환경정비법」 제16조 제2항에 따른 주택재건축조합이 주택재건축사업을 하면서 조합원으로부터 취득하는 토지 중 조합원에게 귀속되지 아니하는 토지를 취득하는 경우에는 「도시 및 주거환경정비법」 제54조 제2항에 따른 소유권이전 고시일에 그 토지를 취득한 것으로 본다.

③ 법인이 아닌 자가 취득한 경우 건설자금에 충당한 차입금의 이자 또는 이와 유사한 금융비용은 사실상 취득가격에 포함하지 아니한다.

④ 존속기간이 1년을 초과하는 임시건축물의 취득은 취득세 중과기준세율로 산출한 금액을 그 세액으로 한다.

⑤ 「주택법」 제2조 제3호에 따른 공동주택의 개수(「건축법」 제2조 제1항 제9호에 따른 대수선은 제외함)로 인한 취득 중 개수로 인한 취득 당시 「지방세법」 제4조에 따른 주택의 시가표준액이 9억원 이하인 주택과 관련된 개수로 인한 취득에 대해서는 취득세를 부과하지 아니한다.

44

취득세 종합문제

「지방세법」상 취득세에 관한 설명이다. 옳지 않은 것은?

① 토지의 지목을 사실상 변경함으로써 그 가액이 증가한 경우에는 취득으로 본다.

② 외국정부 및 주한국제기구의 취득에 대해서는 취득세를 부과하지 아니한다. 다만, 대한민국 정부기관의 취득에 대하여 과세하는 외국정부의 취득에 대해서는 취득세를 부과한다.

③ 취득세의 과세표준은 취득 당시의 가액으로 한다. 다만, 연부로 취득하는 경우에는 연부금액으로 한다.

④ 지방자치단체의 장은 취득세의 세율을 조정할 수 없다.

⑤ 취득세 과세물건을 유상으로 취득한 자는 그 취득한 날로부터 60일 이내에 그 과세표준에 세율을 적용하여 산출한 세액을 신고하고 납부하여야 한다.

45

복습문제

취득세 종합문제

「지방세법」상 취득세에 관한 설명으로 틀린 것은?

① 상속개시 후 상속재산에 대하여 등기·등록·명의개서(名義改書) 등에 의하여 각 상속인의 상속분이 확정되어 등기등이 된 후, 그 상속재산에 대하여 공동상속인이 협의하여 재분할한 결과 특정 상속인이 당초 상속분을 초과하여 취득하게 되는 재산가액은 그 재분할에 의하여 상속분이 감소한 상속인으로부터 증여받아 취득한 것으로 본다.

② 「도시개발법」에 따른 도시개발사업과 「도시 및 주거환경정비법」에 따른 정비사업의 시행으로 해당 사업의 대상이 되는 부동산의 소유자(상속인을 포함한다)가 환지계획 또는 관리처분계획에 따라 공급받거나 토지상환채권으로 상환받는 건축물은 그 소유자가 원시취득한 것으로 보며, 토지의 경우에는 그 소유자가 승계취득한 것으로 본다. 이 경우 토지는 당초 소유한 토지 면적을 초과하는 경우로서 그 초과한 면적에 해당하는 부분에 한정하여 취득한 것으로 본다.

③ 세대별 소유주택 수에 따른 중과 세율을 적용함에 있어 「신탁법」에 따라 신탁된 주택은 위탁자의 주택 수에 가산한다.

④ 납세의무자가 지방세법 제20조에 따른 신고기한까지 취득세를 시가인정액으로 신고한 후 지방자치단체의 장이 세액을 경정하기 전에 그 시가인정액을 수정신고한 경우에는 「지방세기본법」 제53조 및 제54조에 따른 가산세를 부과하지 아니한다.

⑤ 무덤과 이에 접속된 부속시설물의 부지로 사용되는 토지로서 지적공부상 지목이 묘지인 토지의 취득에 대한 취득세는 표준세율에서 중과기준세율을 뺀 세율로 산출한 금액을 그 세액으로 한다.

46

취득세 종합문제

지방세법상 취득세에 관한 설명으로 틀린 것은?

① 부동산을 연부로 취득하는 것은 등기일에 관계없이 그 사실상의 최종연부금 지급일을 취득일로 본다.

② 국가, 지방자치단체 또는 지방자치단체조합에 귀속 또는 기부채납을 조건으로 취득하는 부동산에 대하여는 취득세를 부과하지 아니한다.

③ 甲소유의 미등기건물에 대하여 乙이 채권확보를 위하여 법원의 판결에 의한 소유권보존등기를 甲의 명의로 등기할 경우의 취득세 납세의무는 甲에게 있다.

④ 취득세 납세의무가 있는 법인이 장부 등의 작성과 보존의무를 이행하지 아니한 경우 산출세액의 100분의 10에 상당하는 가산세가 부과된다.

⑤ 취득세 과세표준을 계산할 때 부가가치세는 사실상 취득가격에 포함하지 아니한다.

47

취득세 종합문제

다음은 취득세의 특징을 열거한 것이다. 옳은 것은 몇 개인가?

㉠ 지방세	㉡ 보통세	㉢ 직접세
㉣ 신고납부	㉤ 초과누진세율	㉥ 소액징수면제
㉦ 종가세	㉧ 차등비례세율	㉨ 면세점
㉩ 목적세	㉪ 분할납부	㉫ 물납

① 7개   ② 8개   ③ 9개

④ 10개   ⑤ 11개

48

취득세와 등록면허세

취득세 및 등록에 대한 등록면허세에 관한 설명으로 틀린 것은?

① 취득세 과세표준을 계산할 때 부가가치세는 취득가격에 포함하지 아니한다.

② 무주택자인 개인이 유상거래를 원인으로 「지방세법」에 따른 취득 당시의 가액(취득세 과세표준)이 6억원인 주택을 취득하는 경우에는 1천분의 10의 세율을 적용한다.

③ 연부로 취득하는 경우, 연부금액은 매회 사실상 지급되는 금액을 말하며 취득금액에 포함되는 계약보증금을 포함한다.

④ 상속에 따른 건축물 무상취득의 경우에는 「지방세법」 제4조에 따른 시가표준액을 취득세의 취득당시가액으로 한다.

⑤ 부동산 등기에 대한 등록면허세 세액이 6천원 미만인 경우, 해당 등록면허세를 징수하지 아니한다.

49

취득세와 등록면허세

「지방세법」상 취득세 및 등록면허세에 관한 설명으로 틀린 것은?

① 대한민국 정부기관의 취득에 대하여 과세하는 외국정부의 취득에 대해서는 취득세를 부과한다.

② 부동산가압류에 대한 등록면허세의 세율은 채권금액의 1천분의 2로 한다.

③ 취득가액이 50만원 이하인 차량의 등록은 등록면허세가 과세되는 등록에 해당한다.

④ 취득세 납세의무자가 신고 또는 납부의무를 다하지 아니하면 산출세액 또는 그 부족세액에 「지방세기본법」의 규정에 따라 산출한 가산세를 합한 금액을 세액으로 하여 보통징수의 방법으로 징수한다.

⑤ 지목변경으로 인한 취득세 납세의무자가 신고를 하지 아니하고 매각하는 경우 산출세액에 100분의 80을 가산한 금액을 세액으로 하여 징수한다.

50

취득세와 등록면허세

「지방세법」상 취득세 및 등록면허세에 관한 설명으로 틀린 것은?

① 취득세 과세표준을 계산할 때 부가가치세는 취득가격에 포함하지 아니한다.

② 전세권설정등기에 대한 등록면허세의 표준세율은 전세금액의 1,000분의 2이다.

③ 취득세 부과제척기간이 경과한 주택의 등기는 등록면허세가 과세되는 등기에 해당한다.

④ 개인 간의 주택 매매로서 사실상의 잔금지급일이 2025년 4월 2일로 하는 부동산(취득가액 1억원)의 소유권이전등기에 대해서는 취득세가 아닌 등록면허세가 과세되는 등기에 해당한다.

⑤ 전세권설정등기에 대한 등록면허세의 산출세액이 건당 6천원보다 적을 때에는 등록면허세의 세액은 6천원으로 한다.

51
상●─
취득세와 등록면허세

「지방세법」상 취득세 및 등록면허세에 관한 설명으로 옳은 것은?

① 취득세 과세물건을 취득한 후 중과세 대상이 되었을 때에는 표준세율을 적용하여 산출한 세액에서 이미 납부한 세액(가산세 제외)을 공제한 금액을 세액으로 하여 신고·납부하여야 한다.

② 지방세의 체납으로 인하여 압류의 등기 또는 등록을 한 재산에 대하여 압류해제의 등기 또는 등록 등을 할 경우에는 「지방세법」 제26조에 의하여 등록면허세가 과세된다.

③ 국가기관 또는 지방자치단체는 등기·가등기 또는 등록·가등록을 등기·등록관서에 촉탁하려는 경우에는 등록면허세를 납부하여야 할 납세자에게 등록면허세 영수필 통지서(등기·등록관서의 시·군·구 통보용) 1부와 등록면허세 영수필 확인서 1부를 제출하게 하고, 촉탁서에 이를 첨부하여 등기·등록관서에 송부하여야 한다. 다만, 「전자정부법」 제36조 제1항에 따라 행정기관 간에 등록면허세 납부사실을 전자적으로 확인할 수 있는 경우에는 그러하지 아니하다.

④ 등록 당시에 감가상각의 사유로 가액이 달라진 경우에는 변경 전 가액을 등록면허세 과세표준으로 한다.

⑤ 국가, 지방자치단체 또는 지방자치단체조합은 취득세 과세물건을 매각(연부로 매각한 것을 포함한다)하면 다음 달 10일까지 대통령령으로 정하는 바에 따라 그 물건 소재지를 관할하는 지방자치단체의 장에게 통보하거나 신고하여야 한다.

52
복습문제
상●─
취득세와 등록면허세

「지방세법」상 취득세 및 등록면허세에 관한 설명으로 옳은 것은?

① 광업권의 취득에 따른 등록시 취득세가 과세된다.

② 환매등기를 병행하는 부동산의 매매로서 환매기간 내에 매도자가 환매한 경우의 그 매도자와 매수자의 취득에 대한 취득세는 중과기준세율을 적용하여 계산한 금액을 그 세액으로 한다.

③ 지방자치단체의 장은 채권자대위자의 부동산의 등기에 대한 등록면허세 신고납부가 있는 경우 채권자에게 그 사실을 즉시 통보하여야 한다.

④ 국가, 지방자치단체 또는 지방자치단체조합은 취득세 과세물건을 매각(연부로 매각한 것을 포함한다)하면 매각일부터 60일 이내에 대통령령으로 정하는 바에 따라 그 물건 소재지를 관할하는 지방자치단체의 장에게 통보하거나 신고하여야 한다.

⑤ 같은 채권을 위한 저당권의 목적물이 종류가 달라 둘 이상의 등기 또는 등록을 하게 되는 경우에 등기·등록관서가 이에 관한 등기 또는 등록 신청을 받았을 때에는 채권금액 전액에서 이미 납부한 등록면허세의 산출기준이 된 금액을 뺀 잔액을 그 채권금액으로 보고 등록면허세를 부과한다.

Chapter 02 등록면허세

제1절 등록면허세 납세의무자

대표유형

「지방세법」상 등록면허세의 납세의무자에 대한 설명 중 틀린 것은 몇 개인가?

㉠ 등록면허세의 납세의무자는 재산권과 그 밖의 권리의 설정·변경 또는 소멸에 관한 사항을 공부에 등기 또는 등록을 하는 자이다.
㉡ 근저당권 설정등기의 경우 등록면허세의 납세의무자는 근저당권자이다.
㉢ 근저당권 말소등기의 경우 등록면허세의 납세의무자는 근저당권설정자 또는 말소대상 부동산의 현재 소유자이다.
㉣ 甲이 은행에서 1,000만원의 융자를 받고 乙의 부동산에 저당권을 설정할 경우 등록면허세의 납세의무자는 은행이다.

① 0개　　　　　② 1개　　　　　③ 2개
④ 3개　　　　　⑤ 4개

해설 ① 모두 옳은 설명으로 틀린 것은 0개이다.　　　　　◆정답 ①

01

등록면허세
납세의무자

「지방세법」상 등록에 대한 등록면허세의 납세의무자에 대한 설명 중 틀린 것은?

① 등록면허세의 납세의무자는 재산권과 그 밖의 권리의 설정·변경 또는 소멸에 관한 사항을 공부에 등기 또는 등록을 하는 자이다.
② 재산권 기타 권리의 설정·변경 또는 소멸에 관한 사항을 공부에 등기 또는 등록을 받는 등기·등록부상에 기재된 명의자는 등록면허세를 납부할 의무를 진다.
③ 근저당권 말소등기의 경우 등록면허세의 납세의무자는 근저당권자이다.
④ 甲이 乙소유 부동산에 관해 전세권설정등기를 하는 경우 등록면허세 납세의무자는 전세권자인 甲이다.
⑤ 甲이 乙소유 부동산에 관해 전세권설정등기를 한 후 丙이 甲으로부터 전세권을 이전받아 등기하는 경우 등록면허세 납세의무자는 丙이다.

복습문제

02
등록면허세
납세의무자

등록에 대한 등록면허세의 납세의무자에 대한 다음 설명 중 틀린 것은?

① 설정된 전세권에 대한 말소등기를 하는 경우 등록면허세 납세의무자는 전세권자이다.
② 등록에 대한 등록면허세의 납세의무자는 재산권 기타 권리의 취득·이전·변경 또는 소멸에 관한 사항을 공부에 등기 또는 등록(등재를 포함한다)하는 경우에 그 등기 또는 등록을 받는 자이다.
③ 소유권 이전등기시 등록면허세 납세의무자는 매수자이다.
④ 가압류 설정시 등록면허세 납세의무자는 채권자이다.
⑤ 부동산 지역권 설정등기시 등록면허세 납세의무자는 지역권자(요역지 소유자)가 된다.

제2절 등록면허세 과세표준

대표유형

「지방세법」상 등록에 대한 등록면허세의 과세표준에 관한 설명으로 틀린 것은?

① 부동산, 선박, 항공기, 자동차 및 건설기계의 등록에 대한 등록면허세의 과세표준은 등록 당시의 가액으로 한다.
② 등록 당시 신고가 없거나 신고가액이 시가표준액보다 적은 경우에는 시가표준액을 과세표준으로 한다.
③ 등록면허세 신고서상 금액과 공부상 금액이 다를 경우 공부상 금액을 과세표준으로 한다.
④ 등록 당시에 감가상각의 사유로 가액이 달라진 경우 그 가액에 대한 증명여부와 관계없이 변경 전 가액을 과세표준으로 한다.
⑤ 채권금액으로 과세액을 정하는 경우에 일정한 채권금액이 없을 때에는 채권의 목적이 된 것의 가액 또는 처분의 제한의 목적이 된 금액을 그 채권금액으로 본다.

해설 ④ 등록 당시에 감가상각의 사유로 가액이 달라진 경우 변경된 가액을 과세표준으로 한다. ◆ 정답 ④

Point

03
등록면허세 과세표준

등록에 대한 등록면허세의 과세표준에 대한 설명으로 옳은 것은?

① 전세권설정등기시는 전세금액이 과세표준이 된다.
② 저당권설정등기시는 담보물건의 가액이 과세표준이 된다.
③ 지역권설정등기시는 승역지가액이 과세표준이 된다.
④ 임차권설정등기시는 그 부동산가액이 과세표준이 된다.
⑤ 지상권설정등기시는 지료가 과세표준이 된다.

04 지방세법상 등록에 대한 등록면허세 과세표준을 부동산가액에 의하는 것은?

등록면허세 과세표준

① 가등기   ② 가압류

③ 가처분   ④ 경매신청

⑤ 저당권의 설정

제3절 등록면허세 세율

대표유형

「지방세법」상 부동산 등기에 대한 등록면허세의 표준세율로 틀린 것은? (단, 표준세율을 적용하여 산출한 세액이 부동산 등기에 대한 그 밖의 등기 또는 등록세율보다 크다고 가정함)

① 증여로 인한 소유권이전등기 : 부동산가액의 1천분의 8

② 저당권 설정 및 이전등기 : 채권금액의 1천분의 2

③ 지역권 설정 및 이전등기 : 요역지 가액의 1천분의 2

④ 임차권 설정 및 이전등기 : 월 임대차금액의 1천분의 2

⑤ 전세권 설정등기 : 전세금액의 1천분의 2

해설 ① 증여로 인한 소유권이전등기 : 부동산가액의 1천분의 15

❶ 정답 ①

05 부동산 등기에 관한 등록면허세의 세율로서 옳은 것은?

등록면허세 세율

① 매매에 의한 소유권 이전 등기 - 부동산가액의 1천분의 20

② 상속으로 인한 소유권 이전 등기 - 부동산가액의 1천분의 15

③ 소유권의 보존 등기 - 부동산가액의 1천분의 0.8

④ 저당권 - 채권금액의 1천분의 8

⑤ 전세권 - 전세금액의 1천분의 9

06

등록면허세 세율

「지방세법」상 등록면허세의 세율에 대한 설명 중 틀린 것은 몇 개인가?

> ㉠ 상속으로 인한 소유권 이전 등기의 세율은 부동산 가액의 1천분의 15로 한다.
> ㉡ 대도시 밖에 있는 법인의 본점이나 주사무소를 대도시로 전입함에 따른 등기는 법인등기에 대한 세율의 100분의 200을 적용한다.
> ㉢ 지방자치단체의 장은 조례로 정하는 바에 따라 등록면허세의 세율을 부동산 등기에 대한 표준세율의 100분의 50의 범위에서 가감할 수 있다.
> ㉣ 「한국은행법」 및 「한국수출입은행법」에 따른 은행업을 영위하기 위하여 대도시에서 법인을 설립함에 따른 등기를 한 법인이 그 등기일부터 2년 이내에 업종 변경이나 업종 추가가 없는 때에는 등록면허세의 세율을 중과하지 아니한다.
> ㉤ 「여신전문금융업법」 제2조 제12호에 따른 할부금융업을 영위하기 위하여 대도시에서 법인을 설립함에 따른 등기를 할 때에는 그 세율을 해당 표준세율의 100분의 300으로 한다. 단, 그 등기일부터 2년 이내에 업종변경이나 업종추가는 없다.

① 1개　　　　　　　② 2개　　　　　　　③ 3개
④ 4개　　　　　　　⑤ 5개

07

부동산 등기와 관련한 등록에 대한 등록면허세 세율이 1천분의 2가 아닌 것은?

① 말소등기　　　　　　　　　② 가등기
③ 가처분　　　　　　　　　　④ 가압류
⑤ 임차권설정등기

08

부동산 등기의 등록에 대한 등록면허세의 과세표준과 세율에 대한 설명이다. 틀린 것은? (단, 표준세율을 적용하여 산출한 세액이 부동산 등기에 대한 그 밖의 등기 또는 등록세율보다 크다고 가정함)

① 지방자치단체의 장은 조례로 정하는 바에 따라 등록면허세의 세율을 부동산 등기에 따른 표준세율의 100분의 50의 범위에서 가감할 수 있다.
② 가등기시 등록면허세는 부동산 가액 또는 채권금액의 1천분의 2이다.
③ 임차권 설정시 등록면허세는 월 임대차금액의 1천분의 2이다.
④ 저당권 설정시 등록면허세는 채권금액의 1천분의 2이다.
⑤ 지역권 말소등기시 등록면허세는 요역지가액의 1천분의 2이다.

09

다음의 자료에 의하여 임차권설정등기시 등록에 대한 등록면허세의 납세의무자와 세액은?

㉠ 임대인 : 甲　　　　　　　　㉡ 임차인 : 乙
㉢ 보증금 : 1억원　　　　　　　㉣ 월임대차금액 : 100만원
㉤ 임대기간 : 24개월

	납세의무자	세 액
①	甲	2,500원
②	乙	6,000원
③	乙	2,000원
④	甲	10,000원
⑤	乙	7,500원

제4절 등록면허세 부과와 징수

대표유형

「지방세법」상 등록면허세의 납세지와 신고 및 납부에 관한 설명 중 틀린 것은?

① 등록을 하려는 자는 과세표준에 세율을 적용하여 산출한 세액을 대통령령으로 정하는 바에 따라 등록을 하기 전까지 납세지를 관할하는 지방자치단체의 장에게 신고하고 납부하여야 한다.

② 등록면허세 과세물건을 등록한 후에 해당 과세물건이 중과세 세율의 적용대상이 되었을 때에는 대통령령으로 정하는 날부터 60일 이내에 중과세 세율을 적용하여 산출한 세액에서 이미 납부한 세액(가산세는 제외한다)을 공제한 금액을 세액으로 하여 납세지를 관할하는 지방자치단체의 장에게 대통령령으로 정하는 바에 따라 신고하고 납부하여야 한다.

③ 같은 등록에 관계되는 재산이 둘 이상의 지방자치단체에 걸쳐 있어 등록면허세를 지방자치단체별로 부과할 수 없을 때에는 등록관청 소재지를 등록면허세 납세지로 한다.

④ 甲이 乙소유 부동산에 관해 전세권설정등기를 하는 경우 부동산소재지와 乙의 주소지가 다른 경우 등록면허세의 납세지는 乙의 주소지로 한다.

⑤ 신고의무를 다하지 아니한 경우에도 등록면허세 산출세액을 등록을 하기 전까지 납부하였을 때에는 신고를 하고 납부한 것으로 본다. 이 경우 무신고가산세 및 과소신고가산세를 부과하지 아니한다.

해설 ④ 甲이 乙소유 부동산에 관해 전세권설정등기를 하는 경우 부동산소재지와 乙의 주소지가 다른 경우 등록면허세의 납세지는 부동산소재지로 한다.

● 정답 ④

10 다음은 지방세법상 등록에 대한 등록면허세의 납세지에 대한 설명이다. 틀린 것은?

등록면허세 납세지

① 같은 등록에 관계되는 재산이 둘 이상의 지방자치단체에 걸쳐 있어 등록면허세를 지방자치단체별로 부과할 수 없을 때에는 등록관청 소재지를 납세지로 한다.

② 같은 채권의 담보를 위하여 설정하는 둘 이상의 저당권을 등록하는 경우에는 이를 하나의 등록으로 보아 그 등록에 관계되는 재산을 마지막으로 등록하는 등록관청 소재지를 납세지로 한다.

③ 법인 등기는 등기에 관련되는 본점·지점 또는 주사무소·분사무소 등의 소재지를 납세지로 한다.

④ 저작권, 출판권, 저작인접권, 컴퓨터프로그램 저작권, 데이터베이스 제작자의 권리 등록은 저작권자, 출판권자, 저작인접권자, 컴퓨터프로그램 저작권자, 데이터베이스 제작권자 주소지를 납세지로 한다.

⑤ 납세지가 분명하지 아니한 경우에는 등록관청 소재지를 납세지로 한다.

11 다음 중 등록에 대한 등록면허세의 납세지로서 틀린 것은?

등록면허세 납세지

① 부동산 등기는 부동산 소재지
② 상호 등기는 영업소 소재지
③ 어업권 등록은 어장 소재지
④ 항공기 등록은 등록권자 주소지
⑤ 특허권·실용신안권·디자인권 등록은 등록권자 주소지

12 다음은 등록면허세의 납세지에 관한 설명이다. 옳은 것은?

등록면허세 납세지

① 선박 등기 – 선주의 주소지를 관할하는 특별시·광역시·도
② 부동산 등기 – 부동산의 소재지를 관할하는 특별시·광역시·도
③ 항공기 등록 – 정치장 소재지를 관할하는 세무서
④ 어업권 등록 – 어업권자의 주소지를 관할하는 세무서
⑤ 광업권 등록 – 광구의 소재지를 관할하는 세무서

13 「지방세법」상 등록면허세의 부과와 징수에 관한 설명 중 틀린 것은 몇 개인가?

등록면허세
부과와 징수

> ㉠ 부동산 등기에 대한 등록면허세의 납세지는 부동산소재지를 원칙으로 한다.
> ㉡ 부동산 등기에 대한 등록면허세의 납세지는 부동산 소재지이나 그 납세지가 분명하지 아니한 경우에는 등록관청 소재지로 한다.
> ㉢ 부동산 등기에 대한 등록면허세 납세지는 부동산 소유자의 주소지이다.
> ㉣ 부동산을 등기하려는 자는 과세표준에 세율을 적용하여 산출한 세액을 등기를 하기 전까지 납세지를 관할하는 지방자치단체의 장에게 신고·납부하여야 한다.
> ㉤ 등록면허세의 납세의무자가 신고를 하지 아니하고 등록을 하기 전까지 등록면허세를 납부한 경우 신고불성실가산세를 징수한다.
> ㉥ 등록을 하려는 자가 신고의무를 다하지 않은 경우 등록면허세 산출세액을 등록하기 전까지 납부하였을 때에는 신고·납부한 것으로 보지만 무신고 가산세가 부과된다.

① 1개   ② 2개   ③ 3개
④ 4개   ⑤ 5개

14 다음의 사례에서 등록면허세의 부가세를 합산하면 얼마인가?

등록면허세 부가세

> ㉠ 등록면허세 산출세액 : 2,000,000원
> ㉡ 50% 감면대상으로 가정한다.

① 100,000원   ② 200,000원
③ 300,000원   ④ 400,000원
⑤ 500,000원

제 5 절 등록면허세 비과세

대표유형

지방세법령상 등록에 대한 등록면허세가 비과세되는 경우로 틀린 것은?

① 지방자치단체조합이 자기를 위하여 받는 등록

② 무덤과 이에 접속된 부속시설물의 부지로 사용되는 토지로서 지적공부상 지목이 묘지인 토지에 관한 등기

③ 「채무자 회생 및 파산에 관한 법률」 제6조 제3항, 제25조 제1항부터 제3항까지, 제26조 제1항, 같은 조 제3항, 제27조, 제76조 제4항, 제362조 제3항, 제578조의5 제3항, 제578조의8 제3항 및 제578조의9 제3항에 따른 등기 또는 등록

④ 대한민국 정부기관의 등록에 대하여 과세하는 외국정부의 등록

⑤ 등기 담당 공무원의 착오로 인한 주소 등의 단순한 표시변경 등기

해설 ④ 대한민국 정부기관의 등록에 대하여 과세하는 외국정부의 등록의 경우에는 등록면허세를 부과한다(지방세법 제26조 제1항 단서). ◆ 정답 ④

15

등록면허세 비과세

「지방세법」상 등록면허세 비과세에 관한 설명이다. 옳지 않은 것은?

① 국가, 지방자치단체, 지방자치단체조합, 외국정부 및 주한국제기구가 자기를 위하여 받는 등록 또는 면허에 대하여는 등록면허세를 부과하지 아니한다.

② 대한민국 정부기관의 등록 또는 면허에 대하여 과세하는 외국정부의 등록 또는 면허의 경우에는 등록면허세를 부과하지 아니한다.

③ 「채무자 회생 및 파산에 관한 법률」 제6조 제3항, 제25조 제1항부터 제3항까지, 제26조 제1항, 같은 조 제3항, 제27조, 제76조 제4항, 제362조 제3항, 제578조의5 제3항, 제578조의8 제3항 및 제578조의9 제3항에 따른 등기 또는 등록

④ 행정구역의 변경, 주민등록번호의 변경, 지적(地籍) 소관청의 지번 변경, 계량단위의 변경, 등록 담당 공무원의 착오 및 이와 유사한 사유로 인한 등록으로서 주소, 성명, 주민등록번호, 지번, 계량단위 등의 단순한 표시변경·회복 또는 경정 등록에 대하여는 등록면허세를 부과하지 아니한다.

⑤ 무덤과 이에 접속된 부속시설물의 부지로 사용되는 토지로서 지적공부상 지목이 묘지인 토지에 관한 등기에 대하여는 등록면허세를 부과하지 아니한다.

복습문제

16

등록면허세 비과세

지방세법령상 등록에 대한 등록면허세의 비과세에 대한 설명이다. 틀린 것은?

① 「국세징수법」에 의해 체납처분된 압류등기는 등록면허세가 비과세된다.

② 대한민국 정부기관의 등록에 대하여 과세하는 외국정부의 등록의 경우에는 등록면허세를 부과한다.

③ 국가와 지방자치단체가 「공익사업을 위한 토지 등의 취득 및 보상에 관한 법률」에 따라 공공사업(도로신설 및 도로확장 등)에 필요한 토지를 수용하여 공공용지에 편입하기 위해 행하는 분필등기, 공유물분할등기는 국가와 지방자치단체가 자기를 위하여 하는 등기에 해당하므로 등록면허세가 비과세된다.

④ 「채무자 회생 및 파산에 관한 법률」 제6조 제3항, 제25조 제1항부터 제3항까지, 제26조 제1항, 같은 조 제3항, 제27조, 제76조 제4항, 제362조 제3항, 제578조의5 제3항, 제578조의8 제3항 및 제578조의9 제3항에 따른 등기에 대하여는 등록면허세를 부과한다.

⑤ 무덤과 이에 접속된 부속시설물의 부지로 사용되는 토지로서 지적공부상 지목이 묘지인 토지에 관한 등기에 대하여는 등록면허세를 부과하지 아니한다.

제 6 절 등록면허세 종합문제

대표유형

「지방세법」상 등록면허세에 관한 설명으로 틀린 것은?

① 등록면허세의 납세의무자는 재산권과 그 밖의 권리의 설정·변경 또는 소멸에 관한 사항을 공부에 등기 또는 등록을 하는 자이다.

② 사실상의 취득가격을 등록면허세의 과세표준으로 하는 경우 등록 당시에 자산재평가 또는 감가상각 등의 사유로 그 가액이 달라진 경우에는 변경된 가액을 과세표준으로 한다.

③ 대도시 밖에 있는 법인의 본점이나 주사무소를 대도시로 전입함에 따른 등기는 법인등기에 대한 세율의 100분의 300을 적용한다.

④ 부동산 등기에 대한 등록면허세 납세지는 부동산 소유자의 주소지이다.

⑤ 등록면허세 납세의무자가 신고의무를 다하지 아니한 경우에도 등록면허세 산출세액을 등록을 하기 전까지 납부하였을 때에는 신고를 하고 납부한 것으로 본다. 이 경우 무신고가산세 및 과소신고가산세를 부과하지 아니한다.

해설 ④ 부동산 등기에 대한 등록면허세 납세지는 부동산 소유자의 주소지가 아니라 부동산 소재지이다.

◆ 정답 ④

Point 17

등록면허세 종합문제

「지방세법」상 등록에 대한 등록면허세에 관한 설명으로 틀린 것은 몇 개인가?

㉠ 근저당권 말소등기의 경우 등록면허세의 납세의무자는 근저당권설정자 또는 말소대상 부동산의 현재 소유자이다.

㉡ 부동산 등록에 대한 신고가 없는 경우 취득 당시 시가표준액의 100분의 110을 과세표준 으로 한다.

㉢ 전세권설정등기에 대한 등록면허세의 표준세율은 전세금액의 1,000분의 2이다.

㉣ 대도시 밖에 있는 법인의 본점이나 주사무소를 대도시로 전입함에 따른 등기는 법인등기 에 대한 세율의 100분의 200을 적용한다.

㉤ 같은 등록에 관계되는 재산이 둘 이상의 지방자치단체에 걸쳐 있어 등록면허세를 지방자 치단체별로 부과할 수 없을 때에는 등록관청 소재지를 납세지로 한다.

① 1개   ② 2개   ③ 3개

④ 4개   ⑤ 5개

18

등록면허세 종합문제

「지방세법」상 등록에 대한 등록면허세에 관한 설명으로 틀린 것은 몇 개인가?

㉠ 「여신전문금융업법」 제2조 제12호에 따른 할부금융업을 영위하기 위하여 대도시에서 법 인을 설립함에 따른 등기를 할 때에는 그 세율을 해당 표준세율의 100분의 300으로 한다. 단, 그 등기일부터 2년 이내에 업종변경이나 업종추가는 없다.

㉡ 등록 당시에 자산재평가의 사유로 그 가액이 달라진 때에는 자산재평가 전의 가액을 과 세표준으로 한다.

㉢ 지방자치단체의 장은 등록면허세의 세율을 표준세율의 100분의 60의 범위에서 가감할 수 있다.

㉣ 같은 채권의 담보를 위하여 설정하는 둘 이상의 저당권을 등록하는 경우에는 이를 하나 의 등록으로 보아 그 등록에 관계되는 재산을 처음 등록하는 등록관청 소재지를 납세지 로 한다.

㉤ 지방자치단체의 장은 채권자대위자의 부동산의 등기에 대한 등록면허세 신고납부가 있 는 경우 납세의무자에게 그 사실을 즉시 통보하여야 한다.

① 1개   ② 2개   ③ 3개

④ 4개   ⑤ 5개

19

등록면허세 종합문제

지방세법령상 등록에 대한 등록면허세에 관한 설명으로 틀린 것은? (단, 지방세관계법령상 감면 및 특례는 고려하지 않음)

① 취득세 부과제척기간이 경과한 주택의 등기시 취득세를 과세하지 않고 등록면허세를 과세한다.

② 부동산의 등록에 대한 등록면허세의 과세표준은 등록자가 신고한 당시의 가액으로 하고, 신고가 없거나 신고가액이 시가표준액보다 많은 경우에는 시가표준액으로 한다.

③ 채권금액으로 과세액을 정하는 경우에 일정한 채권금액이 없을 때에는 채권의 목적이 된 것의 가액 또는 처분의 제한의 목적이 된 금액을 그 채권금액으로 본다.

④ 주택의 토지와 건축물을 한꺼번에 평가하여 토지나 건축물에 대한 과세표준이 구분되지 아니하는 경우에는 한꺼번에 평가한 개별주택가격을 토지나 건축물의 가액비율로 나눈 금액을 각각 토지와 건축물의 과세표준으로 한다.

⑤ 지방자치단체의 장은 조례로 정하는 바에 따라 등록면허세의 세율을 부동산 등기에 따른 표준세율의 100분의 50의 범위에서 가감할 수 있다.

Point 20

등록면허세 종합문제

「지방세법」상 등록에 대한 등록면허세에 관한 설명으로 틀린 것은?

① 근저당권 설정등기의 경우 등록면허세의 납세의무자는 근저당권자이다.

② 등록면허세 신고서상 금액과 공부상 금액이 다를 경우 공부상 금액을 과세표준으로 한다.

③ 대도시 밖에 있는 법인의 본점이나 주사무소를 대도시로 전입함에 따른 등기는 법인등기에 대한 세율의 100분의 200을 적용한다.

④ 부동산 등기에 대한 등록면허세 납세지는 부동산 소재지이다.

⑤ 무덤과 이에 접속된 부속시설물의 부지로 사용되는 토지로서 지적공부상 지목이 묘지인 토지에 관한 등기에 대하여는 등록면허세를 부과하지 아니한다.

21

등록면허세 종합문제

「지방세법」상 등록에 대한 등록면허세에 관한 설명으로 틀린 것은?

① 근저당권 말소등기의 경우 등록면허세의 납세의무자는 근저당권설정자 또는 말소대상 부동산의 현재 소유자이다.

② 부동산 등기에 대한 등록면허세의 납세지는 부동산 소재지이나 그 납세지가 분명하지 아니한 경우에는 등록관청 소재지로 한다.

③ 부동산을 등기하려는 자는 과세표준에 세율을 적용하여 산출한 세액을 등기를 하기 전까지 납세지를 관할하는 지방자치단체의 장에게 신고·납부하여야 한다.

④ 등록을 하려는 자가 신고의무를 다하지 않은 경우 등록면허세 산출세액을 등록하기 전까지 납부하였을 때에는 신고·납부한 것으로 보지만 무신고 가산세가 부과된다.

⑤ 지방세의 체납으로 인하여 압류의 등기를 한 재산에 대하여 압류해제의 등기를 할 경우 등록면허세가 비과세된다.

22
등록면허세 종합문제

「지방세법」상 등록면허세에 관한 설명으로 틀린 것은?

① 재산권 기타 권리의 설정·변경 또는 소멸에 관한 사항을 공부에 등기 또는 등록을 받는 등기·등록부상에 기재된 명의자는 등록면허세를 납부할 의무를 진다.

② 저당권 설정 및 이전등기시 채권금액의 1천분의 2를 등록면허세 표준세율로 한다(단, 표준세율을 적용하여 산출한 세액이 부동산 등기에 대한 그 밖의 등기 또는 등록세율보다 크다고 가정함).

③ 같은 등록에 관계되는 재산이 둘 이상의 지방자치단체에 걸쳐 있어 등록면허세를 지방자치단체별로 부과할 수 없을 때에는 등록관청 소재지를 납세지로 한다.

④ 임차권 설정 및 이전등기시 임차보증금의 1천분의 2를 등록면허세 표준세율로 한다(단, 표준세율을 적용하여 산출한 세액이 부동산 등기에 대한 그 밖의 등기 또는 등록세율보다 크다고 가정함).

⑤ 지방자치단체의 장은 조례로 정하는 바에 따라 등록면허세의 세율을 부동산 등기에 대한 표준세율의 100분의 50의 범위에서 가감할 수 있다.

23
복습문제
등록면허세 종합문제

「지방세법」상 부동산 등기에 대한 등록면허세에 관한 설명으로 틀린 것은? (단, 표준세율을 적용하여 산출한 세액이 부동산 등기에 대한 그 밖의 등기 또는 등록세율보다 크다고 가정함)

① 등기·등록이 된 이후 법원의 판결 등에 의해 그 등기 또는 등록이 무효 또는 취소가 되어 등기·등록이 말소된다 하더라도 이미 납부한 등록면허세는 과오납으로 환급할 수 없다.

② 무덤과 이에 접속된 부속시설물의 부지로 사용되는 토지로서 지적공부상 지목이 묘지인 토지에 관한 등기에 대하여는 등록면허세를 부과하지 아니한다.

③ 상속으로 인한 소유권이전등기시 부동산가액의 1천분의 8을 등록면허세 표준세율로 한다.

④ 「여신전문금융업법」제2조 제12호에 따른 할부금융업을 영위하기 위하여 대도시에서 법인을 설립함에 따른 등기를 할 때에는 그 세율을 해당 표준세율의 100분의 300으로 한다. 단, 그 등기일부터 2년 이내에 업종변경이나 업종추가는 없다.

⑤ 같은 등록에 관계되는 재산이 둘 이상의 지방자치단체에 걸쳐 있어 등록면허세를 지방자치단체별로 부과할 수 없을 때에는 등록관청 소재지를 납세지로 한다.

제1절 **재산세 과세대상**

대표유형

「지방세법」상 재산세의 과세대상에 대한 내용 중 틀린 것은?

① 오피스텔은 「건축법」상 일반 업무시설에 해당하므로 일반적으로 건축물로 과세하나, 현황 과세의 원칙에 따라 주거용(주민등록, 취학여부, 임대주택 등록 여부 등)으로 사용하는 경우에 한해 주택으로 과세한다. 이 경우 해당 건물부분과 그 부속토지부분을 각각 구분하여 산출한 시가표준액의 합을 주택의 시가표준액으로 보아 이 금액에 주택분 공정시장가액 비율을 적용한 금액을 과세표준으로 한다.

② 건축법 시행령 별표 1의 다가구주택은 1세대가 독립하여 구분사용할 수 있도록 구획된 부분을 1구의 주택으로 본다.

③ 1구(構)의 건물이 주거와 주거 외의 용도로 사용되고 있는 경우에는 주거용으로 사용되는 면적이 전체의 100분의 50 이상인 경우에는 주택으로 본다.

④ 주택에 대한 토지와 건물의 소유자가 다를 경우 해당 주택의 토지와 건물의 가액을 합산한 과세표준에 주택의 세율을 적용한다.

⑤ 주택에 대한 재산세는 납세의무자별로 해당 지방자치단체의 관할구역에 있는 주택의 과세표준을 합산하여 주택의 세율을 적용한다.

해설 ⑤ 주택에 대한 재산세는 납세의무자별로 해당 지방자치단체의 관할구역에 있는 주택의 과세표준을 합산하여 주택의 세율을 적용한다.

❶ 정답 ⑤

Point
01 「지방세법」상 재산세 과세대상에 관한 설명으로 옳은 것은?

재산세 과세대상

① 재산세 과세대상인 건축물의 범위에는 주택을 포함한다.

② 주택에 대한 토지와 건물의 소유자가 다를 경우 해당 주택의 토지와 건물의 가액을 합산한 과세표준에 주택의 세율을 적용한다.

③ 납세의무자가 해당 지방자치단체의 관할구역에 2개 이상의 주택을 소유하고 있는 경우 그 주택의 가액을 모두 합한 금액을 과세표준으로 하여 주택의 세율을 적용한다.

④ 주택의 부속토지의 경계가 명백하지 아니한 경우 그 주택의 바닥면적의 20배에 해당하는 토지를 주택의 부속토지로 한다.

⑤ 토지와 주택에 대한 재산세 과세대상은 종합합산과세대상, 별도합산과세대상 및 분리과세대상으로 구분한다.

복습문제 02

재산세 과세대상

「지방세법」상 재산세 과세대상에 관한 설명으로 옳은 것은?

① 재산세 과세대상인 토지의 범위에는 주택을 포함한다.

② 상가에 대한 토지와 건물의 소유자가 같은 경우 해당 상가의 토지와 건물의 가액을 합산한 과세표준에 세율을 적용한다.

③ 납세의무자가 해당 지방자치단체의 관할구역에 2개 이상의 주택을 소유하고 있는 경우 그 주택의 가액을 모두 합한 금액을 과세표준으로 하여 주택의 세율을 적용한다.

④ 주택의 부속토지의 경계가 명백하지 아니한 경우 그 주택의 바닥면적의 10배에 해당하는 토지를 주택의 부속토지로 한다.

⑤ 주택에 대한 재산세 과세대상은 종합합산과세대상, 별도합산과세대상 및 분리과세대상으로 구분한다.

제 2 절 토지의 과세대상 구분

대표유형

「지방세법」상 토지에 대한 재산세를 부과함에 있어서 별도합산과세대상토지는?

① 목장용지

② 전·답·과수원

③ 골프장용 토지

④ 나대지

⑤ 상가·사무실용 건축물의 부속토지

해설 ⑤ 상가·사무실용 건축물의 부속토지: 별도합산과세대상토지
① 목장용지: 0.07% 분리과세대상토지
② 전·답·과수원: 0.07% 분리과세대상토지
③ 골프장용 토지: 4% 분리과세대상토지
④ 나대지: 종합합산과세대상토지

◆ 정답 ⑤

03 다음 중 재산세의 종합합산과세대상토지는?

토지의
과세대상 구분

① 종중이 소유하는 농지
② 공장입지 기준면적을 초과하는 공장용지
③ 회원제 골프장으로 사용되는 토지
④ 고급오락장용 토지
⑤ 상가용 건축물의 기준면적 이내의 부속토지

04 다음은 재산세에 있어서 낮은 과세를 위한 분리과세대상으로 분류될 수 있는 토지를 나열한 것이
다. 옳지 않은 것은?

토지의
과세대상 구분

① 기준면적 이내의 일반영업용 건축물의 부속토지
② 입지기준면적 이내의 공장용 건축물의 부속토지
③ 과세기준일 현재 실제 영농에 사용되고 있는 개인이 소유하는 농지
④ 기준면적 내의 목장용지
⑤ 공익목적으로 사용되는 임야

05 재산세 과세대상 토지를 분류한 것이다. 틀린 것은?

토지의
과세대상 구분

번 호	토지의 종류	과세대상 구분
①	「여객자동차 운수사업법」에 따라 면허 또는 인가를 받은 자가 계속하여 사용하는 여객자동차터미널용 토지	분리과세
②	종중이 소유하고 있는 임야	분리과세
③	「장사 등에 관한 법률」에 따른 설치·관리허가를 받은 법인묘지용 토지로서 지적공부상 지목이 묘지인 토지	분리과세
④	건축물(공장용 건축물은 제외)의 시가표준액이 해당 부속토지의 시가표준액의 100분의 2에 미달하는 건축물의 부속토지 중 그 건축물의 바닥면적을 제외한 부속토지	종합합산
⑤	「건축법」 등 관계 법령에 따라 허가 등을 받아야 할 건축물(공장용 제외)로서 허가 등을 받지 아니한 건축물의 부속토지	종합합산

06
토지의
과세대상 구분

「지방세법」상 토지에 대한 재산세를 부과함에 있어서 과세대상의 구분(종합합산과세대상, 별도합산과세대상, 분리과세대상)이 같은 것으로만 묶인 것은?

⊙ 1990년 5월 31일 이전부터 종중이 소유하고 있는 임야
⊙ 「체육시설의 설치·이용에 관한 법률 시행령」에 따른 회원제 골프장이 아닌 골프장용 토지 중 원형이 보전되는 임야
⊙ 과세기준일 현재 계속 염전으로 실제 사용하고 있는 토지
⊙ 「도로교통법」에 따라 등록된 자동차운전학원의 자동차운전학원용 토지로서 같은 법에서 정하는 시설을 갖춘 구역 안의 토지

① ㉠, ㉡   ② ㉡, ㉢   ③ ㉡, ㉣
④ ㉠, ㉡, ㉢   ⑤ ㉠, ㉢, ㉣

07
토지의
과세대상 구분

「지방세법」상 토지에 대한 재산세를 부과함에 있어서 과세대상의 구분(종합합산과세대상, 별도합산과세대상, 분리과세대상)이 틀린 것은 몇 개인가?

㉠ 관계법령에 따른 사회복지사업자가 복지시설이 소비목적으로 사용할 수 있도록 하기 위하여 1990년 5월 1일부터 소유하는 농지: 분리과세대상
㉡ 종중이 1990년 1월부터 소유하는 농지: 종합합산과세대상
㉢ 1990년 5월 31일 이전부터 종중이 소유하고 있는 임야: 종합합산과세대상
㉣ 과세기준일 현재 계속 염전으로 실제 사용하고 있는 토지: 분리과세대상
㉤ 여객자동차운송사업 면허를 받은 자가 그 면허에 따라 사용하는 차고용 토지(자동차운송사업의 최저보유차고면적기준의 1.5배에 해당하는 면적 이내의 토지): 분리과세대상

① 1개   ② 2개   ③ 3개
④ 4개   ⑤ 5개

제 3 절 재산세 과세표준

대표유형

「지방세법」상 재산세 과세표준에 대한 설명이다. 틀린 것은?

① 토지 및 건축물에 대한 재산세의 과세표준은 시가표준액에 공정시장가액비율(시가표준액의 100분의 70)을 곱하여 산정한 가액으로 한다.

② 시가표준액이 3억원 이하인 1세대 1주택에 대한 재산세의 과세표준은 시가표준액에 공정시장가액비율(시가표준액의 100분의 43)을 곱하여 산정한 가액으로 한다.

③ 시가표준액이 3억원을 초과하고 6억원 이하인 1세대 1주택에 대한 재산세의 과세표준은 시가표준액에 공정시장가액비율(시가표준액의 100분의 44)을 곱하여 산정한 가액으로 한다.

④ 시가표준액이 6억원을 초과하는 1세대 1주택에 대한 재산세의 과세표준은 시가표준액에 공정시장가액비율(시가표준액의 100분의 45)을 곱하여 산정한 가액으로 한다.

⑤ 선박 및 항공기에 대한 재산세의 과세표준은 시가표준액에 공정시장가액비율(시가표준액의 100분의 70)을 곱하여 산정한 가액으로 한다.

해설 ⑤ 선박 및 항공기에 대한 재산세의 과세표준은 시가표준액으로 한다.　　　　◆ 정답 ⑤

Point 08

재산세 과세표준

「지방세법」상 재산세의 과세표준에 관한 설명으로 틀린 것은 몇 개인가?

㉠ 주택(법령으로 정하는 1세대 1주택 아님)에 대한 과세표준은 시가표준액에 100분의 60의 공정시장가액비율을 곱하여 산정한다.

㉡ 단독주택(법령으로 정하는 1세대 1주택 아님)의 재산세 과세표준은 토지·건물을 일체로 한 개별주택가격으로 한다.

㉢ 공동주택(법령으로 정하는 1세대 1주택 아님)의 재산세 과세표준은 법령에 따른 시가표준액에 100분의 60을 곱하여 산정한 가액으로 한다.

㉣ 법령에 따른 고급주택(법령으로 정하는 1세대 1주택 아님)의 재산세 과세표준은 시가표준액에 공정시장가액비율 100분의 70을 곱하여 산정한 가액이다.

㉤ 토지와 건물의 소유자가 다른 주택에 대해 세율을 적용할 때 해당 주택의 토지와 건물의 가액을 소유자별로 구분 계산한 과세표준에 해당 세율을 적용한다.

㉥ 「건축법 시행령」에 따른 다가구주택은 1가구가 독립하여 구분사용할 수 있도록 분리된 부분을 1구의 주택으로 보며, 이 경우 그 부속토지는 건물면적의 비율에 따라 각각 나눈 면적을 1구의 부속토지로 본다.

① 1개　　　　② 2개　　　　③ 3개
④ 4개　　　　⑤ 5개

09

재산세 과세표준

「지방세법」상 재산세 과세표준에 대한 설명이다. 틀린 것은?

① 시가표준액이 3억원 이하인 1세대 1주택에 대한 재산세의 과세표준은 시가표준액에 공정시장가액비율(시가표준액의 100분의 43)을 곱하여 산정한 가액으로 한다.

② 시가표준액이 3억원을 초과하고 6억원 이하인 1세대 2주택에 대한 재산세의 과세표준은 시가표준액에 공정시장가액비율(시가표준액의 100분의 60)을 곱하여 산정한 가액으로 한다.

③ 토지에 대한 재산세의 과세표준은 시가표준액으로 한다.

④ 선박에 대한 재산세의 과세표준은 시가표준액으로 한다.

⑤ 주택이 아닌 건축물에 대한 과세표준은 건축물 시가표준액에 100분의 70의 공정시장가액비율을 곱하여 산정한다.

제**4**절 **재산세 세율**

대표유형

「지방세법」상 재산세의 세율에 관한 설명으로 틀린 것은 몇 개인가?

㉠ 골프장용 토지에 대한 재산세의 세율은 1천분의 40이다.
㉡ 종합합산과세대상 토지에 대한 재산세의 세율은 3단계 초과누진세율이다.
㉢ 종합합산과세대상 무허가건축물의 부속토지에 대한 재산세의 세율은 0.2~0.5% 3단계 초과누진세율이다.
㉣ 별도합산과세대상 차고용 토지에 대한 재산세의 세율은 3단계 초과누진세율이다.
㉤ 읍지역 소재 공장용 건축물의 부속토지에 대한 재산세의 세율은 1천분의 2이다.

① 0개 　　　　② 1개 　　　　③ 2개
④ 3개 　　　　⑤ 4개

해설 ① 모두 옳은 설명으로 틀린 것은 0개이다. 　　　　❶ 정답 ①

10

재산세 세율

다음 중 「지방세법」상 가장 높은 재산세 표준세율이 적용되는 것은?

① 골프장용 토지
② 읍지역 소재 공장용 건축물의 부속토지
③ 고급주택
④ 별도합산과세대상 차고용 토지
⑤ 종합합산과세대상 무허가건축물의 부속토지

11 「지방세법」상 재산세 과세대상에 대한 표준세율에 관한 설명으로 틀린 것은?

재산세 세율

① 과세표준 10억원인 분리과세대상 공장용지의 재산세 표준세율은 1,000분의 2이다.

② 납세의무자가 해당 지방자치단체 관할구역에 소유하고 있는 종합합산과세대상 토지의 가액을 모두 합한 금액을 과세표준으로 하여 종합합산과세대상의 세율을 적용한다.

③ 과세표준 20억원인 분리과세대상 목장용지의 재산세 표준세율은 1천분의 0.7이다.

④ 주택에 대한 토지와 건물의 소유자가 다를 경우 해당 주택의 토지와 건물의 가액을 합산한 과세표준에 주택의 세율을 적용한다.

⑤ 납세의무자가 해당 지방자치단체 관할구역에 2개 이상의 주택을 소유하고 있는 경우 그 주택의 가액을 모두 합한 금액을 과세표준으로 하여 주택의 세율을 적용한다.

12 「지방세법」상 재산세 세율에 관한 설명으로 틀린 것은?

재산세 세율

① 종합합산과세대상 토지의 과세표준이 1억원을 초과하는 경우 1억원 초과금액의 세율은 1,000분의 5이다.

② 별도합산과세대상 토지의 과세표준이 10억원을 초과하는 경우 10억원 초과금액의 세율은 1,000분의 4이다.

③ 특별시·광역시(군 지역은 제외한다)·특별자치시(읍·면지역은 제외한다)·특별자치도(읍·면지역은 제외한다) 또는 시(읍·면지역은 제외한다) 지역에서 「국토의 계획 및 이용에 관한 법률」과 그 밖의 관계 법령에 따라 지정된 주거지역 및 해당 지방자치단체의 조례로 정하는 지역의 대통령령으로 정하는 공장용 건축물의 표준세율은 1천분의 2.5이다.

④ 고급주택(1세대 2주택에 해당)의 과세표준이 6천만원 이하인 경우 세율은 1,000분의 1이다.

⑤ 「지방세법」 제111조 제1항 제2호 가목에 따라 재산세가 중과되는 회원제골프장에 대중골프장을 병설 운영하는 경우의 골프장용 건축물에 대한 재산세 부과는 회원제골프장과 대중골프장으로 사업승인된 각각의 토지의 면적에 따라 안분하여 중과세율과 일반세율을 적용한다.

13

재산세 세율

「지방세법」상 재산세 과세대상 토지(비과세 또는 면제대상이 아님) 중 과세표준이 증가함에 따라 재산세 부담이 누진적으로 증가할 수 있는 것은?

① 과세기준일 현재 군지역에서 실제 영농에 사용되고 있는 개인이 소유하는 과수원
② 건축법 등 관계 법령의 규정에 따라 허가를 받아야 할 건축물로서 허가를 받지 아니한 건축물의 부속토지
③ 1980.05.01부터 종중이 소유하고 있는 임야
④ 회원제 골프장용토지로서 체육시설의 설치·이용에 관한 법률의 규정에 의한 등록대상이 되는 토지
⑤ 고급오락장으로 사용되는 건축물의 부속토지

복습문제
14

재산세 세율

「지방세법」상 분리과세대상 토지 중 재산세 표준세율이 다른 하나는?

① 과세기준일 현재 특별시지역의 도시지역 안의 녹지지역에서 실제 영농에 사용되고 있는 개인이 소유하는 전(田)
② 1990년 5월 31일 이전부터 관계법령에 의한 사회복지사업자가 복지시설의 소비용(消費用)에 공(供)하기 위하여 소유하는 농지
③ 산림의 보호육성을 위하여 필요한 임야로서 자연공원법에 의하여 지정된 공원자연환경지구 안의 임야
④ 1990년 5월 31일 이전부터 종중이 소유하고 있는 임야
⑤ 과세기준일 현재 계속 염전으로 실제 사용하고 있는 토지

15

재산세 세율

다음 자료에 의한 재산세의 세율 크기로서 옳은 것은?

> ㉠ 일반영업용 건축물
> ㉡ 회원제 골프장, 고급오락장용 토지
> ㉢ 군지역 내 개인 소유 자경농지
> ㉣ 군지역에 소재하는 일정한 기준면적 이내의 공장용지
> ㉤ 시지역 내 주거지역에 있는 공장용 건축물

① ㉢ < ㉣ < ㉤ < ㉠ < ㉡
② ㉠ < ㉤ < ㉡ < ㉢ < ㉣
③ ㉠ < ㉡ < ㉢ < ㉣ < ㉤
④ ㉡ < ㉢ < ㉠ < ㉤ < ㉣
⑤ ㉢ < ㉣ < ㉠ < ㉤ < ㉡

Point
16
재산세 과세표준과
세율

「지방세법」상 재산세의 과세표준과 세율에 관한 설명으로 틀린 것은?

① 주택(법령으로 정하는 1세대 1주택 아님)에 대한 과세표준은 주택 시가표준액에 100분의 60의 공정시장가액비율을 곱하여 산정한다.

② 주택이 아닌 건축물에 대한 과세표준은 건축물 시가표준액에 100분의 70의 공정시장가액비율을 곱하여 산정한다.

③ 토지에 대한 과세표준은 사실상 취득가격이 증명되는 때에는 장부가액으로 한다.

④ 법령이 정한 고급오락장용 토지의 표준세율은 1천분의 40이다.

⑤ 주택에 대한 재산세는 주택별로 표준세율을 적용한다.

17
재산세 과세표준과
세율

「지방세법」상 재산세의 과세표준과 세율에 관한 설명으로 틀린 것은?

① 토지에 대한 과세표준은 사실상 취득가격이 증명되는 때에는 장부가액으로 한다.

② 법령에 따른 1세대 2주택에 해당하는 고급주택의 재산세 과세표준은 시가표준액에 공정시장가액비율 100분의 60을 곱하여 산정한 가액이다.

③ 법령에서 정하는 고급선박 및 고급오락장용 건축물의 경우 고급선박의 표준세율이 고급오락장용 건축물의 표준세율보다 높다.

④ 납세의무자가 해당 지방자치단체 관할구역에 소유하고 있는 종합합산과세대상 토지의 가액을 모두 합한 금액을 과세표준으로 하여 종합합산과세대상의 세율을 적용한다.

⑤ 지방자치단체의 장은 특별한 재정수요나 재해 등의 발생으로 재산세의 세율 조정이 불가피하다고 인정되는 경우 조례로 정하는 바에 따라 표준세율의 100분의 50의 범위에서 가감할 수 있다. 다만, 가감한 세율은 해당 연도에만 적용한다.

복습문제
18
재산세 과세표준과
세율

「지방세법」상 재산세의 과세표준과 세율에 관한 설명으로 틀린 것은?

① 토지와 건물의 소유자가 다를 경우 해당 주택에 대한 세율을 적용할 때 해당 주택의 토지와 건물의 가액을 합산한 과세표준에 해당 세율을 적용한다.

② 법령에 따른 시가표준액이 10억원인 고급주택의 재산세 과세표준은 시가표준액에 공정시장가액비율 100분의 70을 곱하여 산정한 가액이며, 재산세 표준세율은 0.1%~0.4%의 4단계 초과누진세율이다.

③ 납세의무자가 해당 지방자치단체 관할구역에 소유하고 있는 종합합산과세대상 토지의 가액을 모두 합한 금액을 과세표준으로 하여 종합합산과세대상의 세율을 적용한다.

④ 과세표준이 2억원인 별도합산과세대상 토지의 재산세 표준세율은 1,000분의 2이다.

⑤ 읍지역 소재 공장용 건축물의 재산세 표준세율은 1천분의 2.5이다.

제 5 절 재산세 납세의무자

대표유형

다음은 재산세의 납세의무자에 관한 설명이다. 틀린 것은?

① 재산세 과세기준일 현재 재산을 사실상 소유하고 있는 자는 재산세를 납부할 의무가 있다.

② 주택의 건물과 부속토지의 소유자가 다를 경우 그 주택에 대한 산출세액을 건축물과 그 부속토지의 시가표준액 비율로 안분계산한 부분에 대하여 그 소유자를 납세의무자로 본다.

③ 「신탁법」 제2조에 따른 수탁자의 명의로 등기 또는 등록된 신탁재산의 경우에는 위탁자(「주택법」 제2조 제11호 가목에 따른 지역주택조합 및 같은 호 나목에 따른 직장주택조합이 조합원이 납부한 금전으로 매수하여 소유하고 있는 신탁재산의 경우에는 해당 지역주택조합 및 직장주택조합을 말함)는 재산세를 납부할 의무가 있다. 이 경우 위탁자가 신탁재산을 소유한 것으로 본다.

④ 공부상 소유자가 소유권에 변동이 있음에도 불구하고 이를 신고하지 아니하여 사실상의 소유자를 알 수 없을 때에는 공부상의 소유자가 납세의무자가 된다.

⑤ 국가와 건축물을 연부로 매매계약을 체결하고 그 건축물의 사용권을 무상으로 부여받은 경우에 당해 건축물은 국가 소유이므로 그 매수자는 재산세를 납부할 의무가 없다.

해설 ⑤ 국가, 지방자치단체, 지방자치단체조합과 재산세 과세대상 재산을 연부(年賦)로 매매계약을 체결하고 그 재산의 사용권을 무상으로 받은 경우에는 그 매수계약자를 재산세 납세의무자로 한다. ◆ 정답 ⑤

Point
19
재산세 납세의무자

「지방세법」상 재산세의 납세의무자에 관한 설명으로 틀린 것은?

① 상속이 개시된 재산으로서 상속등기가 이행되지 아니하고 사실상의 소유자를 신고하지 아니하였을 경우: 「민법」상 상속지분이 가장 높은 상속자(상속지분이 가장 높은 상속자가 두 명 이상인 경우에는 그중 연장자)

② 「신탁법」 제2조에 따른 수탁자의 명의로 등기 또는 등록된 신탁재산의 경우: 수탁자

③ 국가가 선수금을 받아 조성하는 매매용 토지로서 사실상 조성이 완료된 토지의 사용권을 무상으로 받은 경우: 그 사용권을 무상으로 받은 자

④ 「도시개발법」에 따라 시행하는 환지방식에 의한 도시개발사업 및 「도시 및 주거환경정비법」에 따른 정비사업(재개발사업만 해당한다)의 시행에 따른 환지계획에서 일정한 토지를 환지로 정하지 아니하고 체비지로 정한 경우: 사업시행자

⑤ 공부상의 소유자가 매매 등의 사유로 소유권이 변동되었는데도 신고하지 아니하여 사실상의 소유자를 알 수 없을 때: 공부상 소유자

20

재산세 납세의무자

「지방세법」상 재산세의 납세의무자에 관한 설명으로 틀린 것은?

① 공유재산인 경우 그 지분에 해당하는 부분에 대하여 그 지분권자를 납세의무자로 보되, 지분의 표시가 없는 경우 지분이 균등한 것으로 본다.

② 주택의 건물과 부속토지의 소유자가 다를 경우 그 주택에 대한 산출세액을 건축물과 그 부속토지의 시가표준액 비율로 안분계산한 부분에 대하여 그 소유자를 납세의무자로 본다.

③ 「신탁법」 제2조에 따른 수탁자의 명의로 등기 또는 등록된 신탁재산의 경우에는 수탁자는 재산세를 납부할 의무가 있다.

④ 5월 31일에 재산세 과세대상 재산의 매매잔금을 수령하고 소유권이전등기를 한 매도인은 재산세 납세의무자가 아니다.

⑤ 「도시개발법」에 따라 시행하는 환지방식에 의한 도시개발사업 및 「도시 및 주거환경정비법」에 따른 정비사업(재개발사업만 해당한다)의 시행에 따른 환지계획에서 일정한 토지를 환지로 정하지 아니하고 체비지 또는 보류지로 정한 경우 종전 토지소유자는 재산세 납세의무자가 아니다.

21

재산세 납세의무자

「지방세법」상 재산세의 납세의무자에 관한 설명으로 틀린 것은 몇 개인가?

㉠ 「신탁법」 제2조에 따른 수탁자의 명의로 등기 또는 등록된 신탁재산의 경우에는 수탁자는 재산세 납세의무자가 아니다.

㉡ 공부상의 소유자가 매매 등의 사유로 소유권이 변동되었는데도 신고하지 아니하여 사실상의 소유자를 알 수 없을 때에는 공부상 소유자가 재산세 납세의무자이다.

㉢ 상속이 개시된 재산으로서 상속등기가 이행되지 아니하고 사실상의 소유자를 신고하지 아니하였을 경우에는 「민법」상 상속지분이 가장 높은 상속자(상속지분이 가장 높은 상속자가 두 명 이상인 경우에는 그중 연장자)가 재산세 납세의무자이다.

㉣ 공부상에 개인 등의 명의로 등재되어 있는 사실상의 종중 재산으로서 종중소유임을 신고하지 아니한 경우 종중을 납세의무자로 본다.

㉤ 국가와 재산세 과세대상 재산을 연부로 매수계약을 체결하고 그 재산의 사용권을 무상으로 받은 경우 매도계약자가 재산세를 납부할 의무가 있다.

① 1개 ② 2개 ③ 3개
④ 4개 ⑤ 5개

복습문제

22
→ 하
재산세 납세의무자

지방세법상 재산세의 과세기준일 현재 납세의무자에 관한 설명으로 틀린 것은?

① 「도시 및 주거환경정비법」에 따른 정비사업(재개발사업만 해당한다)의 시행에 따른 환지계획에서 일정한 토지를 환지로 정하지 아니하고 체비지로 정한 경우 사업시행자는 재산세를 납부할 의무가 있다.

② 공부상에 개인 등의 명의로 등재되어 있는 사실상의 종중재산으로서 종중소유임을 신고하지 아니하였을 때에는 공부상 소유자를 재산세 납세의무자로 본다.

③ 「채무자 희생 및 파산에 관한 법률」에 따른 파산선고 이후 파산종결의 결정까지 파산재단에 속하는 재산의 경우 공부상 소유자는 재산세를 납부할 의무가 있다.

④ 상속이 개시된 재산으로서 상속등기가 이행되지 아니하고 사실상의 소유자를 신고하지 아니하였을 때에는 행정안전부령으로 정하는 주된 상속자는 재산세를 납부할 의무가 있다.

⑤ 국가가 선수금을 받아 조성하는 매매용 토지로서 사실상 조성이 완료된 토지의 사용권을 무상으로 받은 자는 재산세를 납부할 의무가 없다.

제6절 재산세 부과 · 징수

대표유형

「지방세법」상 재산세의 부과 · 징수에 관한 설명으로 틀린 것은?

① 재산세는 관할지방자치단체의 장이 세액을 산정하여 보통징수의 방법으로 부과 · 징수한다.

② 고지서 1장당 재산세로 징수할 세액이 2천원 미만인 경우에는 해당 재산세를 징수하지 아니한다.

③ 건축물에 대한 재산세 납기는 매년 7월 16일부터 7월 31일까지이다.

④ 재산세의 과세기준일은 매년 6월 1일로 한다.

⑤ 신탁재산의 위탁자가 법정 사유에 해당하는 재산세 등을 체납한 경우로서 그 위탁자의 다른 재산에 대하여 체납처분을 하여도 징수할 금액에 미치지 못할 때에는 해당 신탁재산의 수탁자는 그 신탁재산으로써 위탁자의 재산세 등을 납부할 의무가 없다.

해설 ⑤ 신탁재산의 위탁자가 법정 사유에 해당하는 재산세 등을 체납한 경우로서 그 위탁자의 다른 재산에 대하여 체납처분을 하여도 징수할 금액에 미치지 못할 때에는 해당 신탁재산의 수탁자는 그 신탁재산으로써 위탁자의 재산세 등을 납부할 의무가 있다.
❶ 정답 ⑤

23

재산세 징수

「지방세법」상 재산세 징수에 관한 설명으로 틀린 것은?

① 납세의무자는 재산세의 납부세액이 1천만원을 초과하는 경우, 납부할 세액의 전부를 분납할 수 있다.

② 고지서 1장당 재산세로 징수할 세액이 2천원 미만인 경우에는 해당 재산세를 징수하지 아니한다.

③ 납세의무자는 재산세의 납부세액이 1천만원을 초과하는 경우, 해당 지방자치단체의 관할구역에 있는 부동산에 대해서만 법령이 정하는 바에 따라 물납할 수 있다.

④ 토지분 재산세의 납기는 매년 9월 16일부터 9월 30일까지이다.

⑤ 재산세는 관할 지방자치단체의 장이 세액을 산정하여 보통징수의 방법으로 부과·징수한다.

24

재산세 부과·징수

「지방세법」상 재산세 부과·징수에 관한 설명으로 틀린 것은?

① 지방자치단체의 장은 재산세의 납부할 세액이 500만원 이하인 경우 250만원을 초과하는 금액은 납부기한이 지난 날부터 3개월 이내 분할납부하게 할 수 있다.

② 해당 연도에 주택에 부과할 세액이 100만원인 경우 납기를 7월 16일부터 7월 31일까지로 하여 한꺼번에 부과·징수한다.

③ 재산세는 관할 지방자치단체의 장이 세액을 산정하여 보통징수의 방법으로 부과·징수한다.

④ 지방자치단체의 장은 재산세 납부세액이 1천만원을 초과하는 경우에는 납세의무자의 신청을 받아 해당 지방자치단체의 관할구역에 있는 부동산에 대해서만 법령으로 정하는 바에 따라 물납을 허가할 수 있다.

⑤ 고지서 1장당 징수할 세액이 2천원 미만인 경우에는 해당 재산세를 징수하지 아니한다.

25

재산세 부과 · 징수

「지방세법」상 재산세 부과 · 징수에 관한 설명으로 틀린 것은 몇 개인가?

> ㉠ 해당 연도에 부과할 토지분 재산세액이 20만원 이하인 경우, 조례로 정하는 바에 따라 납기를 7월 16일부터 7월 31일까지로 하여 한꺼번에 부과 · 징수할 수 있다.
>
> ㉡ 건축물에 대한 재산세 납기는 매년 7월 16일부터 7월 31일까지이다.
>
> ㉢ 주택에 대한 재산세(해당 연도에 부과할 세액이 20만원을 초과함)의 납기는 해당 연도에 부과 · 징수할 세액의 2분의 1은 매년 7월 16일부터 7월 31일까지, 나머지 2분의 1은 9월 16일부터 9월 30일까지이다.
>
> ㉣ 재산세의 납기에도 불구하고 지방자치단체의 장은 과세대상 누락, 위법 또는 착오 등으로 인하여 이미 부과한 세액을 변경하거나 수시부과하여야 할 사유가 발생하면 수시로 부과 · 징수할 수 있다.
>
> ㉤ 고지서 1장당 재산세로 징수할 세액이 2천원 이하인 경우에는 해당 재산세를 징수하지 아니한다.

① 1개   ② 2개   ③ 3개
④ 4개   ⑤ 5개

26

재산세 부과 · 징수

「지방세법」상 재산세 부과 · 징수에 관한 설명으로 틀린 것은?

① 재산세를 물납하려는 자는 납부기한 10일 전까지 납세지를 관할하는 시장 · 군수 · 구청장에게 물납을 신청하여야 한다.

② 물납 신청 후 불허가 통지를 받은 경우에 해당 시 · 군 · 구의 다른 부동산으로의 변경신청은 허용된다.

③ 분할납부하려는 자는 재산세의 납부기한까지 신청서를 시장 · 군수 · 구청장에게 제출하여야 한다.

④ 고지서 1장당 재산세로 징수할 세액이 2천원 미만인 경우에는 해당 재산세를 징수하지 아니한다.

⑤ 개인 소유의 주택에 대한 재산세의 산출세액은 지방세법령에 따라 계산한 직전 연도의 해당 주택에 대한 재산세액 상당액의 100분의 150에 해당하는 금액을 한도로 한다.

복습문제
27
하
재산세 물납

지방세법상 재산세의 물납에 관한 설명으로 틀린 것은?

① 지방자치단체의 장은 재산세의 납부세액이 1천만원을 초과하는 경우에는 납세의무자의 신청을 받아 해당 지방자치단체의 관할구역에 있는 부동산에 대하여만 대통령령으로 정하는 바에 따라 물납을 허가할 수 있다.

② 물납하려는 자는 행정안전부령으로 정하는 서류를 갖추어 그 납부기한 10일 전까지 납세지를 관할하는 시장·군수·구청장에게 신청하여야 한다.

③ 시장·군수·구청장은 법령에 따라 불허가 통지를 받은 납세의무자가 그 통지를 받은 날부터 10일 이내에 해당 시·군·구의 관할구역에 있는 부동산으로서 관리·처분이 가능한 다른 부동산으로 변경 신청하는 경우에는 변경하여 허가할 수 있다.

④ 물납허가를 받은 부동산을 행정안전부령으로 정하는 바에 따라 물납하였을 때에는 납부기한 내에 납부한 것으로 본다.

⑤ 물납을 허가하는 부동산의 가액은 물납 허가일 현재의 시가로 한다.

28
중
재산세 부과·징수

「지방세법」상 재산세 부과·징수에 관한 설명으로 틀린 것은?

① 고지서 1장당 재산세로 징수할 세액이 2천원 이하인 경우에는 해당 재산세를 징수하지 아니한다.

② 재산세는 관할 지방자치단체의 장이 세액을 산정하여 보통징수의 방법으로 부과·징수한다.

③ 시장·군수·구청장은 물납신청을 받은 부동산이 관리·처분하기가 부적당하다고 인정되는 경우에는 허가하지 아니할 수 있다.

④ 시장·군수·구청장은 물납 불허가 통지를 받은 납세의무자가 그 통지를 받은 날부터 10일 이내에 해당 시·군·구의 관할구역에 있는 부동산으로서 관리·처분이 가능한 다른 부동산으로 변경 신청하는 경우에는 변경하여 허가할 수 있다.

⑤ 토지분 재산세의 납기는 매년 9월 16일부터 9월 30일까지이다.

복습문제
29
중
재산세 부과 · 징수

다음은 재산세의 부과 · 징수에 대한 설명이다. 틀린 것은?

① 개인 甲은 개별공시지가 6억원인 토지를 소유하고 있다. 동 토지에 2024년 고지된 재산세가 500,000원이고 2025년도 재산세의 산출세액이 1,240,000원이라고 가정한다. 이 경우 개인 甲이 2025년도에 납부하여야 할 재산세는 750,000원이다.

② 재산세를 물납하려는 자는 법정서류를 갖추어 그 납부기한까지 납세지를 관할하는 시장 · 군수 · 구청장에게 신청하여야 한다. 물납신청을 받은 시장 · 군수 · 구청장은 신청을 받은 날부터 10일 이내에 납세의무자에게 그 허가 여부를 서면으로 통지하여야 한다.

③ 지방자치단체의 장은 재산세의 납부세액이 250만원을 초과하는 경우에는 대통령령으로 정하는 바에 따라 납부할 세액의 일부를 납부기한이 지난 날부터 3개월 이내에 분할납부하게 할 수 있다.

④ 지방자치단체의 장은 과세대상 누락, 위법 또는 착오 등으로 인하여 이미 부과한 세액을 변경하거나 수시부과하여야 할 사유가 발생하면 수시로 부과 · 징수할 수 있다.

⑤ 주택에 대한 재산세의 납기는 해당 연도에 부과 · 징수할 세액의 2분의 1은 매년 7월 16일부터 7월 31일까지, 나머지 2분의 1은 9월 16일부터 9월 30일까지이다. 다만, 해당 연도에 부과할 세액이 20만원 이하인 경우에는 조례로 정하는 바에 따라 납기를 7월 16일부터 7월 31일까지로 하여 한꺼번에 부과 · 징수할 수 있다.

제**7**절 **재산세 비과세**

대표유형

「지방세법」상 재산세의 비과세 대상이 아닌 것은?

① 국가, 지방자치단체 또는 지방자치단체조합이 1년 이상 공용 또는 공공용으로 사용하는 재산
② 일반인의 자유로운 통행을 위하여 제공할 목적으로 개설한 사설 도로
③ 무덤과 이에 접속된 부속시설물의 부지로 사용되는 토지로서 지적공부상 지목이 묘지인 토지
④ 「군사기지 및 군사시설 보호법」에 따른 군사기지 및 군사시설 보호구역 중 통제보호구역에 있는 임야
⑤ 「건축법 시행령」제80조의2에 따른 대지 안의 공지

해설 ⑤ 「건축법 시행령」제80조의2에 따른 대지 안의 공지는 재산세를 과세한다. ◆ 정답 ⑤

Point
30
재산세 비과세

「지방세법」상 재산세 비과세에 대한 설명 중 틀린 것은?

① 「자연공원법」에 따른 공원자연보존지구의 임야는 재산세를 비과세한다.

② 「1년 이상 공용 또는 공공용에 사용하는 재산」이란 과세기준일 현재 1년 이상 계속하여 공용 또는 공공용으로 실제 사용하였거나 사용할 것이 계약서 등에 의하여 입증되는 때에는 지상권 설정유무 등에 관계없이 비과세된다.

③ 「백두대간 보호에 관한 법률」에 따라 지정된 백두대간보호지역의 임야는 재산세를 비과세한다.

④ 「산림자원의 조성 및 관리에 관한 법률」에 따라 지정된 채종림·시험림은 재산세를 비과세한다.

⑤ 「도로법」에 따른 도로는 재산세를 비과세하지만 그 밖에 일반인의 자유로운 통행을 위하여 제공할 목적으로 개설한 사설 도로는 재산세를 과세한다.

제8절 | 재산세 종합문제

대표유형

「지방세법」상 재산세에 관한 설명으로 틀린 것은?

① 재산세 과세표준을 시가표준액에 공정시장가액비율을 곱하여 산정할 수 있는 대상은 토지와 주택에 한한다.

② 과세기준일 현재 상속이 개시된 재산으로서 상속등기가 이행되지 아니하고 사실상의 소유자를 신고하지 아니한 때에는 법령이 정하는 주된 상속자가 재산세를 납부할 의무가 있다.

③ 지방자치단체의 장은 특별한 재정수요나 재해 등의 발생으로 재산세의 세율 조정이 불가피하다고 인정되는 경우 조례로 정하는 바에 따라 표준세율의 100분의 50의 범위 안에서 가감할 수 있다.

④ 고지서 1장당 재산세로 징수할 세액이 2천원 미만인 경우에는 해당 재산세를 징수하지 아니한다.

⑤ 지방자치단체가 유료로 공공용에 사용하는 개인 소유의 토지에는 재산세를 부과한다.

해설 ① 재산세 과세표준을 시가표준액에 공정시장가액비율을 곱하여 산정할 수 있는 대상은 토지·건축물·주택이다. 토지·건축물에 대한 공정시장가액비율은 70%, 주택에 대한 공정시장가액비율은 60%를 적용한다.

🔔 재산세 과세표준

1. 토지·건축물에 대한 재산세 과세표준 : 시가표준액 × 70%
2. 주택(법령으로 정하는 1세대 1주택 아님)에 대한 재산세 과세표준 : 시가표준액 × 60%
3. 선박·항공기에 대한 재산세 과세표준 : 시가표준액

◆ 정답 ①

31 「지방세법」상 재산세에 관한 설명으로 틀린 것은?

재산세 종합문제

① 「지방세법」 또는 관계법령에 따라 재산세가 경감되는 토지의 경감비율에 해당하는 토지는 별도합산과세대상으로 보지 않는다.

② 임시로 사용하기 위하여 건축된 건축물로서 재산세 과세기준일 현재 1년 미만의 법령에 따른 고급오락장은 재산세를 부과하지 아니한다.

③ 재산세 납세의무는 6월 1일에 성립한다.

④ 재산세는 법령이 정하는 바에 따라 세부담의 상한이 적용된다.

⑤ 국가, 지방자치단체 또는 지방자치단체조합이 1년 이상 공용 또는 공공용으로 사용하는 재산에 대하여는 재산세를 부과하지 아니한다.

32 「지방세법」상 재산세에 관한 설명으로 틀린 것은?

재산세 종합문제

① 지방자치단체와 재산세 과세대상 재산을 연부로 매매계약을 체결하고 그 재산의 사용권을 무상으로 받은 경우에는 그 매수계약자를 납세의무자로 본다.

② 「지방세법」상 물납의 신청 및 허가 요건을 충족하고 재산세(재산세 도시지역분 제외)의 납부세액이 1천만원을 초과하는 경우 물납이 가능하다.

③ 「군사기지 및 군사시설 보호법」에 따른 군사기지 및 군사시설 보호구역 중 통제보호구역에 있는 토지(전·답·과수원 및 대지는 제외)는 재산세를 비과세한다.

④ 공유재산인 경우 그 지분에 해당하는 부분(지분의 표시가 없는 경우에는 지분이 균등한 것으로 봄)에 대해서는 그 지분권자를 납세의무자로 본다.

⑤ 물납하려는 자는 행정안전부령으로 정하는 서류를 갖추어 그 납부기한 10일 전까지 납세지를 관할하는 시장·군수·구청장에게 신청하여야 한다.

Point
33
ㅡ하ㅡ
재산세 종합문제

「지방세법」상 재산세에 관한 설명으로 틀린 것은?

① 공부상에 개인 등의 명의로 등재되어 있는 사실상의 종중재산으로서 종중소유임을 신고하지 아니하였을 때에는 공부상 소유자를 납세의무자로 본다.

② 임시로 사용하기 위하여 건축된 건축물로서 재산세 과세기준일 현재 1년 미만의 것은 재산세를 비과세한다.

③ 물납허가를 받은 부동산을 행정안전부령으로 정하는 바에 따라 물납하였을 때에는 납부기한 내에 납부한 것으로 본다.

④ 「도로법」에 따른 도로와 그밖에 일반인의 자유로운 통행을 위하여 제공할 목적으로 개설한 사설도로(「건축법 시행령」 제80조의 2에 따른 대지 안의 공지는 제외)에 대하여는 재산세를 부과하지 아니한다.

⑤ 물납 신청 후 불허가 통지를 받은 경우에 해당 시·군·구의 다른 부동산으로의 변경신청은 허용되지 않으며 금전으로만 납부하여야 한다.

34
ㅡ상ㅡ
재산세 종합문제

거주자인 개인 甲은 국내에 A주택, B주택 총 2채(다가구주택 아님) 및 상가 건물 1채(부속토지 포함)를 각각 보유하고 있다. 甲의 재산세에 관한 설명으로 틀린 것은? (단, 지방세관계법상 재산세 특례 및 감면은 없음)

① 상가 건축물에 대한 재산세 납기는 매년 7월 16일부터 7월 31일까지이다.

② 甲 소유의 A주택이 해당 연도에 철거하기로 계획이 확정되어 재산세 과세기준일 현재 행정관청으로부터 철거명령을 받은 경우 그 부속토지인 대지는 재산세를 부과한다.

③ 주택에 대한 재산세의 과세표준은 시가표준액의 100분의 60으로 한다.

④ 甲의 상가 건축물에 대한 재산세는 시가표준액에 법령이 정하는 공정시장가액비율을 곱하여 산정한 가액을 과세표준으로 하여 초과누진세율을 적용한다.

⑤ 甲 소유 주택에 대해서는 세 부담의 상한을 적용하지 아니한다.

35 「**지방세법**」상 **재산세에 관한 설명으로 틀린 것은?** (단, 주어진 조건 외에는 고려하지 않음)

재산세 종합문제

① 「지방세법」 제104조 제1호의 「사실상의 토지」라 함은 매립·간척 등으로 준공인가 전에 사용승낙 또는 허가를 받거나 사실상으로 사용하는 토지 등 토지대장에 등재되어 있지 않는 토지를 포함한다.

② 재산세의 과세대상 물건이 토지대장, 건축물대장 등 공부상 등재되지 아니하였거나 공부상 등재현황과 사실상의 현황이 다른 경우에는 사실상의 현황에 따라 재산세를 부과한다. 다만, 재산세의 과세대상 물건을 공부상 등재현황과 달리 이용함으로써 재산세 부담이 낮아지는 경우 등 대통령령으로 정하는 경우에는 공부상 등재현황에 따라 재산세를 부과한다.

③ 「채무자 회생 및 파산에 관한 법률」에 따른 파산선고 이후 파산종결의 결정까지 파산재단에 속하는 재산의 경우 재산세 납세의무자는 공부상 소유자이다.

④ 「도로법」 제2조 제2호에 따른 도로의 부속물 중 도로관리시설, 휴게시설, 주유소, 충전소, 교통·관광안내소 및 도로에 연접하여 설치한 연구시설은 재산세를 부과하지 아니한다.

⑤ 재산세 도시지역분 적용대상 지역 안에 있는 토지 중 「국토의 계획 및 이용에 관한 법률」에 따라 지형도면이 고시된 공공시설용지 또는 개발제한구역으로 지정된 토지 중 지상건축물, 골프장, 유원지, 그 밖의 이용시설이 없는 토지는 재산세 도시지역분 과세대상에서 제외한다.

36 「**지방세법**」상 **재산세에 관한 설명이다. 옳지 않은 것은?**

복습문제

재산세 종합문제

① 재산세의 과세대상이 되는 토지는 「공간정보의 구축 및 관리 등에 관한 법률」에 따라 지적공부의 등록대상이 되는 토지와 그 밖에 사용되고 있는 사실상의 토지이다.

② 재산세 과세기준일 현재 소유권의 귀속이 분명하지 아니하여 사실상의 소유자를 확인할 수 없는 경우에는 그 사용자가 재산세를 납부할 의무가 있다.

③ 1세대 1주택에 대한 주택 세율 특례 적용을 위하여 1세대 1주택 해당여부를 판단할 때 「신탁법」에 따라 신탁된 주택은 위탁자의 주택 수에 가산한다.

④ 지방자치단체가 1년 이상 공용 또는 공공용으로 사용하는 재산으로서 소유권의 유상이전을 약정하고 그 재산을 취득하기 전에 미리 사용하는 경우에는 재산세를 부과하지 아니한다.

⑤ 지방자치단체의 장은 재산세의 납부세액이 250만원을 초과하는 경우에는 납부할 세액의 일부를 납부기한이 지난 날부터 3개월 이내에 분할납부하게 할 수 있다.

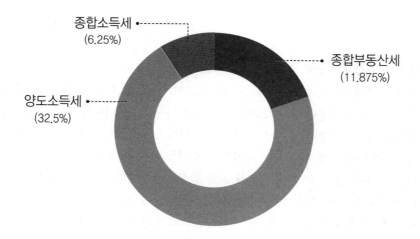

종합소득세
(6.25%)

종합부동산세
(11.875%)

양도소득세
(32.5%)

📎 최근 5개년 출제경향 분석

종합부동산세의 출제비중은 최근 2문제 정도 출제되고 있다. 종합부동산세 과세구분, 신고·납부 등을 종합문제 형태로 출제하고 있다. 여기에 재산세와 종합부동산세를 비교하는 문제까지 출제하고 있다.

소득세 총론에서는 부동산임대업의 사업소득이 1문제 정도 출제되고 있다. 부동산임대업의 범위, 비과세, 주택수의 계산, 소득금액 계산(간주임대료) 등이 종합적으로 출제되고 있다.

양도소득세의 출제비중은 5문제 정도이다. 양도의 정의, 과세대상, 양도·취득시기, 양도소득 과세표준과 세액의 계산, 양도소득세의 신고와 납부, 국외자산양도에 대한 양도소득세, 비과세 양도소득, 이월과세, 부당행위계산부인 등이 종합적으로 골고루 출제되고 있다. 여기에 계산문제가 1문제 정도 출제되고 있다.

PART

03

국세

제1절 **종합부동산세 특징**

대표유형

「종합부동산세법」상 종합부동산세에 대한 설명 중 틀린 것은?

① 관할세무서장은 납부하여야 할 종합부동산세의 세액을 결정하여 해당 연도 12월 1일부터 12월 15일까지 부과·징수한다.

② 종합부동산세는 부과·징수가 원칙이며 납세의무자의 선택에 의하여 신고납부도 가능하다.

③ 종합부동산세를 신고납부방식으로 납부하고자 하는 납세의무자는 종합부동산세의 과세표준과 세액을 관할세무서장이 결정하기 전인 해당 연도 12월 1일부터 12월 15일까지 관할세무서장에게 신고하여야 한다.

④ 종합부동산세의 과세기준일은 매년 7월 1일이다.

⑤ 종합부동산세는 물납이 허용되지 않는다.

해설 ④ 종합부동산세의 과세기준일은 매년 6월 1일이다. **◆ 정답** ④

01

종합부동산세 특징

「종합부동산세법」상 종합부동산세에 대한 설명 중 옳은 것은?

① 관할 지방자치단체의 장은 납부하여야 할 종합부동산세의 세액을 결정하여 해당 연도 12월 1일부터 12월 15일까지 부과·징수한다.

② 종합부동산세는 신고납부가 원칙이다.

③ 종합부동산세를 신고납부방식으로 납부하고자 하는 납세의무자는 종합부동산세의 과세표준과 세액을 관할세무서장이 결정하기 전인 해당 연도 9월 16일부터 9월 30일까지 관할세무서장에게 신고하여야 한다.

④ 종합부동산세의 과세기준일은 매년 6월 1일이다.

⑤ 종합부동산세는 분납이 허용되지 않는다.

02 복습문제

종합부동산세 특징

「종합부동산세법」상 종합부동산세에 관한 설명으로 틀린 것은? (단, 감면 및 비과세와 「지방세특례제한법」 또는 「조세특례제한법」은 고려하지 않음)

① 관할세무서장은 종합부동산세로 납부하여야 할 세액이 250만원을 초과하는 경우에는 대통령령으로 정하는 바에 따라 그 세액의 일부를 납부기한이 지난 날부터 6개월 이내에 분납하게 할 수 있다.

② 모회사인 A법인과 자회사인 B법인이 소유한 국내에 있는 재산세 과세대상인 주택의 공시가격을 합한 금액이 10억원(모회사 6억원, 자회사 4억원)인 경우 모회사인 A법인과 자회사인 B법인은 모두 종합부동산세 납세의무자에 해당한다.

③ 「지방세특례제한법」 또는 「조세특례제한법」에 의한 재산세의 비과세·과세면제 또는 경감에 관한 규정은 종합부동산세를 부과하는 경우에 준용한다.

④ 종합부동산세의 납세의무자가 개인 또는 법인으로 보지 아니하는 단체인 경우에는 소득세법 제6조의 규정을 준용하여 납세지를 정한다.

⑤ 종합합산과세대상인 토지에 대한 납세의무자가 과세기준일 현재 만 75세이고 해당 토지를 과세기준일 현재 17년 보유한 경우 공제율은 100분의 80이다.

제 2 절 | **재산세와 종합부동산세 비교**

대표유형

「종합부동산세법」상 종합부동산세의 과세대상인 것은?

① 상업용 건축물(오피스텔 제외)

② 취득세 중과세대상인 골프장용 토지

③ 종중이 1990년 1월부터 소유하는 농지

④ 「지방세법」에 따라 재산세가 비과세되는 토지

⑤ 취득세 중과세대상인 고급주택과 그 부속토지

해설 ⑤ 취득세 중과세대상인 고급주택과 그 부속토지는 일반주택과 구분하지 아니하고 기준금액을 초과하는 경우에는 과세대상이 된다.
① 상업용 건축물(오피스텔 제외): 건축물은 종합부동산세 과세대상이 아님
② 취득세 중과세대상인 골프장용 토지: 저율분리과세대상으로 종합부동산세 과세대상이 아님
③ 종중이 1990년 1월부터 소유하는 농지: 저율분리과세대상으로 종합부동산세 과세대상이 아님
④ 「지방세법」에 따라 재산세가 비과세되는 토지: 종합부동산세 비과세
❶ 정답 ⑤

03 「종합부동산세법」상 종합부동산세의 과세대상이 아닌 것을 모두 고른 것은?

종합부동산세
과세대상

> ㉠ 종중이 1990년 1월부터 소유하는 농지
> ㉡ 1990년 1월부터 소유하는 「수도법」에 따른 상수원보호구역의 임야
> ㉢ 「지방세법」에 따라 재산세가 비과세되는 토지
> ㉣ 취득세 중과대상인 고급오락장용 건축물

① ㉠, ㉡   ② ㉡, ㉢   ③ ㉢, ㉣

④ ㉠, ㉡, ㉣   ⑤ ㉠, ㉡, ㉢, ㉣

04 「종합부동산세법」상 종합부동산세의 과세대상인 것은?

종합부동산세
과세대상

① 취득세 중과대상인 고급오락장용 건축물
② 여객자동차운송사업 면허를 받은 자가 그 면허에 따라 사용하는 차고용 토지(자동차운송사업의 최저보유차고면적기준의 1.5배에 해당하는 면적 이내의 토지)
③ 공장용 건축물
④ 「지방세법」에 따라 재산세가 비과세되는 토지
⑤ 종중이 1990년 1월부터 소유하는 농지

05 종합부동산세의 과세기준일 현재 과세대상인 것은? (단, 주어진 조건 외에는 고려하지 않음)

종합부동산세
과세대상

① 회원제 골프장용 토지(회원제 골프장업의 등록시 구분등록의 대상이 되는 토지)
② 상업용 건축물(오피스텔 제외)
③ 관계법령에 따른 사회복지사업자가 복지시설이 소비목적으로 사용할 수 있도록 하기 위하여 1990년 5월 1일부터 소유하는 농지
④ 취득세 중과세대상인 고급오락장
⑤ 여객자동차운송사업 면허를 받은 자가 그 면허에 따라 사용하는 차고용 토지(자동차운송사업의 최저보유차고면적기준의 1.5배에 해당하는 면적 이내의 토지)

복습문제

06

종합부동산세
과세대상

다음 중 종합부동산세가 과세되는 토지는?

① 사회복지사업자가 복지시설의 소비용에 공하기 위하여 소유하는 농지

② 종중이 소유하고 있는 임야

③ 고급오락장용 토지

④ 용도지역별 적용배율을 적용한 면적 이내의 건축물의 부속토지

⑤ 도시지역 밖의 기준면적 이내의 목장용지

제3절 │ **주택에 대한 과세**

대표유형

다음은 주택(합산배제대상 주택 제외)분 종합부동산세 세액계산 흐름도를 설명한 것이다. 틀린 것은?
[단, 개인이 2주택(조정대상지역 내 2주택을 소유한 경우는 제외)을 소유한 경우라 가정함]

① 과세표준 = [주택의 공시가격의 합(合) − 공제액(9억원)] × 공정시장가액비율(60%)

② 세율 = 7단계 초과누진세율(최저 1천분의 5)

③ 종합부동산세액 = 과세표준 × 세율

④ 납부세액 = 종합부동산세액 − 공제할 재산세액 − 세부담상한 초과세액

⑤ 세부담상한 초과세액 = 당해 연도 총세액상당액 − 전년도 총세액상당액 × 130%

해설 ⑤ 세부담상한 초과세액 = 당해 연도 총세액상당액 − 전년도 총세액상당액 × 150%　　　　◆ 정답 ⑤

07 「종합부동산세법」상 주택에 대한 과세에 대한 설명 중 틀린 것은 몇 개인가?

주택에 대한 과세

> ㉠ 주택에 대한 세부담 상한의 기준이 되는 직전 연도에 해당 주택에 부과된 주택에 대한 총세액상당액은 납세의무자가 해당 연도의 과세표준합산주택을 직전 연도 과세기준일에 실제로 소유하였는지의 여부를 불문하고 직전 연도 과세기준일 현재 소유한 것으로 보아 계산한다.
>
> ㉡ 과세기준일 현재 세대원 중 1인과 그 배우자만이 공동으로 1주택을 소유하고 해당 세대원 및 다른 세대원이 다른 주택을 소유하지 아니한 경우 신청하지 않더라도 공동명의 1주택자를 해당 1주택에 대한 납세의무자로 한다.
>
> ㉢ 1세대가 일반 주택과 합산배제 신고한 임대주택을 각각 1채씩 소유한 경우 해당 일반 주택에 그 주택소유자가 실제 거주하지 않더라도 1세대 1주택자에 해당한다.
>
> ㉣ 과세표준 합산의 대상에 포함되지 않는 주택을 보유한 납세의무자는 해당 연도 10월 16일부터 10월 31일까지 관할세무서장에게 해당 주택의 보유현황을 신고하여야 한다.
>
> ㉤ 종합부동산세 과세대상 1세대 1주택자로서 과세기준일 현재 해당 주택을 12년 보유한 자의 보유기간별 세액공제에 적용되는 공제율은 100분의 50이다.

① 1개 ② 2개 ③ 3개
④ 4개 ⑤ 5개

08 「종합부동산세법」상 주택에 대한 과세에 대한 설명 중 틀린 것은?

주택에 대한 과세

① 과세기준일 현재 주택분 재산세의 납세의무자는 종합부동산세를 납부할 의무가 있다.

② 법정요건을 충족하는 1세대 1주택자(단독소유자)는 과세기준일 현재 보유기간이 5년 이상이면 보유기간에 따른 세액공제를 받을 수 있다.

③ 주택분 종합부동산세의 납세의무자가 과세기준일 현재 1세대 1주택자로서 만 55세이고 당해 주택을 3년 보유한 경우, 법령에 따라 산출한 세액에서 그 산출된 세액에 법령이 정하는 연령별 공제율을 곱한 금액을 공제한다.

④ 「신탁법」 제2조에 따른 수탁자의 명의로 등기 또는 등록된 신탁재산으로서 주택("신탁주택"이라 한다)의 경우에는 위탁자(「주택법」 제2조 제11호 가목에 따른 지역주택조합 및 같은 호 나목에 따른 직장주택조합이 조합원이 납부한 금전으로 매수하여 소유하고 있는 신탁주택의 경우에는 해당 지역주택조합 및 직장주택조합을 말한다)가 종합부동산세를 납부할 의무가 있다. 이 경우 위탁자가 신탁주택을 소유한 것으로 본다.

⑤ 과세기준일 현재 세대원 중 1인이 그 배우자와 공동으로 1주택을 소유하고 해당 세대원 및 다른 세대원이 다른 주택을 소유하지 아니한 경우로서 대통령령으로 정하는 경우에는 배우자와 공동으로 1주택을 소유한 자 또는 그 배우자 중 대통령령으로 정하는 자("공동명의 1주택자"라 한다)를 해당 1주택에 대한 납세의무자로 할 수 있다.

제 **4** 절 **토지에 대한 과세**

대표유형

2025년 귀속 종합부동산세에 관한 설명으로 틀린 것은?

① 과세기준일 현재 토지분 재산세의 납세의무자로서 국내에 소재하는 종합합산과세대상토지의 공시가격을 합한 금액이 5억원을 초과하는 자는 해당 토지에 대한 종합부동산세를 납부할 의무가 있다.

② 과세기준일 현재 토지분 재산세 납세의무자로서 「자연공원법」에 따라 지정된 공원자연환경지구의 임야를 소유하는 자는 토지에 대한 종합부동산세를 납부할 의무가 있다.

③ 과세기준일 현재 토지분 재산세의 납세의무자로서 국내에 소재하는 별도합산과세대상토지의 공시가격을 합한 금액이 80억원을 초과하는 자는 토지에 대한 종합부동산세의 납세의무자이다.

④ 과세기준일 현재 만 60세 이상인 자가 보유하고 있는 종합부동산세 과세대상인 토지에 대하여는 연령에 따른 세액공제를 받을 수 없다.

⑤ 지방세법상 별도합산과세대상토지에 대한 해당 연도 종합부동산세의 세부담 상한액은 직전년도에 부과된 종합부동산세액의 150%로 한다.

해설 ② 「자연공원법」에 따라 지정된 공원자연환경지구의 임야는 재산세에서 저율분리과세대상에 해당하므로 종합부동산세 과세대상이 아니다.　　　　　　　　　　　　　　　　　　　　　◆ 정답 ②

**Point
09**
토지에 대한 과세

「종합부동산세법」상 토지에 대한 과세의 설명 중 틀린 것은?

① 재산세 과세재산 중 분리과세대상토지는 종합부동산세 과세대상이 아니다.

② 재산세 과세재산 중 별도합산과세대상토지는 개인의 경우 세대별로 합산하여 과세하지 아니한다.

③ 재산세 과세재산 중 별도합산과세대상토지의 공시가격을 합한 금액이 80억원을 초과하는 자는 종합부동산세를 납부할 의무가 있다.

④ 지방세법상 종합합산과세대상인 국내에 소재하는 당해 과세대상토지의 공시가격을 합한 금액이 5억원을 초과하는 개인은 종합부동산세를 납부할 의무가 있다.

⑤ 종합합산과세대상토지의 재산세로 부과된 세액이 세부담상한을 적용받는 경우 그 상한을 적용받기 전의 세액을 종합합산과세대상토지분 종합부동산세액에서 공제한다.

10 「종합부동산세법」상 토지에 대한 과세의 설명 중 틀린 것은?

상
토지에 대한 과세

① 토지에 대한 종합부동산세는 국내에 소재하는 토지에 대하여 「지방세법」 제106조 제1항 제1호에 따른 종합합산과세대상과 같은 법 제106조 제1항 제2호에 따른 별도합산과세대상으로 구분하여 과세한다.

② 수탁자의 명의로 등기 또는 등록된 신탁재산으로서 토지("신탁토지"라 한다)의 경우에는 위탁자가 종합부동산세를 납부할 의무가 있다. 이 경우 위탁자가 신탁토지를 소유한 것으로 본다.

③ 종합합산과세대상인 토지에 대한 종합부동산세의 과세표준이 15억원 이하인 경우 1천분의 10의 세율을 적용한다.

④ 종합합산과세대상인 토지의 과세표준 금액에 대하여 해당 과세대상토지의 토지분 재산세로 부과된 세액(「지방세법」 제111조 제3항에 따라 가감조정된 세율이 적용된 경우에는 그 세율이 적용된 세액, 같은법 제122조에 따라 세부담 상한을 적용받은 경우에는 그 상한을 적용받은 세액을 말한다)은 토지분 종합합산세액에서 이를 공제한다.

⑤ 종합합산과세대상 토지에 대한 종합부동산세 납세의무자로서 과세기준일 현재 만 60세 이상인 경우 연령에 따른 세액공제를 적용한다.

제5절 종합부동산세 신고 · 납부 등

대표유형

종합부동산세에 관한 설명으로 틀린 것은?

① 관할세무서장은 종합부동산세를 징수하려면 납부고지서에 주택 및 토지로 구분한 과세표준과 세액을 기재하여 납부기간 개시 5일 전까지 발급하여야 한다.

② 종합부동산세의 과세기준일은 매년 6월 1일로 한다.

③ 관할세무서장은 종합부동산세로 납부하여야 할 세액이 400만원인 경우 최대 150만원의 세액을 납부기한이 경과한 날부터 6개월 이내에 분납하게 할 수 있다.

④ 납세의무자는 선택에 따라 신고 · 납부할 수 있으나, 신고를 함에 있어 납부세액을 과소하게 신고한 경우라도 과소신고가산세가 적용되지 않는다.

⑤ 종합부동산세의 납세의무자가 비거주자인 개인으로서 국내사업장이 없고 국내원천소득이 발생하지 아니하는 1주택을 소유한 경우 그 주택 소재지를 납세지로 정한다.

해설 ④ 납세의무자는 선택에 따라 신고 · 납부할 수 있으나, 신고를 함에 있어 납부세액을 과소하게 신고한 경우에는 과소신고가산세가 적용된다(국세기본법 제47조의3 제1항). ◆ 정답 ④

11 「종합부동산세법」상 신고·납부 등에 대한 설명 중 틀린 것은?

종합부동산세
신고·납부 등

① 관할세무서장은 납부하여야 할 종합부동산세의 세액을 결정하여 해당 연도 12월 16일부터 12월 31일("납부기간"이라 한다)까지 부과·징수한다.

② 관할세무서장은 종합부동산세를 징수하려면 납부고지서에 주택 및 토지로 구분한 과세표준과 세액을 기재하여 납부기간 개시 5일 전까지 발급하여야 한다.

③ 종합부동산세를 신고·납부방식으로 납부하고자 하는 납세의무자는 종합부동산세의 과세표준과 세액을 해당 연도 12월 1일부터 12월 15일까지 대통령령으로 정하는 바에 따라 관할세무서장에게 신고하여야 한다. 이 경우 관할세무서장의 결정은 없었던 것으로 본다.

④ 합산의 대상이 되는 주택의 범위에 포함되지 아니하는 주택을 보유한 납세의무자는 해당연도 9월 16일부터 9월 30일까지 대통령령으로 정하는 바에 따라 납세지관할세무서장("관할세무서장"이라 한다)에게 해당 주택의 보유현황을 신고하여야 한다.

⑤ 관할세무서장 또는 관할지방국세청장은 과세표준 합산의 대상이 되는 주택에서 제외된 주택 중 임대주택 또는 가정어린이집용 주택이 추후 그 요건을 충족하지 아니하게 된 때에는 대통령령으로 정하는 바에 따라 경감받은 세액과 이자상당가산액을 추징하여야 한다.

12 종합부동산세의 신고·납부 등에 관한 설명이다. 틀린 것은?

종합부동산세
신고·납부 등

① 관할세무서장은 종합부동산세를 징수하고자 하는 때에는 납세고지서에 주택 및 토지로 구분한 과세표준과 세액을 기재하여 납부기간 개시 5일 전까지 발부하여야 한다.

② 관할세무서장 또는 납세지관할지방국세청장은 과세대상 누락, 위법 또는 착오 등으로 인하여 종합부동산세를 새로 부과할 필요가 있거나 이미 부과한 세액을 경정할 경우에는 다시 부과·징수할 수 있다.

③ 「지방세특례제한법」 또는 조세특례제한법에 의한 재산세의 비과세·과세면제 또는 경감에 관한 규정은 종합부동산세를 부과함에 있어서 이를 준용한다.

④ 「지방세특례제한법」에 따른 시·군의 감면조례에 의한 재산세의 감면규정은 종합부동산세를 부과함에 있어서 이를 준용한다.

⑤ 「종합부동산세법」에 따라 납부하여야 할 종합부동산세액의 100분의 20에 해당하는 지방교육세를 부과한다.

제 6 절 | 종합부동산세 종합문제

대표유형

종합부동산세에 대한 설명 중 틀린 것은?

① 재산세 과세재산 중 별도합산과세대상토지의 공시가격을 합한 금액이 80억원을 초과하는 자는 종합부동산세를 납부할 의무가 있다.

② 개인의 경우 종합부동산세의 납세지는 소득세법상의 규정을 준용하여 정한다.

③ 혼인함으로써 1세대를 구성하는 경우에는 혼인한 날부터 10년 동안은 주택 또는 토지를 소유하는 자와 그 혼인한 자별로 각각 1세대로 본다.

④ 납세의무자가 해당 연도에 납부하여야 할 종합합산과세대상인 토지에 대한 세부담 상한액은 직전년도에 해당 토지에 부과된 종합부동산세액의 100분의 300이다.

⑤ 국내에 있는 재산세 과세대상인 주택의 공시가격을 합산한 금액이 5억원인 법인은 종합부동산세 납세의무자에 해당한다.

해설 ④ 납세의무자가 해당 연도에 납부하여야 할 종합합산과세대상인 토지에 대한 세부담 상한액은 직전년도에 해당 토지에 부과된 종합부동산세액의 100분의 150이다.　　　　　**❶ 정답 ④**

Point
13

종합부동산세
종합문제

「종합부동산세법」상 종합부동산세에 관한 설명으로 틀린 것은?

① 관할세무서장은 종합부동산세를 징수하려면 납부고지서에 주택 및 토지로 구분한 과세표준과 세액을 기재하여 납부기간 개시 5일 전까지 발급하여야 한다.

② 과세기준일 현재 세대원 중 1인이 그 배우자와 공동으로 1주택을 소유하고 해당 세대원 및 다른 세대원이 다른 주택(제8조 제2항 각 호의 어느 하나에 해당하는 주택 중 대통령령으로 정하는 주택을 제외한다)을 소유하지 아니한 경우로서 대통령령으로 정하는 경우에는 배우자와 공동으로 1주택을 소유한 자 또는 그 배우자 중 공동명의 1주택자를 해당 1주택에 대한 납세의무자로 할 수 있다.

③ 수탁자의 명의로 등기 또는 등록된 신탁재산으로서 토지의 경우에는 위탁자가 종합부동산세를 납부할 의무가 있다. 이 경우 위탁자가 신탁토지를 소유한 것으로 본다.

④ 납세의무자가 법인 또는 법인으로 보는 단체인 경우 과세표준에 2주택 이하를 소유한 경우 1천분의 50을 적용하여 계산한 금액을 주택분 종합부동산세액으로 한다.

⑤ 주택분 과세표준 금액에 대하여 해당 과세대상주택의 주택분 재산세로 부과된 세액(「지방세법」 제111조 제3항에 따라 가감조정된 세율이 적용된 경우에는 그 세율이 적용된 세액, 같은법 제122조에 따라 세부담 상한을 적용받은 경우에는 그 상한을 적용받은 세액을 말한다)은 주택분 종합부동산세에서 이를 공제한다.

14 종합부동산세 종합문제

「종합부동산세법」상 종합부동산세에 관한 설명으로 틀린 것은? (단, 감면 및 비과세와 「지방세특례제한법」 또는 「조세특례제한법」은 고려하지 않음)

① 관할세무서장 또는 관할지방국세청장은 종합부동산세 신고를 한 자의 신고내용에 탈루 또는 오류가 있는 때에는 해당 연도의 과세표준과 세액을 경정한다.

② 종합부동산세의 납세의무자가 비거주자인 개인 또는 외국법인으로서 국내사업장이 없고 국내원천소득이 발생하지 아니하는 주택 및 토지를 소유한 경우에는 그 주택 또는 토지의 소재지(주택 또는 토지가 둘 이상인 경우에는 공시가격이 가장 높은 주택 또는 토지의 소재지를 말한다)를 납세지로 정한다.

③ 주택에 대한 종합부동산세는 납세의무자가 개인으로 3주택 이상을 소유한 경우 과세표준이 3억원인 경우 적용될 세율은 1천분의 5이다.

④ 종합합산과세대상인 토지의 과세표준 금액에 대하여 해당 과세대상토지의 토지분 재산세로 부과된 세액(「지방세법」 제111조 제3항에 따라 가감조정된 세율이 적용된 경우에는 그 세율이 적용되기 전의 세액, 같은법 제122조에 따라 세부담 상한을 적용받은 경우에는 그 상한을 적용받기 전의 세액을 말한다)은 토지분 종합합산세액에서 이를 공제한다.

⑤ 관할세무서장은 종합부동산세를 징수하려면 납부고지서에 주택 및 토지로 구분한 과세표준과 세액을 기재하여 납부기간 개시 5일 전까지 발급하여야 한다.

15 종합부동산세 종합문제

「종합부동산세법」상 종합부동산세에 관한 설명으로 틀린 것은?

① 납세의무자가 거주자인 개인인 경우 납세지는 소득세법상 납세지 규정을 준용한다.

② 납세의무자가 해당 연도에 납부하여야 할 종합합산과세대상인 토지에 대한 종합부동산세의 세부담 상한액은 직전년도에 부과된 종합부동산세액의 100분의 300이다.

③ 「조세특례제한법」에 의한 재산세의 감면규정은 종합부동산세를 부과함에 있어서 이를 준용한다.

④ 재산세가 분리과세되는 토지에 대하여는 종합부동산세를 과세하지 아니한다.

⑤ 주택분 종합부동산세의 납세의무자가 과세기준일 현재 1세대 1주택자로서 만 70세이고 당해 주택을 3년 보유한 경우, 법령에 따라 산출한 세액에서 그 산출된 세액에 법령이 정하는 연령별 공제율을 곱한 금액을 공제한다.

복습문제.

16

종합부동산세
종합문제

「종합부동산세법」상 종합부동산세에 관한 설명으로 틀린 것은? (단, 감면 및 비과세와 「지방세특례제한법」 또는 「조세특례제한법」은 고려하지 않음)

① 과세기준일 현재 세대원 중 1인이 그 배우자와 공동으로 1주택을 소유하고 해당 세대원 및 다른 세대원이 다른 주택(제8조 제2항 각 호의 어느 하나에 해당하는 주택 중 대통령령으로 정하는 주택을 제외한다)을 소유하지 아니한 경우로서 대통령령으로 정하는 경우에는 배우자와 공동으로 1주택을 소유한 자 또는 그 배우자 중 대통령령으로 정하는 자("공동명의 1주택자"라 한다)를 해당 1주택에 대한 납세의무자로 할 수 있다.

② 「신탁법」 제2조에 따른 수탁자의 명의로 등기 또는 등록된 신탁재산으로서 주택의 경우에는 같은 조에 따른 위탁자(「주택법」 제2조 제11호 가목에 따른 지역주택조합 및 같은 호 나목에 따른 직장주택조합이 조합원이 납부한 금전으로 매수하여 소유하고 있는 신탁주택의 경우에는 해당 지역주택조합 및 직장주택조합을 말한다)가 종합부동산세를 납부할 의무가 있다. 이 경우 위탁자가 신탁주택을 소유한 것으로 본다.

③ 종합합산과세대상인 토지에 대한 종합부동산세의 과세표준이 15억원인 경우 적용될 세율은 1천분의 10이다.

④ 사용자가 법인인 경우에는 「국세기본법」 제39조 제2호에 따른 과점주주가 아닌 종업원에게 무상이나 저가로 제공하는 사용자 소유의 주택으로서 국민주택규모 이하이거나 과세기준일 현재 공시가격이 3억원 이하인 주택은 합산의 대상이 되는 주택의 범위에 포함되지 아니하는 것으로 본다.

⑤ 납부고지서를 받은 자가 분납하려는 때에는 종합부동산세의 납부기한까지 신청서를 관할세무서장에게 제출해야 한다.

Point

17

재산세와
종합부동산세

거주자인 개인 甲은 국내에 주택 2채(다가구주택 아님) 및 상가건물 1채를 각각 보유하고 있다. 甲의 재산세 및 종합부동산세에 관한 설명으로 틀린 것은? (단, 甲의 주택은 종합부동산세법상 합산배제주택에 해당하지 아니하며, 지방세관계법상 재산세 특례 및 감면은 없음)

① 甲의 주택에 대한 재산세가 20만원을 초과하는 경우 납기는 2분의 1은 7월 16일부터 7월 31일까지이고 나머지 2분의 1은 9월 16일부터 9월 30일까지이다.

② 甲의 상가건물에 대한 재산세는 시가표준액에 법령이 정하는 공정시장가액비율을 곱하여 산정한 가액을 과세표준으로 하여 비례세율을 과세한다.

③ 납세자에게 부정행위가 없으며 특례제척기간에 해당하지 않는 경우, 원칙적으로 납세의무 성립일부터 5년이 지나면 재산세를 부과할 수 없다.

④ 주택분 종합부동산세액에서 공제되는 재산세액은 재산세 표준세율의 100분의 50의 범위에서 가감된 세율이 적용된 경우에는 그 세율이 적용되기 전의 세액으로 한다.

⑤ 종합부동산세 납부세액이 350만원인 경우, 100만원은 납부기한이 지난 날부터 6개월 이내에 분납할 수 있다.

18
🔄
재산세와
종합부동산세

다음은 재산세와 종합부동산세를 비교·설명한 것이다. 틀린 것은?

① 일반 영업용 건축물은 재산세만 과세되고 종합부동산세는 과세되지 않는다.

② 과세표준 계산시 1세대 2주택에 적용되는 공정시장가액비율은 재산세와 종합부동산세 모두 80%이다.

③ 종합합산과세대상토지에 대한 재산세와 종합부동산세의 세 부담의 상한은 모두 100분의 150이다.

④ 분리과세대상 토지는 재산세만 과세대상이며, 종합부동산세는 과세대상이 아니다.

⑤ 토지에 대한 재산세 납기는 9월 16일부터 9월 30일까지이며, 종합부동산세 납부기간은 해당연도 12월 1일부터 12월 15일까지이다.

복습문제
19
🔄
재산세와
종합부동산세

다음 중 재산세와 종합부동산세를 비교·설명한 것으로 틀린 것은?

① 토지에 대한 재산세는 종합합산과세대상, 별도합산과세대상 및 분리과세대상으로 구분하여 과세하며 종합부동산세는 종합합산과세대상, 별도합산과세대상으로 구분하여 과세한다.

② 개인(거주자)이 여러 개의 주택을 보유한 경우 재산세는 주택별로 개별과세하나, 종합부동산세는 전국의 모든 주택을 세대별로 합산하여 과세한다.

③ 재산세는 시장·군수·구청장이 과세권자이지만 종합부동산세는 원칙적으로 관할세무서장이 과세권자이다.

④ 재산세는 보통징수에 의해 징수하고 종합부동산세는 원칙적으로 정부부과과세제도이다.

⑤ 일반영업용 건축물은 재산세만 과세되고 종합부동산세는 과세되지 않는다.

Chapter 02 소득세 총설

제1절 소득의 구분

대표유형

다음은 「소득세법」에 대한 설명으로 틀린 것은?

① 양도소득에 대한 과세표준은 종합소득 및 퇴직소득에 대한 과세표준과 구분하여 계산한다.

② 양도소득세 납세의무의 확정은 관할세무서장의 결정에 의하지 않고 납세의무자의 신고에 의한다.

③ 해당 과세기간의 주거용 건물 임대업을 제외한 부동산임대업에서 발생한 결손금은 그 과세기간의 종합소득과세표준을 계산할 때 공제하지 않는다.

④ 부동산임대업에서 발생한 사업소득에 대한 종합소득세는 분할납부는 가능하고 물납은 신청할 수 없다.

⑤ 공동사업에 관한 소득금액을 계산하는 경우(주된 공동사업자에게 합산과세되는 경우 제외)에는 해당 공동사업자가 그 종합소득세를 연대하여 납부할 의무를 진다.

해설 ⑤ 공동사업에 관한 소득금액을 계산하는 경우(주된 공동사업자에게 합산과세되는 경우 제외)에는 해당 공동사업자가 그 종합소득세를 연대하여 납부할 의무가 없다.

> 소득세법 제2조의2 【납세의무의 범위】 ① 제43조에 따라 공동사업에 관한 소득금액을 계산하는 경우에는 해당 공동사업자별로 납세의무를 진다. 다만, 제43조 제3항에 따른 주된 공동사업자에게 합산과세되는 경우 그 합산과세되는 소득금액에 대해서는 주된 공동사업자의 특수관계인은 같은 조 제2항에 따른 손익분배비율에 해당하는 그의 소득금액을 한도로 주된 공동사업자와 연대하여 납세의무를 진다.

◆ 정답 ⑤

Point 01

소득세법

다음은 「소득세법」에 대한 설명이다. 틀린 것은?

① 양도소득에 대한 과세표준은 종합소득 및 퇴직소득에 대한 과세표준과 구분하여 계산한다.

② 주거용 건물 임대업에서 발생한 결손금은 종합소득 과세표준을 계산할 때 공제한다.

③ 부동산임대업에서 발생한 소득은 사업소득에 해당한다.

④ 거주자는 국내에 있는 토지의 양도로 발생하는 소득에 대하여 양도소득세 납세의무가 있다.

⑤ 비거주자는 국외에 있는 건물의 양도로 인하여 발생하는 소득에 대하여 양도소득세 납세의무가 있다.

02 다음은 「소득세법」에 대한 설명이다. 틀린 것은?

소득세법

① 양도소득에 대한 과세표준은 종합소득 및 퇴직소득에 대한 과세표준과 구분하여 계산한다.
② 주택의 임대로 인하여 얻은 과세대상 소득은 사업소득으로서 해당 거주자의 종합소득금액에 합산된다.
③ 주거용 건물 임대업에서 발생한 결손금은 종합소득 과세표준을 계산할 때 공제한다.
④ 비거주자가 국내 주택을 양도한 경우 양도소득세 납세지는 비거주자의 국외 주소지이다.
⑤ 사업소득에 부동산임대업에서 발생한 소득이 포함되어 있는 사업자는 그 소득별로 구분하여 회계처리하여야 한다.

03 다음은 「소득세법」에 대한 설명이다. 가장 옳지 않은 것은?

소득세법

① 현행 「소득세법」은 과세대상소득을 이자소득 · 배당소득 · 사업소득 · 근로소득 · 연금소득 · 기타소득 · 퇴직소득 및 양도소득의 8가지로 구분하여 제한적으로 열거하고 있다.
② 분류과세란 종합소득에 합산하지 않고 그 종류별로 구분하여 과세하는 방식으로 퇴직소득, 양도소득이 이에 속한다.
③ "거주자"란 국내에 주소를 두거나 1과세기간 중 183일 이상 거소(居所)을 둔 개인을 말하며, "비거주자"란 거주자가 아닌 개인을 말한다.
④ 거주자와 비거주자의 개념은 국적과 관련이 없으므로 외국인도 거주자로서 납세의무를 지는 경우가 있다.
⑤ 부동산임대업에 관련된 사업소득의 경우 과세소득을 부부단위로 합산하여 과세한다.

04 ^{복습문제} 「소득세법」에 관한 설명이다. 옳지 않은 것은?

상
소득세법

① 비사업자가 공익사업과 관련하여 지상권을 양도함으로써 발생하는 소득은 양도소득이다.
② 주거용 건물 임대업에서 발생한 결손금은 종합소득 과세표준을 계산할 때 공제한다.
③ 이축권을 별도로 적법하게 감정평가하여 신고하는 경우 그 이축권을 토지 · 건물과 함께 양도함으로써 발생하는 소득은 양도소득이다.
④ 비사업자가 지하수개발권을 토지 등과 함께 양도함으로써 발생하는 소득은 기타소득이다.
⑤ 공동으로 소유한 자산에 대한 양도소득금액을 계산하는 경우에는 해당 자산을 공동으로 소유하는 각 거주자가 납세의무를 진다.

제 2 절 **납세의무자, 납세지**

대표유형

다음은 「소득세법」에 대한 설명이다. 옳은 것은?

① 비거주자가 국외 토지를 양도한 경우 양도소득세 납부의무가 있다.

② 국외자산 양도시 양도소득세의 납세의무자는 국외자산의 양도일까지 계속하여 3년간 국내에 주소를 둔 거주자이다.

③ 거주자가 국외 토지를 양도한 경우 양도일까지 계속해서 10년간 국내에 주소를 두었다면 양도소득과세표준을 예정신고하여야 한다.

④ 거주자가 국내 상가건물을 양도한 경우 거주자의 주소지와 상가건물의 소재지가 다른 경우 양도소득세 납세지는 상가건물의 소재지이다.

⑤ 비거주자가 국내 주택을 양도한 경우 양도소득세 납세지는 비거주자의 국외 주소지이다.

해설 ① 비거주자가 국외 토지를 양도한 경우 양도소득세 납부의무가 없다.
② 국외자산 양도시 양도소득세의 납세의무자는 국외자산의 양도일까지 계속하여 5년 이상 국내에 주소를 둔 거주자이다.
④ 거주자가 국내 상가건물을 양도한 경우 거주자의 주소지와 상가건물의 소재지가 다른 경우 양도소득세 납세지는 거주자의 주소지이다.
⑤ 비거주자가 국내 주택을 양도한 경우 양도소득세 납세지는 국내 주택 소재지이다.　　　　　◆ 정답 ③

Point
05

소득세법

다음은 「소득세법」에 대한 설명이다. 틀린 것은?

① 공동으로 소유한 자산에 대한 양도소득금액을 계산하는 경우에는 해당 자산을 공동으로 소유하는 공유자가 그 양도소득세를 연대하여 납부할 의무를 진다.

② 비거주자가 국외 토지를 양도한 경우 양도소득세 납부의무는 없다,

③ 거주자가 국외 토지를 양도한 경우 양도일까지 계속해서 10년간 국내에 주소를 두었다면 양도소득 과세표준을 예정신고하여야 한다.

④ 거주자에 대한 소득세의 납세지는 그 주소지로 하는 것이나, 주민등록이 직권말소된 자로서 실제의 주소지 및 거소지가 확인되지 아니하는 거주자의 납세지는 말소 당시 주소지로 한다.

⑤ 비거주자의 소득세 납세지는 제120조에 따른 국내사업장의 소재지로 한다. 다만, 국내사업장이 둘 이상 있는 경우에는 주된 국내사업장의 소재지로 하고, 국내사업장이 없는 경우에는 국내원천소득이 발생하는 장소로 한다.

06 다음은 「소득세법」상 납세의무와 납세지에 대한 설명이다. 틀린 것은?

소득세법

① 거주자는 국내에 있는 토지의 양도로 발생하는 소득에 대하여 양도소득세 납세의무가 있다.

② 거주자가 국내 상가 건물을 양도한 경우 거주자의 주소지와 상가 건물의 소재지가 다른 경우 양도소득세 납세지는 거주자의 주소지이다.

③ 거주자가 양도일까지 계속하여 국내에 5년 이상 주소 또는 거소를 둔 경우 국외에 있는 토지의 양도로 인하여 발생하는 소득에 대하여 양도소득세 납세의무가 있다.

④ 비거주자는 국내에 있는 토지의 양도로 인하여 발생하는 소득에 대하여 양도소득세 납세의무가 있다.

⑤ 비거주자가 국내 주택을 양도한 경우 양도소득세 납세지는 비거주자의 국외 주소지이다.

제 **3** 절 | **부동산임대업**

대표유형

「소득세법」상 부동산임대업에서 발생한 소득에 관한 설명으로 틀린 것은?

① 국내에 소재하는 논·밭을 작물 생산에 이용하게 함으로써 발생하는 사업소득은 소득세를 과세하지 아니한다.

② 주거용 건물임대업에서 발생한 결손금은 종합소득 과세표준을 계산할 때 공제한다.

③ 거주자의 보유주택 수를 계산함에 있어서 다가구주택은 1개의 주택으로 보되, 구분등기된 경우에는 각각을 1개의 주택으로 본다.

④ 주택 1채만을 소유한 거주자가 과세기간 종료일 현재 기준시가 13억원인 해당 주택을 전세금을 받고 임대하여 얻은 소득에 대해서는 소득세가 과세되지 아니한다.

⑤ 임대보증금의 간주임대료를 계산하는 과정에서 금융수익을 차감할 때 그 금융수익은 수입이자와 할인료, 수입배당금, 유가증권처분이익으로 한다.

해설 ⑤ 임대보증금의 간주임대료를 계산하는 과정에서 금융수익을 차감할 때 그 금융수익은 수입이자와 할인료, 수입배당금으로 한다.   ◆정답 ⑤

07 소득세의 과세대상인 사업소득 중 부동산임대업에 대한 다음 설명 중 틀린 것은?

부동산임대업

① 미등기부동산을 대여하고 그 대가로 받는 것은 부동산임대업의 사업소득이다.

② 지역권·지상권을 설정하거나 대여함으로써 발생하는 소득은 기타소득이다. 다만, 「공익사업을 위한 토지 등의 취득 및 보상에 관한 법률」 제4조에 따른 공익사업과 관련하여 지역권·지상권(지하 또는 공중에 설정된 권리를 포함한다)을 설정하거나 대여함으로써 발생하는 소득은 사업소득이다.

③ 공장재단을 대여하고 그 대가로 받는 것은 부동산임대업의 사업소득이다.

④ 전세권을 설정하고 그 대가로 받는 것은 부동산임대업의 사업소득이다.

⑤ 자기소유의 부동산을 타인의 담보로 사용하게 하고 그 사용대가로 받는 것은 부동산임대업의 사업소득이다.

08 「소득세법」상 국내에 소재한 주택을 임대한 경우 발생하는 소득에 관한 설명으로 틀린 것은?

부동산임대업

(단, 아래의 주택은 상시 주거용으로 사용하고 있음) (해당 과세기간에 주거용 건물 임대업에서 발생한 수입금액의 합계액이 2천만원 초과라 가정함)

① 주택 1채만을 소유한 거주자가 과세기간 종료일 현재 기준시가 13억원인 해당 주택을 전세금을 받고 임대하여 얻은 소득에 대해서는 소득세가 과세되지 아니한다.

② 주택 2채를 소유한 거주자가 1채는 월세계약으로 나머지 1채는 전세계약의 형태로 임대한 경우, 월세계약에 의하여 받은 임대료에 대해서만 소득세가 과세된다.

③ 거주자의 보유주택 수를 계산함에 있어서 다가구주택은 1개의 주택으로 보되, 구분등기된 경우에는 각각을 1개의 주택으로 계산한다.

④ 주택의 임대로 인하여 얻은 과세대상 소득은 사업소득으로서 해당 거주자의 종합소득금액에 합산된다.

⑤ 주택을 임대하여 얻은 소득은 거주자가 사업자등록을 한 경우에 한하여 소득세 납세의무가 있다.

09 「소득세법」상 거주자의 부동산임대업에서 발생하는 소득에 관한 설명으로 옳은 것은? (각 지문
부동산임대업 은 별개의 상황이라 가정)

① 미등기부동산을 임대하고 그 대가로 받는 것은 사업소득이 아니다.

② 지상권을 양도함으로써 발생하는 소득은 사업소득이다.

③ 주택의 임대로 인하여 얻은 과세대상 소득은 사업소득으로서 해당 거주자의 종합소득금
액에 합산된다.

④ 자기소유의 부동산을 타인의 담보로 사용하게 하고 그 사용대가로 받는 것은 기타소득
이다.

⑤ 공익사업과 관련된 지상권의 대여로 인한 소득은 사업소득이다.

10 「소득세법」상 거주자가 국내소재 부동산 등을 임대하여 발생하는 소득에 관한 설명으로 틀린 것은?
부동산임대업

① 임대한 과세기간 종료일 현재 기준시가가 13억원인 1주택(주택부수토지 포함)을 임대하
고 지급받은 소득은 사업소득으로 과세된다.

② 거주자의 보유주택 수를 계산함에 있어서 다가구주택은 1개의 주택으로 보되, 구분등기
된 경우에는 각각을 1개의 주택으로 계산한다.

③ 甲과 乙이 공동소유 A주택(甲지분율 40%, 乙지분율 60%)을 임대하는 경우, 주택임대소
득의 비과세 여부를 판정할 때 甲과 乙이 각각 1주택을 소유한 것으로 보아 주택 수를
계산한다.

④ 부부가 각각 주택을 1채씩 보유한 상태에서 그중 1주택을 임대하고 연간 2,800만원의 임
대료를 받았을 경우 주택임대에 따른 과세소득은 있다.

⑤ 해당 과세기간에 분리과세 주택임대소득이 있는 거주자(종합소득과세표준이 없거나 결
손금이 있는 거주자 포함)는 그 종합소득 과세표준을 그 과세기간의 다음 연도 5월 1일
부터 5월 31일까지 신고하여야 한다.

03 양도소득세

제1절 **양도의 정의**

대표유형

「소득세법」상 양도에 해당하는 것은 몇 개인가?

㉠ 매매원인 무효의 소에 의하여 그 매매사실이 원인무효로 판시되어 환원될 경우
㉡ 법원의 확정판결에 의한 이혼위자료로 배우자에게 토지의 소유권을 이전하는 경우
㉢ 권리의 이전이나 행사에 등기가 필요한 부동산을 직계존속과 서로 교환한 경우
㉣ 공동소유의 토지를 공유자지분 변경 없이 2개 이상의 공유토지로 분할하였다가 공동지분의 변경 없이 그 공유토지를 소유지분별로 단순히 재분할하는 경우
㉤ 증여자의 채무를 인수하는 부담부증여로 취득한 경우로서 그 채무액에 상당하는 부분을 제외한 나머지 부분의 경우

① 1개   ② 2개   ③ 3개
④ 4개   ⑤ 5개

해설 '양도'란 '사실상 유상이전'으로 문제에서 양도에 해당하는 것은 ㉡, ㉢으로 2개이다.
㉡ 법원의 확정판결에 의한 이혼위자료로 배우자에게 토지의 소유권을 이전하는 경우: 양도(○)
㉢ 권리의 이전이나 행사에 등기가 필요한 부동산을 직계존속과 서로 교환한 경우: 양도(○)
㉠ 매매원인 무효의 소에 의하여 그 매매사실이 원인무효로 판시되어 환원될 경우: 양도(×)
㉣ 공동소유의 토지를 공유자지분 변경 없이 2개 이상의 공유토지로 분할하였다가 공동지분의 변경 없이 그 공유토지를 소유지분별로 단순히 재분할하는 경우: 양도(×)
㉤ 증여자의 채무를 인수하는 부담부증여로 취득한 경우로서 그 채무액에 상당하는 부분을 제외한 나머지 부분의 경우: 양도(×)   ❶ 정답 ②

Point
01

양도의 정의

다음 중에서 소득세법령 및 판례상 양도가 아닌 것은?

① 부동산의 부담부증여에 있어서 수증자가 인수하는 채무액 상당액
② 이혼시 당사자가 합의한 위자료를 일방이 소유하고 있는 부동산으로 대물변제하는 경우
③ 소유한 임대부동산을 법인에 현물출자하는 경우
④ A는 토지를 출자하고, B는 자금을 출자하여 공동으로 부동산사업을 시행하는 경우 A의 토지출자
⑤ 「도시개발법」이나 그 밖의 법률에 따른 환지처분으로 지목 또는 지번이 변경되거나 보류지(保留地)로 충당되는 경우

02
양도의 정의

다음은 양도소득세가 과세되는 양도에 대한 설명이다. 맞는 것은?

① 공동소유의 토지를 공유자 지분 변경없이 2개 이상의 공유토지로 분할한 때에는 양도로 보지 아니하는 것이나, 분할한 그 공유토지를 소유지분별로 재분할하는 경우에는 이를 양도로 본다.

② 「도시개발법」에 따른 도시개발사업 시행자가 공사대금으로 취득한 보류지를 양도하는 경우에는 이를 양도로 보지 아니한다.

③ 양도라 함은 매도, 교환, 법인에 대한 현물출자 등으로 그 자산이 유상으로 이전되는 것으로서, 소유권이전을 위한 등기 또는 등록을 과세의 조건으로 한다.

④ 배우자 간의 부담부증여에 있어서 수증자가 인수한 증여자의 채무액은 증여재산가액에서 공제하지 아니하고 증여세가 과세되므로, 항상 양도로 보지 아니한다.

⑤ 법정요건을 갖춘 양도담보계약에 의하여 소유권을 이전한 경우에는 이를 양도로 보지 아니하되, 채무불이행으로 변제에 충당한 때에는 이를 양도한 것으로 본다.

03
부담부증여

갑(甲)은 소유하고 있던 시가 5억원의 토지 가운데 특수관계자(배우자 또는 직계존비속이 아닌) 을(乙)에게 증여하였다. 을(乙)에게 증여한 토지에는 금융기관 차입금 3억원의 저당권이 설정되어 있으며, 동 차입금은 수증자가 인수하기로 하였다. 이 경우 갑(甲)과 을(乙)이 부담하여야 할 세금을 가장 바르게 설명한 것은?

① 갑(甲)은 5억원 전부에 대하여 양도소득세 납세의무가 있다.

② 갑(甲)은 5억원에 대하여 양도소득세가 과세되고, 을(乙)도 2억원에 대하여 양도소득세 납세의무가 발생한다.

③ 갑(甲)은 5억원 전부에 대하여 양도소득세 납세의무가 있으며, 을(乙)은 2억원에 대하여 증여세 납세의무가 발생한다.

④ 갑(甲)은 3억원에 대하여 양도소득세 납세의무가 있고, 을(乙)은 2억원에 대하여 증여세 납세의무가 있다.

⑤ 갑(甲)은 5억원에 대하여 양도소득세 납세의무가가 있고, 을(乙)은 3억원에 대하여 증여세 납세의무가 있다.

04
복습문제
양도의 정의

국내에 소재하는 다음의 자산을 양도하는 경우 양도소득세 과세대상에 해당하는 것은?

① 골프 회원권을 양도담보목적으로 양도하는 경우

② 이혼위자료로 토지의 소유권을 이전하는 경우

③ 주권상장법인의 소액주주가 보유하고 있는 당해 법인의 주식을 유가증권시장에서 양도하는 경우

④ 사업용 기계장치를 양도하는 경우

⑤ 공유지분의 변경 없이 공동소유의 토지를 소유지분별로 단순히 분할하는 경우

05

부담부증여 양도차익

거주자 甲이 아래의 국내 소재 상업용 건물을 특수관계인이 아닌 거주자 乙에게 부담부증여하고 乙이 甲의 해당 피담보채권을 인수한 경우, 양도차익은 얼마인가?

> ⊙ 취득당시 실지거래가액 : 100,000,000원
> ⊙ 취득당시 기준시가 : 80,000,000원
> ⊙ 증여일 현재 「상속세 및 증여세법」에 따른 평가액(감정가액) : 500,000,000원
> ⊙ 상업용 건물에는 금융회사로부터의 차입금 100,000,000원(채권최고액 : 120,000,000원)에 대한 근저당권이 설정되어 있음
> ⊙ 양도가액은 양도당시 「상속세 및 증여세법」에 따른 평가액(감정가액)을 기준으로 계산함

① 16,000,000원   ② 20,000,000원
③ 24,000,000원   ④ 80,000,000원
⑤ 100,000,000원

06

부담부증여 사례

거주자 甲은 국내에 있는 양도소득세 과세대상 X토지를 2016년 시가 2억원에 매수하여 2025년 배우자 乙에게 증여하였다. X토지에는 甲의 금융기관 차입금 1억원에 대한 저당권이 설정되어 있었으며 乙이 이를 인수한 사실은 채무부담계약서에 의하여 확인되었다. X토지의 증여가액과 증여시 「상속세 및 증여세법」에 따라 평가한 가액(시가)은 각각 4억원이었다. 다음 중 틀린 것은?

① 乙이 인수한 채무 1억원에 해당하는 부분은 양도로 본다.
② 양도로 보는 부분의 양도가액은 1억원이다.
③ 양도로 보는 부분의 취득가액은 5천만원이다.
④ X토지가액 4억원 중 3억원은 증여로 본다.
⑤ 甲이 X토지와 증여가액(시가) 1억원인 양도소득세 과세대상에 해당하지 않는 Y자산을 함께 乙에게 부담부증여하였다면 乙이 인수한 채무 1억원에 해당하는 부분은 모두 X토지에 대한 양도로 본다.

제 2 절 양도세 과세대상

대표유형

다음 중 양도소득세의 과세대상이 아닌 것은?

① 등기하지 아니한 과수원

② 부동산의 매매계약을 체결한 자가 계약금만 지급한 상태에서 양도하는 권리

③ 전세권

④ 시설물을 배타적으로 이용하거나 일반이용자에 비하여 유리한 조건으로 시설물을 이용할 수 있는 권리가 부여된 주식

⑤ 광업권·어업권

해설 ⑤ 광업권·어업권은 양도소득세 과세대상이 아니다. ❶ 정답 ⑤

07 다음 중 양도소득세의 과세대상에 해당되지 아니하는 것은?

양도소득세
과세대상

① 전세권의 양도

② 점포임차권의 양도

③ 등기된 국내 부동산임차권의 양도

④ 부동산을 취득할 수 있는 권리의 양도

⑤ 사업에 사용하는 토지·건물 및 부동산에 관한 권리와 함께 영업권의 양도

08 「소득세법」상 양도소득에 해당하지 않는 것은? (단, 국내 자산을 가정함)

양도소득세
과세대상

① 부동산을 취득할 수 있는 권리의 양도로 인하여 발생하는 소득

② 전세권 및 등기된 부동산임차권의 양도로 인하여 발생하는 소득

③ 지상권의 양도로 인하여 발생하는 소득

④ 행정관청으로부터 인가·허가·면허 등을 받음으로써 발생한 영업권의 단독양도로 인하여 발생하는 소득

⑤ 시설물을 배타적으로 이용하거나 일반이용자에 비하여 유리한 조건으로 시설물을 이용할 수 있는 권리가 부여된 주식의 양도로 인하여 발생하는 소득

09 「소득세법」상 거주자의 양도소득세 과세대상이 아닌 것은? (단, 국내 자산을 가정함)

양도소득세
과세대상

① 개인의 토지를 법인에 현물출자
② 등기된 부동산임차권의 양도
③ 이혼으로 인하여 혼인 중에 형성된 부부공동재산을 「민법」 제839조의 2에 따라 재산분할하는 경우
④ 사업에 사용하는 토지·건물 및 부동산에 관한 권리와 함께 영업권의 양도
⑤ 건물이 완성되는 때에 그 건물과 이에 딸린 토지를 취득할 수 있는 권리의 양도

제 3 절 양도 또는 취득시기

대표유형

「소득세법」상 양도차익 계산시 취득 및 양도시기로 틀린 것은 몇 개인가?

㉠ 대금을 청산한 날이 분명하지 아니한 경우: 등기부·등록부 또는 명부 등에 기재된 등기·등록접수일 또는 명의개서일
㉡ 대금을 청산하기 전에 소유권이전등기(등록 및 명의개서 포함)을 한 경우: 등기부·등록부 또는 명부 등에 기재된 등기접수일
㉢ 상속에 의하여 취득한 자산: 상속개시일
㉣ 증여에 의하여 취득한 자산: 증여를 받은 날
㉤ 「공익사업을 위한 토지 등의 취득 및 보상에 관한 법률」에 따라 공익사업을 위하여 수용되는 경우: 사업인정고시일

① 1개   ② 2개   ③ 3개
④ 4개   ⑤ 5개

해설 ① 틀린 것: ㉤ (1개)
㉤ 「공익사업을 위한 토지 등의 취득 및 보상에 관한 법률」에 따라 공익사업을 위하여 수용되는 경우: 대금을 청산한 날, 수용의 개시일 또는 소유권이전등기접수일 중 빠른 날. 다만, 소유권에 관한 소송으로 보상금이 공탁된 경우에는 소유권 관련 소송 판결 확정일로 한다.
❶ 정답 ①

Point
10
양도 또는
취득시기

다음 중 자산의 양도차익을 계산함에 있어서 그 자산의 양도 또는 취득시기로서 옳은 것은?

① 상속에 의하여 취득한 자산에 대하여는 상속에 의한 소유권이전등기접수일

② 「도시개발법」 또는 그 밖의 법률에 따른 환지처분으로 인하여 취득한 토지의 취득시기는 환지처분공고일의 익일

③ 장기할부조건의 경우에는 소유권이전등기접수일·인도일 또는 사용수익일 중 빠른 날

④ 「민법」 제245조 제1항의 규정에 의하여 20년간의 점유로 취득한 토지의 경우에는 당해 토지에 대한 소유권이전등기접수일

⑤ 자기가 건설한 건축물에 있어서는 「건축법」 제22조 제2항에 따른 사용승인서 교부일. 다만, 사용승인서 교부일 전에 사실상 사용하거나 같은 조 제3항 제2호에 따른 임시사용승인을 받은 경우에는 그 사실상의 사용일 또는 임시사용승인을 받은 날 중 늦은 날

PART
03

11
양도 또는
취득시기

다음과 같은 경우 양도소득세의 양도 또는 취득시기로 옳은 것은?

> ㉠ 계약일: 2025년 3월 5일
> ㉡ 중도금 지급일 1차: 2025년 4월 5일
>   2차: 2025년 5월 20일
> ㉢ 계약상 잔급지급일: 2025년 5월 30일
> ㉣ 대금 청산일: 불분명
> ㉤ 등기부에 기재된 등기접수일: 2025년 6월 20일

① 2025년 6월 30일

② 2025년 4월 5일

③ 2025년 3월 5일

④ 2025년 6월 20일

⑤ 2025년 5월 20일

12

양도 또는
취득시기

양도소득세에 있어서 양도시기에 관한 설명 중 틀린 것은?

① 경매에 의하여 자산을 취득하는 경우에는 경매인이 매각조건에 의하여 경매대금을 완납한 날을 양도시기로 한다.

② 대금청산일은 실제로 청산할 대금의 전부를 주고 받은 날을 말한다.

③ 대금을 어음으로 받은 경우에는 어음을 받은 날이 아니라 실제로 어음이 결제된 날이 대금청산일이 된다.

④ 완성되지 않은 자산을 취득한 경우 당해 자산의 대금을 완납하였다면 대금완납일을 취득시기로 본다.

⑤ 환지처분으로 권리면적이 증가한 경우의 취득시기는 환지처분의 공고가 있은 날의 다음 날이다.

13

양도 또는
취득시기

「소득세법」상 자산의 양도 또는 취득시기로 틀린 것은?

① 부동산의 소유권이 타인에게 이전되었다가 법원의 무효판결에 의하여 당해 자산의 소유권이 환원되는 경우 당해 자산의 취득시기는 법원의 확정판결일

② 장기할부조건의 경우에는 소유권이전등기접수일·인도일 또는 사용수익일 중 빠른 날

③ 대금을 청산하기 전에 소유권이전등기를 한 경우에는 등기부에 기재된 등기접수일

④ 건축 허가를 받지 아니하고 건축하는 건축물에 있어서는 그 사실상의 사용일

⑤ 대금을 청산한 날이 분명하지 아니한 경우에는 등기·등록접수일 또는 명의개서일

14

양도 또는
취득시기

소득세법상 양도차익을 계산함에 있어서 양도 또는 취득시기로 틀린 것은?

① 민법상 점유로 인하여 부동산의 소유권을 취득한 경우: 등기부에 기재된 등기접수일

② 대금을 청산한 날이 분명하지 아니한 경우: 등기부·등록부 또는 명부 등에 기재된 등기·등록접수일 또는 명의개서일

③ 대금을 청산하기 전에 소유권이전등기를 한 경우: 등기부에 기재된 등기접수일

④ 장기할부조건의 경우: 소유권이전등기(등록 및 명의개서 포함)접수일·인도일 또는 사용수익일 중 빠른 날

⑤ 상속에 의하여 취득한 부동산의 경우: 상속개시일

15

양도 또는
취득시기

「소득세법」상 양도차익 계산시 취득 및 양도시기로 틀린 것은?

① 대금을 청산한 날이 분명하지 아니한 경우: 등기부·등록부 또는 명부 등에 기재된 등기·등록접수일 또는 명의개서일

② 증여에 의하여 취득한 자산: 증여를 받은 날

③ 「공익사업을 위한 토지 등의 취득 및 보상에 관한 법률」에 따라 공익사업을 위하여 수용되는 경우: 사업인정고시일

④ 대금을 청산하기 전에 소유권이전등기(등록 및 명의개서 포함)을 한 경우: 등기부·등록부 또는 명부 등에 기재된 등기접수일

⑤ 상속에 의하여 취득한 자산: 상속개시일

복습문제

16

양도 또는
취득시기

현행 「소득세법」에서 규정하는 토지의 양도 및 취득의 시기에 관하여 틀린 것은?

① 토지의 양도 및 취득시기는 원칙적으로 토지의 대금을 청산한 날

② 환지처분에 의하여 취득한 토지의 양도 및 취득시기는 토지의 환지처분을 받은 날

③ 자기가 건설한 건축물에 있어서는 「건축법」에 따른 사용승인서 교부일. 다만, 사용승인서 교부일 전에 사실상 사용하거나 임시사용승인을 받은 경우에는 그 사실상의 사용일 또는 임시사용승인을 받은 날 중 빠른 날로 하고 건축 허가를 받지 아니하고 건축하는 건축물에 있어서는 그 사실상의 사용일로 한다.

④ 「민법」 제245조 제1항의 규정에 의하여 부동산의 소유권을 취득하는 경우에는 당해 부동산의 점유를 개시한 날

⑤ 장기할부조건의 경우에는 소유권이전등기접수일·인도일 또는 사용수익일 중 빠른 날

제 **4** 절 | 양도소득과세표준과 세액의 계산

대표유형

미등기부동산의 양도소득에 대한 과세표준으로 옳은 것은?

① 양도가액 − 필요경비 − 장기보유특별공제 − 양도소득기본공제

② 양도가액 − 필요경비 − 양도소득특별공제 − 장기보유특별공제 − 양도소득기본공제

③ 양도가액 − 필요경비

④ 양도가액 − 필요경비 − 양도소득기본공제

⑤ 양도가액 − 필요경비 − 양도소득기본공제 − 장기보유특별공제

해설 ③ 양도가액 − 필요경비 = 양도차익

✿ 미등기부동산의 양도에 대해서는 장기보유특별공제와 양도소득기본공제를 적용하지 않는다. ◆정답 ③

Point
17

양도소득세액의
계산과정순서

양도소득세액의 계산과정순서가 바른 것은?

① 양도가액 ⇨ 양도차익 ⇨ 양도소득금액 ⇨ 양도소득과세표준

② 양도차익 ⇨ 양도소득금액 ⇨ 양도가액 ⇨ 양도소득과세표준

③ 양도가액 ⇨ 양도차익 ⇨ 양도소득과세표준 ⇨ 양도소득금액

④ 양도가액 ⇨ 양도소득금액 ⇨ 양도소득과세표준 ⇨ 양도차익

⑤ 양도차익 ⇨ 양도소득금액 ⇨ 양도소득과세표준 ⇨ 양도가액

18

양도소득과세표준

「소득세법」상 양도소득과세표준을 감소시킬 수 있는 항목에 해당하지 않는 것은?

① 자산의 취득에 소요된 실지거래가액

② 자산을 양도하기 위하여 직접 지출한 비용

③ 장기보유특별공제

④ 양도소득기본공제

⑤ 외국납부세액공제

1 양도차익의 계산

대표유형

실지거래가액방식에 의한 양도차익의 산정에 있어서 필요경비에 대한 설명 중 틀린 것은?

① 소득세법상의 부당행위계산에 의한 시가초과액은 취득가액에 포함되지 않는다.

② 상속받은 부동산을 양도하는 경우, 기납부한 상속세는 양도차익 계산시 이를 필요경비로 공제받을 수 있다.

③ 취득에 관한 쟁송이 있는 자산에 대하여 그 소유권 등을 확보하기 위하여 직접 소요된 소송비용·화해비용 등의 금액으로서 그 지출한 연도의 각 소득금액의 계산에 있어서 필요경비에 산입된 것을 제외한 금액은 취득가액에 포함한다.

④ 양도자산의 보유기간 중에 그 자산의 감가상각비로서 사업소득금액의 계산시에 필요경비로 산입한 금액은 취득가액에서 공제한다.

⑤ 특수관계인으로부터 자산을 고가로 매입하여 해당소득에 대한 조세의 부담을 부당하게 감소시킨 것으로 인정되는 때에는 시가를 취득가액으로 본다.

해설 ② 상속받은 부동산을 양도하는 경우, 기납부한 상속세는 양도차익 계산시 필요경비로 공제받을 수 없다.

정답 ②

19 중 실지거래가액 양도차익

아래 자료에 의하여 「소득세법」상 토지의 양도차익을 실지거래가액으로 계산할 때 옳은 것은?

㉠ 취득당시 실지거래가액: 200,000,000원
㉡ 양도당시 실지거래가액: 500,000,000원
㉢ 취득당시 기준시가: 150,000,000원
㉣ 양도당시 기준시가: 400,000,000원
㉤ 양도를 위해 직접 지출한 비용: 10,000,000원
㉥ 등기된 자산으로 취득 후 2년 이후 양도에 해당함

① 240,000,000원
② 244,000,000원
③ 245,500,000원
④ 290,000,000원
⑤ 294,000,000원

20

실지거래가액
양도차익

「소득세법」상 거주자가 국내소재 주택의 양도가액과 취득가액을 실지 거래된 금액을 기준으로 양도차익을 산정하는 경우에 관한 설명 중 옳은 것은 몇 개인가? (단, 지출액은 양도주택과 관련된 것으로 전액 양도자가 부담함)

> ㉠ 양도와 취득시의 실지거래가액을 확인할 수 있는 경우에는 양도가액과 취득가액을 실지 거래가액으로 산정한다.
> ㉡ 양도소득의 총수입금액은 양도가액으로 한다.
> ㉢ 취득가액을 실지거래가액으로 계산하는 경우 자본적 지출액은 필요경비에 포함된다.
> ㉣ 주택의 취득대금에 충당하기 위한 대출금의 이자지급액은 필요경비에 해당하지 않는다.
> ㉤ 취득시 법령의 규정에 따라 매입한 국민주택채권을 만기 전에 법령이 정하는 금융기관에 양도함으로써 발생하는 매각차손은 필요경비에 해당한다.
> ㉥ 양도 전 주택의 이용편의를 위한 방 확장 공사비용(이로 인해 주택의 가치가 증가됨)은 필요경비에 해당한다.
> ㉦ 양도소득세 과세표준 신고서 작성비용은 필요경비에 해당한다.
> ㉧ 공인중개사에게 지출한 중개보수는 필요경비에 해당한다.

① 2개
② 5개
③ 7개
④ 8개
⑤ 9개

21

실지거래가액
필요경비

실지거래가액방식에 의한 양도차익의 산정에 있어서 필요경비에 해당하지 않는 것은? [다만, 자본적 지출에 관한 적격증명서류(세금계산서·계산서·신용카드매출전표·현금영수증)를 수취·보관한 경우라 가정함]

① 양도자산의 용도변경을 위하여 지출한 비용
② 설비비와 개량비
③ 장기보유특별공제액
④ 당사자 약정에 의한 대금지급방법에 따라 취득원가에 이자상당액을 가산하여 거래가액을 확정한 경우 당해 이자상당액
⑤ 양도소득세 과세표준 신고서 작성비용

22
실지거래가액
필요경비

다음 중 실거래가액으로 양도차익을 산정하는 경우 필요경비에 해당하지 않는 것은?

① 양도자산의 이용편의를 위하여 지출한 비용
② 당사자 약정에 의한 대금지급방법에 따라 취득원가에 이자상당액을 가산하여 거래가액을 확정하는 경우 당해 이자상당액
③ 양도자산의 보유기간 중에 그 자산의 감가상각비로서 사업소득금액의 계산시에 필요경비로 산입한 금액과 매입시 기업회계기준에 따라 발생한 현재가치할인차금 중 보유기간 동안 사업소득의 필요경비로 산입된 것
④ 자산을 양도하기 위하여 직접 지출한 양도소득세 과세표준 신고서 작성비용
⑤ 자산을 취득함에 있어서 법령 등의 규정에 따라 매입한 국민주택채권 및 토지개발채권을 만기 전에 금융기관 등에 양도함으로써 발생하는 매각차손

복습문제
23
실지거래가액
필요경비

「소득세법」상 실지거래가액에 의한 양도차익 계산시 양도가액에서 공제하는 필요경비로 인정되지 않는 것은?

① 당해 양도자산의 취득가액과 취득세·법무사 비용·중개보수 등 취득부대비용
② 양도자산을 취득한 후 쟁송이 있는 경우 그 소유권을 확보하기 위하여 직접 소요된 소송비용·화해비용 등으로서 그 지출한 연도의 각 소득금액계산에 있어서 필요경비에 산입된 것을 제외한 금액
③ 취득 후 본래의 용도를 유지하기 위해 소요된 수익적 지출액
④ 자산을 양도하기 위하여 직접 지출한 양도소득세 과세표준 신고서 작성비용, 계약서 작성비용, 공증비용, 인지대, 중개보수 등
⑤ 토지를 취득함에 있어서 법령 등의 규정에 따라 매입한 토지개발채권을 만기 전에 은행에 양도함으로써 발생하는 매각차손

24

양도소득의 필요경비

「소득세법」상 거주자가 국내자산을 양도한 경우 양도소득의 필요경비에 관한 설명으로 틀린 것은?

① 취득가액을 실지거래가액에 의하는 경우 자본적지출액은 그 지출에 관한 소득세법 제 160조의2 제2항에 따른 증명서류를 수취·보관하거나 실제 지출사실이 금융거래 증명서류에 의하여 확인되는 경우에는 필요경비로 인정한다.

② 취득가액을 실지거래가액에 의하는 경우 「재건축초과이익 환수에 관한 법률」에 따른 재건축부담금(재건축부담금의 납부의무자와 양도자가 서로 다른 경우에는 양도자에게 사실상 배분될 재건축부담금상당액을 말한다)은 필요경비로 인정한다.

③ 「소득세법」 제97조 제3항에 따른 취득가액을 계산할 때 감가상각비를 공제하는 것은 취득가액을 실지거래가액으로 하는 경우 뿐만 아니라 취득가액을 환산가액으로 하는 때에도 적용한다.

④ 취득가액을 실지거래가액에 의하는 경우 취득세는 납부영수증이 없으면 필요경비로 인정되지 아니한다.

⑤ 취득가액을 실지거래가액에 의하는 경우 토지를 취득함에 있어서 부수적으로 매입한 채권을 만기 전에 양도함으로써 발생하는 매각차손은 기획재정부령으로 정하는 금융기관 외의 자에게 양도한 경우에는 동일한 날에 금융기관에 양도하였을 경우 발생하는 매각차손을 한도로 양도비용으로 인정된다.

25

추계조사 결정 또는 경정

「소득세법」상 거주자의 양도소득세가 과세되는 부동산의 양도가액 또는 취득가액을 추계조사하여 양도소득 과세표준 및 세액을 결정 또는 경정하는 경우에 관한 설명으로 틀린 것은 몇 개인가? (단, 매매사례가액과 감정가액은 특수관계인과의 거래가액이 아님)

⊙ 양도 또는 취득당시의 실지거래가액의 확인을 위하여 필요한 장부·매매계약서·영수증 기타 증빙서류가 없거나 그 중요한 부분이 미비된 경우 추계결정 또는 경정의 사유에 해당한다.

ⓛ 취득당시 실지거래가액을 확인할 수 없는 경우에는 매매사례가액, 감정가액, 기준시가, 환산가액을 순차로 적용하여 산정한 가액을 취득가액으로 한다.

© 매매사례가액은 양도일 또는 취득일 전후 각 6개월 이내에 해당 자산과 동일성 또는 유사성이 있는 자산의 매매사례가 있는 경우 그 가액을 말한다.

② 감정가액은 해당 자산에 대하여 감정평가기준일이 양도일 또는 취득일 전후 각 3개월 이내이고 둘 이상의 감정평가법인 등이 평가한 것으로서 신빙성이 인정되는 경우 그 감정가액의 최고액으로 한다.

◎ 환산가액은 양도가액을 추계할 경우에는 적용되지만 취득가액을 추계할 경우에는 적용되지 않는다.

ⓗ 취득가액을 매매사례가액으로 계산하는 경우 양도당시 기준시가에 3/100을 곱한 금액이 필요경비에 포함된다.

① 1개   ② 2개   ③ 3개   ④ 4개   ⑤ 5개

복습문제
26
⑤
취득가액 추계순서

거주자 甲이 특수관계없는 자로부터 부동산을 취득하여 양도한 때 장부 등에 의하여 취득당시 당해 자산의 실지거래가액을 확인할 수 없어 취득가액을 추계조사결정하는 경우, 소득세법상 추계방법의 적용순서로 옳은 것은?

> ㉠ 취득일 전후 3개월 이내 해당 자산과 동일성 또는 유사성이 있는 자산의 매매사례가액
> ㉡ 양도당시의 실지거래가액 등을 취득당시의 기준시가 등으로 환산한 가액
> ㉢ 취득일 전후 3개월 이내 해당 자산에 대하여 둘 이상의 감정평가업자가 평가한 것으로서 신빙성이 있는 것으로 인정되는 감정가액의 평균액
> ㉣ 기준시가

① ㉠ ⇨ ㉡ ⇨ ㉢ ⇨ ㉣
② ㉠ ⇨ ㉢ ⇨ ㉡ ⇨ ㉣
③ ㉡ ⇨ ㉠ ⇨ ㉣ ⇨ ㉢
④ ㉢ ⇨ ㉣ ⇨ ㉠ ⇨ ㉡
⑤ ㉣ ⇨ ㉢ ⇨ ㉡ ⇨ ㉠

Point
27
상
양도소득세 부담을
최소화하기 위한
양도차익

「소득세법」상 거주자 甲이 2020년 5월 2일 취득하여 2025년 3월 20일 등기한 상태로 양도한 건물에 대한 자료이다. 甲의 양도소득세 부담을 최소화하기 위한 양도차익은?

> ㉠ 취득과 양도당시 실지거래가액은 확인되지 않는다.
> ㉡ 취득당시 매매사례가액과 감정가액은 없으며, 기준시가는 1억원이다.
> ㉢ 양도당시 매매사례가액은 3억원이고 감정가액은 없으며, 기준시가는 2억원이다.
> ㉣ 자본적 지출액(본래의 용도를 변경하기 위한 개조비)은 1억4천만원, 양도비 지출액(공증비용 · 인지대 · 소개비)은 2천만원이다.

① 1억4천만원
② 1억4천2백만원
③ 1억4천3백만원
④ 1억4천7백만원
⑤ 1억4천9백만원

복습문제

28

양도차익계산

「소득세법」상 등기된 토지의 양도차익계산에 관한 설명으로 틀린 것은? (단, 특수관계자와의 거래가 아님)

① 양도와 취득시의 실지거래가액을 확인할 수 있는 경우에는 양도가액과 취득가액을 실지거래가액으로 산정한다.

② 취득당시 실지거래가액을 확인할 수 없는 경우에는 매매사례가액, 환산가액, 감정가액, 기준시가를 순차로 적용하여 산정한 가액을 취득가액으로 한다.

③ 취득가액을 실지거래가액으로 계산하는 경우 자본적 지출액은 필요경비에 포함되고, 취득가액을 매매사례가액으로 계산하는 경우 취득당시 개별공시지가에 3/100을 곱한 금액이 필요경비에 포함된다.

④ 양도가액을 기준시가에 따를 때에는 취득가액도 기준시가에 따른다.

⑤ 환산가액은 양도가액을 추계할 경우에는 적용되지 않지만 취득가액을 추계할 경우에는 적용된다.

29

기준시가의 산정

다음은 소득세법 제99조 [기준시가의 산정]과 소득세법시행령 제164조 [토지·건물의 기준시가 산정]에 대한 설명이다. 틀린 것은?

① 주택의 기준시가는 「부동산 가격공시에 관한 법률」에 따른 개별주택가격 및 공동주택가격으로 한다. 다만, 공동주택가격의 경우에 같은 법 제18조 제1항 단서에 따라 국세청장이 결정·고시한 공동주택가격이 있을 때에는 그 가격에 따르고, 개별주택가격 및 공동주택가격이 없는 주택의 가격은 납세지 관할세무서장이 인근 유사주택의 개별주택가격 및 공동주택가격을 고려하여 대통령령으로 정하는 방법에 따라 평가한 금액으로 한다.

② 일반 건물(오피스텔 및 상업용 건물·주택에 해당하는 건물은 제외)의 기준시가는 건물의 신축가격·구조·용도·위치·신축연도 등을 고려하여 매년 1회 이상 국세청장이 산정·고시하는 가액으로 한다.

③ 토지의 기준시가는 「부동산 가격공시에 관한 법률」에 따른 개별공시지가에 적용비율을 곱한 가액에 의한다.

④ 개별공시지가가 없는 토지의 가액은 납세지 관할세무서장이 인근 유사토지의 개별공시지가를 고려하여 대통령령으로 정하는 방법에 따라 평가한 금액으로 하고, 지가(地價)가 급등하는 지역으로서 대통령령으로 정하는 지역의 경우에는 배율방법에 따라 평가한 가액으로 한다.

⑤ 새로운 기준시가가 고시되기 전에 취득 또는 양도하는 경우에는 직전의 기준시가에 의한다.

② 장기보유특별공제 · 양도소득기본공제

대표유형

「소득세법」상 장기보유특별공제에 관한 설명으로 틀린 것은?

① 장기보유특별공제액은 양도차익에 공제율을 곱하여 계산한다.

② 거주자 갑이 비과세요건을 충족한 1세대 1주택(보유기간 5년 6개월, 거주기간 1년 6개월)을 25억원에 양도한 경우 장기보유특별공제율은 10%이다.

③ 「소득세법」제104조 제3항에 따른 미등기 양도자산에 대하여는 장기보유특별공제를 적용하지 아니한다.

④ 「소득세법」제97조의2 제1항에 따라 이월과세를 적용받는 경우 장기보유특별공제의 보유기간은 증여자가 해당 자산을 취득한 날부터 기산한다.

⑤ 특수관계인에게 증여한 자산에 대해 증여자인 거주자에게 양도소득세가 과세되는 경우 장기보유특별공제의 보유기간은 증여자가 해당 자산을 취득한 날부터 기산한다.

해설 ② 거주자 갑이 비과세요건을 충족한 1세대 1주택(보유기간 5년 6개월, 거주기간 1년 6개월)을 25억원에 양도한 경우 장기보유특별공제율은 20%이다. **◆ 정답 ②**

Point 30
장기보유특별공제

소득세법상 양도소득금액의 계산에 있어서 장기보유특별공제에 대한 설명 중 틀린 것은?

① 장기보유특별공제는 단계별 초과누진세율제도하에서 장기간 축적된 보유이익이 양도시점에 일시에 실현됨으로 인하여 발생하는 과도한 세부담을 완화하는 효과가 있다.

② 미등기양도자산(법령이 정하는 자산은 제외)에 대하여는 장기보유특별공제의 적용이 배제된다.

③ 법령의 규정에 의하여 양도소득세가 과세되는 비사업용 토지에 대하여는 장기보유특별공제를 적용한다.

④ 장기보유특별공제는 양도소득세가 과세되는 1세대 1주택인 경우 양도차익의 80%까지 공제될 수 있다.

⑤ 1세대 1주택에 해당하는 등기된 고가주택을 양도하는 경우에는 장기보유특별공제의 적용이 배제된다.

31
장기보유특별공제

「소득세법」상 장기보유특별공제에 관한 설명으로 틀린 것은? (다만, 양도자산은 비과세되지 아니함)

① 법령이 정하는 1세대 1주택에 해당하는 자산의 경우 10년 이상 보유(10년 이상 거주)시 100분의 80의 공제율이 적용된다.

② 법령이 정하는 비사업용토지에 해당하는 경우에도 적용된다.

③ 법원의 결정에 의하여 양도당시 취득에 관한 등기가 불가능한 부동산에 대하여는 적용되지 아니한다.

④ 등기된 토지 또는 건물로서 보유기간이 3년 이상인 것 및 조합원입주권(조합원으로부터 취득한 것은 제외한다)에 대하여 적용한다.

⑤ 양도소득금액은 양도차익에서 장기보유특별공제를 공제한 금액으로 한다.

복습문제
32
장기보유특별공제

「소득세법」상 장기보유특별공제에 관한 설명으로 틀린 것은?

① 장기보유특별공제액은 건물의 양도가액에 보유기간별 공제율을 곱하여 계산한다.

② 보유기간이 3년 이상인 등기된 상가건물은 장기보유특별공제가 적용된다.

③ 100분의 70의 세율이 적용되는 미등기 건물에 대해서는 장기보유특별공제를 적용하지 아니한다.

④ 1세대 1주택 요건을 충족한 고가주택(보유기간 3년 6개월)이 과세되는 경우 장기보유특별공제가 적용된다.

⑤ 보유기간이 17년인 등기된 상가건물의 보유기간별 공제율은 100분의 30이다.

Point
33
양도소득기본공제

양도소득세 과세표준 계산시 공제되는 양도소득기본공제에 대한 설명으로 틀린 것은?

① 양도소득이 있는 거주자에 대해서는 소득별로 해당 과세기간의 양도소득금액에서 각각 연 250만원을 공제한다.

② 소득별이란 토지·건물·부동산에 관한 권리·기타자산의 소득과 주식 또는 출자지분의 소득, 파생상품 등, 신탁수익권으로 구분한다.

③ 법령이 정한 미등기양도자산과 법령에 따른 비사업용토지는 양도소득기본공제를 적용하지 않는다.

④ 양도소득금액에 「소득세법」 또는 「조세특례제한법」이나 그 밖의 법률에 따른 감면소득금액이 있는 경우에는 그 감면소득금액 외의 양도소득금액에서 먼저 공제하고, 감면소득금액 외의 양도소득금액 중에서는 해당 과세기간에 먼저 양도한 자산의 양도소득금액에서부터 순서대로 공제한다.

⑤ 2 이상의 양도자산 중 어느 자산을 먼저 양도하였는지의 여부가 불분명한 경우에는 납세자에게 유리한 양도소득금액에서부터 공제한다.

34
양도소득기본공제

양도소득세 과세표준 계산시 공제되는 양도소득기본공제에 대한 설명으로 옳은 것은?

① 등기된 토지·건물, 부동산을 취득할 수 있는 권리 중 조합원입주권에 대하여만 적용한다.

② 보유기간은 최소 3년 이상이어야 한다.

③ 미등기로 양도한 자산의 경우라도 양도소득기본공제를 받을 수 있다.

④ 양도소득금액에 감면소득금액이 있는 경우에는 그 감면소득금액의 양도소득금액에서 먼저 공제한다.

⑤ 양도소득이 있는 거주자에 대해서 법률이 정한 소득별로 각각 연 250만원을 공제한다.

Point 35 ⓼
결손금 통산

양도소득세는 1과세기간에 여러 차례 양도가 있는 경우 각각의 양도에서 발생한 소득금액 또는 결손금을 통산하여 과세한다. 다음은 통산할 수 있는 자산을 열거하였다. 다른 하나는?

① 토지
② 부동산을 취득할 수 있는 권리
③ 비상장주식
④ 사업에 사용하는 토지·건물 및 부동산에 관한 권리와 함께 양도하는 영업권
⑤ 특정시설물이용권

③ 양도소득세 세율

대표유형

「소득세법」상 국내 부동산에 대한 양도소득과세표준의 세율에 관한 내용으로 옳은 것은?

① 1년 6개월 보유한 미등기된 상가 건물: 60%
② 1년 6개월 보유한 골프 회원권: 40%
③ 6개월 보유한 등기된 1세대 1주택: 50%
④ 2년 6개월 보유하고 미등기 전매한 분양권(조정대상지역이 아님): 60%
⑤ 3년 보유한 등기된 1세대 2주택(조정대상지역이 아님): 50%

해설 ① 1년 6월 보유한 미등기된 상가건물: 70%
② 1년 6개월 보유한 골프 회원권: 6%~45%
③ 6개월 보유한 등기된 1세대 1주택: 70%
⑤ 3년 보유한 등기된 1세대 2주택(조정대상지역이 아님): 6%~45%   ◆ 정답 ④

Point 36 ⓼
양도소득세 세율

다음은 양도소득세의 세율에 관한 내용이다. 틀린 것은?

① 하나의 자산이 둘 이상의 세율에 해당할 때에는 해당 세율을 적용하여 계산한 양도소득 산출세액 중 큰 것을 그 세액으로 한다.
② 세율 적용시 보유기간은 해당 자산의 취득일부터 양도일까지로 한다. 다만, 상속받은 자산은 피상속인이 그 자산을 취득한 날을 그 자산의 취득일로 본다.
③ 해당 과세기간에 자산을 둘 이상 양도하는 경우 양도소득 산출세액은 해당 과세기간의 양도소득과세표준 합계액에 대하여 기본세율을 적용하여 계산한 양도소득 산출세액과 자산별 양도소득 산출세액 합계액 중 큰 것으로 한다.
④ 같은 날짜에 주택을 취득하고 양도한 경우 또는 같은 날짜에 주택을 증여하고 양도한 경우의 주택의 취득 및 양도(증여 포함) 순서는 거주자가 선택하는 순서에 따라 판단한다.
⑤ 6개월 보유한 골프 회원권을 양도한 경우와 6개월 보유한 등기된 1세대 1주택인 아파트를 양도한 경우의 양도소득세 세율은 동일하다.

37

양도소득세 세율

「소득세법」상 국내 부동산에 대한 양도소득과세표준의 세율 중 틀린 것은?

① 6개월 보유한 골프 회원권: 6~45%

② 등기된 1세대 1주택으로 보유기간이 6개월인 경우: 70%

③ 분양권: 10%

④ 사업에 사용하는 토지·건물 및 부동산에 관한 권리와 함께 양도하는 영업권: 6~45%

⑤ 미등기 토지: 70%

④ 미등기양도

대표유형

「소득세법」상 미등기양도자산에 관한 설명으로 옳은 것은?

① 미등기양도자산에 대하여는 「소득세법」 및 「조세특례제한법」상의 감면을 적용받을 수 없다.

② 「소득세법」 제104조 제3항에 따른 미등기 양도자산에 대하여는 장기보유특별공제를 적용한다.

③ 미등기양도자산은 양도소득세 산출세액에 100분의 70을 곱한 금액을 양도소득 결정세액에 더한다.

④ 단기할부조건으로 취득한 자산으로서 그 계약조건에 의하여 양도당시 그 자산의 취득에 관한 등기가 불가능한 자산은 미등기양도자산으로 보지 아니한다.

⑤ 건설사업자가 「도시개발법」에 따라 공사용역 대가로 취득한 체비지를 토지구획환지처분공고 전에 양도하는 토지는 미등기양도자산에 해당한다.

해설 ② 「소득세법」 제104조 제3항에 따른 미등기 양도자산에 대하여는 장기보유특별공제를 적용하지 아니한다.
③ 미등기양도자산은 양도소득세 과세표준에 100분의 70을 곱한 금액을 양도소득 산출세액으로 한다.
④ 장기할부조건으로 취득한 자산으로서 그 계약조건에 의하여 양도당시 그 자산의 취득에 관한 등기가 불가능한 자산은 미등기양도자산으로 보지 아니한다.
⑤ 건설사업자가 「도시개발법」에 따라 공사용역 대가로 취득한 체비지를 토지구획환지처분공고 전에 양도하는 토지는 미등기양도자산에 해당하지 않는다. **◆정답 ①**

38

미등기양도자산

「소득세법」상 미등기양도자산에 관한 설명으로 틀린 것은?

① 양도소득세 비과세요건을 충족한 1세대 1주택으로서 「건축법」에 따른 건축허가를 받지 아니하여 등기가 불가능한 자산은 미등기양도자산에 해당하지 않는다.

② 장기보유특별공제 적용을 배제한다.

③ 미등기양도자산은 양도소득세 산출세액에 100분의 70을 곱한 금액을 양도소득 결정세액에 더한다.

④ 「도시개발법」에 따른 도시개발사업이 종료되지 아니하여 토지 취득등기를 하지 아니하고 양도하는 토지는 미등기양도자산에 해당하지 않는다.

⑤ 취득가액을 실지거래가액에 의하지 않는 경우 주택 취득당시 법령이 정하는 가격에 일정비율을 곱한 금액을 필요경비로 공제한다.

복습문제
39
미등기양도자산

「소득세법」상 미등기양도자산에 관한 설명으로 틀린 것은?

① 미등기양도자산이란 토지·건물 및 부동산에 관한 권리를 취득한 자가 그 자산 취득에 관한 등기를 하지 아니하고 양도하는 것을 말한다.

② 미등기양도자산에 대하여는 양도소득에 대한 소득세의 비과세에 관한 규정을 적용하지 아니한다.

③ 법률의 규정 또는 법원의 결정에 의하여 양도당시 그 자산의 취득에 관한 등기가 불가능한 자산은 미등기양도제외자산의 범위에 속한다.

④ 상가 건물로서 「건축법」에 의한 건축허가를 받지 아니하여 등기가 불가능한 자산은 미등기양도자산에서 제외한다.

⑤ 「조세특례제한법」상 8년 이상 자경농지에 대한 양도소득세의 감면을 받는 토지는 미등기양도자산에서 제외한다.

제5절 **양도소득세의 신고와 납부**

대표유형

「소득세법」상 거주자의 양도소득과세표준의 신고 및 납부에 관한 설명으로 틀린 것은?

① 건물을 양도한 경우에는 그 양도일이 속하는 달의 말일부터 2개월 이내에 납세지 관할세무서장에게 예정신고를 하여야 한다.

② 양도차익이 없거나 양도차손이 발생한 경우에는 양도소득과세표준 예정신고 의무가 없다.

③ 예정신고·납부할 세액이 2천만원을 초과하는 때에는 그 세액의 100분의 50 이하의 금액을 납부기한이 지난 후 2개월 이내에 분할납부할 수 있다.

④ 납세지 관할세무서장은 양도소득이 있는 국내거주자가 조세를 포탈할 우려가 있다고 인정되는 상당한 이유가 있는 경우에는 수시로 그 거주자의 양도소득세를 부과할 수 있다.

⑤ 「부동산 거래신고 등에 관한 법률」 제10조 제1항에 따른 토지거래계약에 관한 허가구역에 있는 토지를 양도할 때 토지거래계약허가를 받기 전에 대금을 청산한 경우에는 그 허가일이 속하는 달의 말일부터 2개월 이내에 양도소득과세표준 예정신고를 하여야 한다.

해설 ② 양도차익이 없거나 양도차손이 발생한 경우에는 양도소득과세표준 예정신고 의무가 있다.

◆ 정답 ②

40

양도소득과세표준
예정신고기한 및
관할관청

소득세법상 거주자인 개인이 국내소재 부동산을 2025년 10월 24일 양도한 경우 양도소득과세표준 예정신고기한 및 관할관청으로 올바르게 짝지은 것은? (단, 신고기한이 공휴일이 아니라고 가정함)

① 2025년 12월 24일 – 부동산의 등기부상 소재지 관할세무서장
② 2025년 12월 31일 – 부동산의 등기부상 소재지 관할세무서장
③ 2025년 12월 24일 – 양수인의 주소지 관할세무서장
④ 2025년 12월 31일 – 양도인의 주소지 관할세무서장
⑤ 2026년 5월 31일 – 양수인의 주소지 관할세무서장

41

양도소득 과세표준
예정신고 및 확정신고

甲이 등기된 국내소재 공장(건물)을 양도한 경우, 양도소득 과세표준 예정신고 및 확정신고에 관한 설명으로 옳은 것은? (단, 甲은 「소득세법」상 부동산매매업을 영위하지 않는 거주자이며 「국세기본법」상 기한연장 사유는 없음)

① 2025.3.15.에 양도한 경우, 예정신고기한은 2025.6.15.이다.
② 예정신고시 예정신고납부세액공제(산출세액의 10%)가 적용된다.
③ 예정신고 관련 무신고가산세가 부과되는 경우, 그 부분에 대하여 확정신고와 관련한 무신고가산세가 다시 부과된다.
④ 예정신고납부를 할 때 양도차익에서 장기보유특별공제와 양도소득기본공제를 한 금액에 해당 양도소득세 세율을 적용하여 계산한 금액을 그 산출세액으로 한다.
⑤ 확정신고 기간은 양도일이 속한 연도의 다음 연도 6월 1일부터 6월 30일까지이다.

42

양도소득 과세표준
예정신고 및 확정신고

「소득세법」상 사업자가 아닌 거주자 甲이 등기된 국내소재 공장(건물)을 2025년 5월 15일에 양도한 경우, 양도소득 과세표준 예정신고 및 확정신고에 관한 설명으로 옳지 않은 것은? (단, 과세기간 중 당해 거래 이외에 다른 양도거래는 없고, 답지항은 서로 독립적이며 주어진 조건 외에는 고려하지 않음)

① 2025년 7월 31일까지 양도소득 과세표준을 납세지 관할 세무서장에게 예정신고·납부하여야 한다.
② 양도소득 과세표준 예정신고는 양도차익이 없거나 양도차손이 발생한 경우에도 적용한다.
③ 양도소득세의 분할납부는 예정신고납부시에는 적용되지 않고 확정신고납부시에만 적용된다.
④ 예정신고를 한 경우에는 확정신고를 하지 아니할 수 있다.
⑤ 거주자가 양도소득세 확정신고에 따라 납부할 세액이 3천 600만원인 경우 최대 1천 800만원까지 분할납부할 수 있다.

43 「소득세법」상 거주자의 양도소득 과세표준 및 세액의 신고·납부에 관한 설명으로 옳은 것은?

양도소득 과세표준 및
세액의 신고·납부

① 양도차익이 없거나 양도차손이 발생한 경우에도 양도소득 과세표준의 예정신고를 하여
야 한다.

② 건물을 신축하고 그 취득일부터 3년 이내에 양도하는 경우로서 감정가액을 취득가액으로 하
는 경우에는 그 감정가액의 100분의 3에 해당하는 금액을 양도소득 결정세액에 가산한다.

③ 토지 또는 건물을 양도한 경우에는 그 양도일부터 2개월 이내에 양도소득 과세표준을
신고해야 한다.

④ 예정신고납부할 세액이 2천만원을 초과하는 때에는 1천만원을 초과하는 금액을 납부기
한이 지난 후 2개월 이내에 분할납부할 수 있다.

⑤ 당해연도에 누진세율의 적용대상 자산에 대한 예정신고를 2회 이상 한 자가 법령에 따라
이미 신고한 양도소득금액과 합산하여 신고하지 아니한 경우에는 양도소득 과세표준의
확정신고를 할 필요가 없다.

복습문제
44 「지방세기본법」 및 「지방세법」상 지방소득세에 관한 설명으로 틀린 것은?

지방소득세

① 「소득세법」, 「법인세법」 및 「조세특례제한법」에 따라 소득세 또는 법인세가 비과세되는
소득에 대하여는 지방소득세를 과세하지 아니한다.

② 양도소득에 대한 개인지방소득세의 공제세액이 산출세액을 초과하는 경우에는 그 초과
금액은 없는 것으로 한다.

③ 「소득세법」상 보유기간이 8개월인 조합원입주권의 세율은 양도소득에 대한 개인지방소
득세 과세표준의 1백분의 70을 적용한다.

④ 양도소득에 대한 개인지방소득세의 세액이 2천원인 경우에는 이를 징수한다.

⑤ 거주자가 「소득세법」 제105조에 따라 양도소득과세표준 예정신고를 하는 경우에는 해당
신고기한에 2개월을 더한 날("예정신고기한"이라 한다)까지 양도소득에 대한 개인지방
소득세 과세표준과 세액을 대통령령으로 정하는 바에 따라 납세지 관할 지방자치단체의
장에게 신고("예정신고"라 한다)하여야 한다.

제 6 절 국외자산 양도에 대한 양도소득세

대표유형

「소득세법」상 국외자산 양도에 관한 설명으로 옳은 것은?

① 국외자산 양도시 양도소득세의 납세의무자는 국외자산의 양도일까지 계속하여 3년간 국내에 주소를 둔 거주자이다.

② 장기보유특별공제는 국외자산의 보유기간이 3년 이상인 경우에만 적용된다.

③ 국외주택의 양도에 대하여는 연 250만원의 양도소득기본공제를 적용받을 수 있다.

④ 미등기 국외토지에 대한 양도소득세율은 70%이다.

⑤ 국외주택 양도소득에 대하여 납부하였거나 납부할 국외주택 양도소득세액은 해당 과세기간의 국외주택 양도소득금액 계산상 필요경비에만 산입할 수 있다.

해설 ① 국외자산 양도시 양도소득세의 납세의무자는 국외자산의 양도일까지 계속하여 5년간 국내에 주소를 둔 거주자이다.
② 국외자산 양도에 대해서는 장기보유특별공제를 적용하지 않는다.
④ 미등기 국외토지에 대한 양도소득세율은 6~45%이다(등기라는 제도가 없는 나라가 있을 수 있음).
⑤ 국외주택 양도소득에 대하여 납부하였거나 납부할 국외주택 양도소득세액은 산출세액에서 공제하는 방법과 해당 과세기간의 국외주택 양도소득금액 계산상 필요경비에 산입하는 방법 중 선택할 수 있다. **◆ 정답 ③**

Point
45
국외자산 양도

「소득세법」상 국외자산 양도에 관한 설명으로 옳은 것은?

① 양도차익 계산시 필요경비의 외화환산은 지출일 현재 「외국환거래법」에 의한 기준환율 또는 재정환율에 의한다.

② 국외자산 양도시 양도소득세의 납세의무자는 국외자산의 양도일까지 계속하여 3년간 국내에 주소를 둔 거주자이다.

③ 미등기 국외토지에 대한 양도소득세율은 70%이다.

④ 장기보유특별공제는 국외자산의 보유기간이 3년 이상인 경우에만 적용된다.

⑤ 국외자산의 양도가액은 실지거래가액이 있더라도 양도당시 현황을 반영한 시가에 의하는 것이 원칙이다.

46
국외자산 양도

거주자 甲이 국외에 있는 양도소득세 과세대상 X토지를 양도함으로써 소득이 발생하였다. 다음 중 틀린 것은? (단, 해당 과세기간에 다른 자산의 양도는 없음)

① 양도차익 계산시 필요경비의 외화환산은 지출일 현재 「외국환거래법」에 의한 기준환율 또는 재정환율에 의한다.

② 甲이 X토지의 양도일까지 계속 5년 이상 국내에 주소 또는 거소를 둔 경우에만 해당 양도소득에 대한 납세의무가 있다.

③ 기준시가의 산정에 대해서는 국내자산의 양도에 대한 양도소득세 규정을 준용하지 않는다.

④ 甲이 국외에서 외화를 차입하여 X토지를 취득한 경우 환율변동으로 인하여 외화차입금으로부터 발생한 환차익은 양도소득의 범위에서 제외한다.

⑤ 미등기 국외토지에 대한 양도소득세율은 70%이다.

제7절 | 비과세 양도소득

대표유형

「소득세법」상 거주자의 양도소득세 비과세에 관한 설명으로 옳은 것은?

① 경작상 필요에 의하여 농지를 교환할 때 쌍방 토지가액의 차액이 가액이 큰 편의 3분의 1인 경우 발생하는 소득은 비과세된다.

② 1세대 1주택 비과세규정을 적용하는 경우 부부가 각각 세대를 달리 구성하는 경우에도 동일한 세대로 본다.

③ 「건축법 시행령」 별표1 제1호 다목에 해당하는 다가구주택은 해당 다가구주택을 구획된 부분별로 양도하지 아니하고 하나의 매매단위로 하여 양도하는 경우에는 그 구획된 부분을 각각 하나의 주택으로 본다.

④ 1세대 1주택 비과세 요건을 충족하는 고가주택의 양도가액이 16억원이고 양도차익이 4억원인 경우 양도소득세가 과세되는 양도차익은 2억원이다.

⑤ 「해외이주법」에 따른 해외이주로 세대전원이 출국하는 경우 출국일 현재 1주택을 보유하고 있고 출국일부터 3년이 되는 날 해당 주택을 양도하는 경우 보유기간 요건을 충족하지 않더라도 비과세한다.

해설 ① 경작상 필요에 의하여 농지를 교환할 때 쌍방 토지가액의 차액이 가액이 큰 편의 4분의 1 이하인 경우 발생하는 소득은 비과세된다.
③ 「건축법 시행령」 별표1 제1호 다목에 해당하는 다가구주택은 해당 다가구주택을 구획된 부분별로 양도하지 아니하고 하나의 매매단위로 하여 양도하는 경우에는 그 전체를 하나의 주택으로 본다.
④ 1세대 1주택 비과세 요건을 충족하는 고가주택의 양도가액이 16억원이고 양도차익이 4억원인 경우 양도소득세가 과세되는 양도차익은 1억원이다.
⑤ 「해외이주법」에 따른 해외이주로 세대전원이 출국하는 경우 출국일 현재 1주택을 보유하고 있고 출국일부터 2년 이내에 해당 주택을 양도하는 경우 보유기간 요건을 충족하지 않더라도 비과세한다. ◆ 정답 ②

47

농지교환

「소득세법」상 농지교환으로 인한 양도소득세와 관련하여 (   )에 들어갈 내용으로 옳은 것은?

> 경작상의 필요에 의하여 농지를 교환하는 경우, 교환에 의하여 새로이 취득하는 농지를 (㉠) 이상 농지소재지에 거주하면서 경작하는 경우[새로운 농지의 취득 후 (㉡) 이내에 법령에 따라 수용 등이 되는 경우 포함]로서 교환하는 쌍방 토지가액의 차액이 가액이 큰 편의 (㉢) 이하이면 농지의 교환으로 인하여 발생하는 소득에 대한 양도소득세를 비과세한다.

	㉠	㉡	㉢
①	3년	2년	3분의 1
②	2년	3년	4분의 1
③	3년	1년	2분의 1
④	3년	3년	4분의 1
⑤	2년	2년	2분의 1

48

상

1세대

다음은 양도소득세에서 '1세대'에 대한 설명이다. 옳지 않은 것은?

① 1주택을 소유한 거주자가 「소득세법 시행령」에 따른 1세대 구성요건을 갖춘 아들과 함께 1세대를 구성하여 생계를 같이하고 있는 경우로서 아들이 주택을 보유한 경우 1세대 2주택에 해당된다.

② 거주자가 단독으로 1세대를 구성하고 그 거주자의 배우자는 그들의 아들과 함께 1세대를 구성하여 생계를 같이하고 있는 경우에 거주자와 그 배우자는 세대 또는 생계를 달리하여도 같은 세대원으로 보는 것이나, 그 아들이 「소득세법 시행령」에 따른 1세대 구성요건을 갖춘 경우에는 거주자와 그 아들은 같은 세대원으로 보지 아니한다.

③ 「소득세법」에 따라 1거주자로 보는 교회가 주택을 양도하는 경우에는 1세대 1주택 비과세 규정이 적용된다.

④ 1세대 1주택 비과세 규정을 적용하는 경우 부부가 각각 세대를 달리 구성하는 경우에도 동일한 세대로 본다.

⑤ 부부가 이혼한 경우에는 각각 다른 세대를 구성한다. 다만 법률상 이혼을 하였으나 생계를 같이하는 등 사실상 이혼한 것으로 보기 어려운 경우에는 동일한 세대로 본다.

PART

03

49 다음은 1세대 1주택 양도소득 비과세에서 주택의 내용이다. 틀린 것은?

주택

① 주택이란 공부상 용도구분에 관계없이 사실상 주거용으로 사용하는 건물을 말한다. 그 용도가 불분명한 경우에는 공부상의 용도에 의한다.

② 소유하고 있던 공부상 주택인 1세대 1주택을 거주용이 아닌 영업용 건물(점포·사무소 등)로 사용하다가 양도하는 때에는 1세대 1주택으로 본다.

③ 사용인의 기거를 위하여 공장에 부수된 건물을 합숙소로 사용하고 있는 경우에 당해 합숙소는 주택으로 보지 아니한다.

④ 1세대 1주택의 비과세요건을 갖춘 대지와 건물을 동일한 세대의 구성원이 각각 소유하고 있는 경우에도 이를 1세대 1주택으로 본다.

⑤ 주택에 해당하는지 여부는 양도일 현재를 기준으로 판단하며, 매매특약에 의하여 매매계약일 이후 주택을 멸실한 경우에는 매매계약일 현재를 기준으로 판단한다.

50 다음과 같은 건물(수도권 내의 녹지지역에 소재)을 취득한 후 비과세요건을 갖춘 자가 당해 건물

겸용주택
을 10억원에 양도하였을 경우 양도소득세의 비과세 범위로 옳은 것은?

> ㉠ 대지면적 : 1,200m²
> ㉡ 건물연면적 : 200m²
> ㉢ 주거용으로 사용되는 건물면적 : 150m²
> ㉣ 상업용으로 사용되는 건물면적 : 50m²

① 대지 1,000m², 건물 150m² ② 대지 200m², 건물 200m²
③ 대지 1,000m², 건물 200m² ④ 대지 200m², 건물 150m²
⑤ 모두 비과세된다.

51 갑(甲)은 10억원에 취득한 고가주택을 2년 이상 보유·거주하다가 15억원에 양도하였다. 이 경

고가주택
우 과세되는 양도차익은 얼마인가? [단, 갑(甲)은 다른 주택이 없고, 취득가액 등 총필요경비는 8억원으로 가정한다]

① 2천만원 ② 4천만원 ③ 8천만원
④ 1억 2천만원 ⑤ 1억원

52 1세대 1주택의 특례

「소득세법 시행령」제155조 '1세대 1주택의 특례'에 관한 조문의 내용 중 틀린 것은?

① 국내에 1주택을 소유한 1세대가 종전의 주택을 양도하기 전에 신규 주택을 취득함으로써 일시적으로 2주택이 된 경우 종전의 주택을 취득한 날부터 1년 이상이 지난 후 신규 주택을 취득하고 신규 주택을 취득한 날부터 5년 이내에 종전의 주택을 양도하는 경우에는 이를 1세대 1주택으로 보아 제154조 제1항을 적용한다.

② 1주택을 보유하고 1세대를 구성하는 자가 1주택을 보유하고 있는 60세 이상의 직계존속(배우자의 직계존속을 포함하며, 직계존속 중 어느 한 사람이 60세 미만인 경우를 포함)을 동거봉양하기 위하여 세대를 합침으로써 1세대가 2주택을 보유하게 되는 경우 합친 날부터 10년 이내에 먼저 양도하는 주택은 이를 1세대 1주택으로 보아 제154조 제1항을 적용한다.

③ 1주택을 보유하는 자가 1주택을 보유하는 자와 혼인함으로써 1세대가 2주택을 보유하게 되는 경우 또는 1주택을 보유하고 있는 60세 이상의 직계존속을 동거봉양하는 무주택자가 1주택을 보유하는 자와 혼인함으로써 1세대가 2주택을 보유하게 되는 경우 각각 혼인한 날부터 10년 이내에 먼저 양도하는 주택은 이를 1세대 1주택으로 보아 제154조 제1항을 적용한다.

④ 영농의 목적으로 취득한 귀농주택으로서 수도권 밖의 지역 중 읍지역(도시지역안의 지역을 제외한다) 또는 면지역에 소재하는 농어촌주택과 일반주택을 국내에 각각 1개씩 소유하고 있는 1세대가 귀농주택을 취득한 날부터 5년 이내에 일반주택을 양도하는 경우에는 국내에 1개의 주택을 소유하고 있는 것으로 보아 제154조 제1항을 적용한다.

⑤ 기획재정부령으로 정하는 취학, 근무상의 형편, 질병의 요양, 그 밖에 부득이한 사유로 취득한 수도권 밖에 소재하는 주택과 일반주택을 국내에 각각 1개씩 소유하고 있는 1세대가 부득이한 사유가 해소된 날부터 3년 이내에 일반주택을 양도하는 경우에는 국내에 1개의 주택을 소유하고 있는 것으로 보아 제154조 제1항을 적용한다.

53

보유기간 및
거주기간의 제한을
받지 아니하는 경우

다음은 소득세법령상 1세대 1주택에 대한 양도소득세의 비과세 적용요건 중 보유기간 및 거주기간의 제한을 받지 아니하는 경우를 나열한 것이다. 이에 해당하지 않는 것은?

① 「민간임대주택에 관한 특별법」에 따른 민간건설임대주택 또는 「공공주택 특별법」에 따른 공공건설임대주택을 취득하여 양도하는 경우로서 해당 건설임대주택의 임차일부터 해당 주택의 양도일까지의 기간 중 세대전원이 거주(기획재정부령으로 정하는 취학, 근무상의 형편, 질병의 요양, 그 밖에 부득이한 사유로 세대의 구성원 중 일부가 거주하지 못하는 경우를 포함한다)한 기간이 5년 이상인 경우

② 「해외이주법」에 따른 해외이주로 세대 전원이 출국하는 경우. 다만, 출국일 현재 1주택을 보유하고 있는 경우로서 출국일부터 2년 이내에 양도하는 경우에 한한다.

③ 주택 및 그 부수토지(사업인정 고시일 전에 취득한 주택 및 그 부수토지에 한한다)의 전부 또는 일부가 「공익사업을 위한 토지 등의 취득 및 보상에 관한 법률」에 의한 협의매수·수용 및 그 밖의 법률에 의하여 수용되는 경우(그 양도일 또는 수용일부터 5년 이내에 양도하는 그 잔존주택 및 그 부수토지를 포함하는 것으로 한다)

④ 1년 이상 거주한 주택을 기획재정부령으로 정하는 취학, 근무상의 형편, 질병의 치료 또는 요양, 학교 폭력으로 인한 전학, 그 밖에 부득이한 사유로 다른 시·군으로 주거를 이전하는 경우

⑤ 취득 후 1년간 보유한 주택을 사업상의 형편으로 세대 전원이 다른 시(도농복합형태의 시의 읍·면 지역 포함)·군으로 주거를 이전함으로써 양도하는 경우

복습문제

54

1세대 1주택
양도소득세 비과세

「소득세법」상 1세대 1주택(고가주택이 아님) 양도소득세 비과세에 대한 설명 중 틀린 것은?

① 2017년 8월 3일 이후 취득 당시에 조정대상지역에 있는 주택으로 양도일 현재 1주택만을 보유하고 있는 1세대로서 당해 주택의 보유기간이 2년 이상이고 그 보유기간 중 거주기간이 1년 6월 이상인 경우에만 비과세가 적용된다.

② 배우자가 사망하거나 이혼한 경우에는 배우자가 없는 때에도 이를 1세대로 본다.

③ 1주택을 보유하는 자가 1주택을 보유하는 자와 혼인함으로써 1세대가 2주택을 보유하게 되는 경우 그 혼인한 날부터 10년 이내에 먼저 양도하는 주택은 이를 1세대 1주택으로 보아 비과세 여부를 판단한다.

④ 하나의 건물이 주택과 주택 외의 부분으로 복합되어 있는 겸용주택의 경우 주택의 면적이 주택 외의 면적보다 클 때에는 그 전부를 주택으로 본다.

⑤ 거주 혹은 보유 중에 소실 등으로 인하여 멸실되어 재건축한 주택은 그 멸실된 주택과 재건축한 주택에 대한 기간을 통산하여 거주 또는 보유기간을 계산한다.

제 8 절 | 이월과세(양도소득의 필요경비 계산 특례)

대표유형

소득세법상 배우자 간 증여재산의 이월과세에 관한 설명으로 옳은 것은?

① 거주자가 배우자로부터 외국법인이 발행하였거나 외국에 있는 시장에 상장된 주식등으로서 대통령령으로 정하는 것을 증여받아 10년 이내에 양도하는 경우 취득가액은 배우자의 취득할 당시의 금액으로 한다.

② 배우자 판단시 양도 당시 혼인관계가 소멸된 경우를 제외하되, 사망으로 혼인관계가 소멸된 경우는 포함한다.

③ 거주자가 증여받은 자산에 대하여 납부하였거나 납부할 증여세 상당액이 있는 경우 필요경비에 산입하지 아니한다.

④ 이월과세를 적용하여 계산한 양도소득결정세액이 이월과세를 적용하지 않고 계산한 양도소득결정세액보다 적은 경우에 이월과세를 적용하지 아니한다.

⑤ 이월과세를 적용받은 자산의 보유기간은 증여를 받은 날부터 기산한다.

해설 ① 거주자가 배우자로부터 외국법인이 발행하였거나 외국에 있는 시장에 상장된 주식등으로서 대통령령으로 정하는 것을 증여받아 1년 이내에 양도하는 경우 취득가액은 거주자의 배우자가 취득할 당시의 금액으로 한다.
② 배우자 판단시 양도 당시 혼인관계가 소멸된 경우를 포함하되, 사망으로 혼인관계가 소멸된 경우는 제외한다.
③ 거주자가 증여받은 자산에 대하여 납부하였거나 납부할 증여세 상당액이 있는 경우 필요경비에 산입한다.
⑤ 이월과세를 적용받은 자산의 보유기간은 증여한 배우자가 해당 자산을 취득한 날부터 기산한다. ◆ 정답 ④

Point 55 이월과세

「소득세법」상 거주자 甲이 2019년 1월 20일에 취득한 건물(취득가액 3억원)을 甲의 배우자 乙에게 2023년 3월 5일자로 증여(해당 건물의 시가 8억원)한 후, 乙이 2025년 5월 20일에 해당 건물을 甲·乙의 특수관계인이 아닌 丙에게 10억원에 매도하였다. 해당 건물의 양도소득세에 관한 설명으로 옳은 것은? (단, 취득·증여·매도의 모든 단계에서 등기를 마침)

① 양도소득세 납세의무자는 甲이다.
② 양도소득금액 계산시 장기보유특별공제가 적용된다.
③ 양도차익 계산시 양도가액에서 공제할 취득가액은 8억원이다.
④ 乙이 납부한 증여세는 양도소득세 납부세액 계산시 세액공제된다.
⑤ 양도소득세에 대해 甲과 乙이 연대하여 납세의무를 진다.

56

양도소득의 필요경비
계산 특례

다음은 「소득세법」 제97조의2 [양도소득의 필요경비 계산 특례]에 대한 내용이다. 틀린 것은?

① 거주자가 양도일부터 소급하여 10년(2022년 12월 31일 이전은 5년) 이내에 그 배우자 또는 직계존비속으로부터 증여받은 토지·건물이나 부동산을 취득할 수 있는 권리·특정 시설물이용권의 양도차익을 계산할 때 양도가액에서 공제할 취득가액은 그 배우자 또는 직계존비속의 취득 당시 금액으로 한다.

② 거주자가 증여받은 자산에 대하여 납부하였거나 납부할 증여세 상당액이 있는 경우에는 필요경비에 산입한다.

③ 배우자의 경우 양도 당시 혼인관계가 소멸된 경우를 포함하되, 사망으로 혼인관계가 소멸된 경우는 제외한다.

④ 사업인정고시일부터 소급하여 2년 이전에 증여받은 경우로서 「공익사업을 위한 토지 등의 취득 및 보상에 관한 법률」이나 그 밖의 법률에 따라 협의매수 또는 수용된 경우에는 적용하지 아니한다.

⑤ 장기보유특별공제 보유기간 적용시 증여를 받은 날부터 기산(起算)한다.

제 **9** 절 | **부당행위계산부인**

대표유형

甲이 2022.03.05 특수관계자인 乙로부터 토지를 4억 1천만원(시가 4억원)에 취득하여 2025.10.05 甲의 특수관계자인 丙에게 그 토지를 7억 5천만원(시가 8억원)에 양도한 경우 甲의 양도차익은 얼마인가? (다만, 토지는 등기된 국내 소재의 소득세법상 사업용토지이고, 취득가액 외의 필요경비는 없으며, 甲·乙·丙은 거주자이고, 배우자 및 직계존비속 관계가 없음)

① 3억 5천만원   ② 3억 9천만원   ③ 3억 2천5백만원
④ 3억 4천만원   ⑤ 4억원

해설 1. 저가양도·고가양수의 부당행위계산부인
  ① 납세지 관할 세무서장 또는 지방국세청장은 양도소득이 있는 거주자의 행위 또는 계산이 그 거주자의 특수관계인과의 거래로 인하여 그 소득에 대한 조세 부담을 부당하게 감소시킨 것으로 인정되는 경우에는 그 거주자의 행위 또는 계산과 관계없이 해당 과세기간의 소득금액을 계산할 수 있다.
  ② 조세의 부담을 부당하게 감소시킨 것으로 인정되는 경우(㉠ 또는 ㉡)
      ㉠ (시가 − 거래가액) ≥ 3억원
      ㉡ (시가 − 거래가액) ≥ (시가×5%)
2. 양도가액 : 800,000,000원
  (시가 − 거래가액) = (800,000,000원 − 750,000,000원) = 50,000,000원
  ① 3억원
  ② 시가 × 5% = 800,000,000원 × 5% = 40,000,000원
      따라서 거래가액 750,000,000원을 부인하고 시가 800,000,000원이 양도가액이 된다.
3. 취득가액 : 410,000,000원
  (거래가액 − 시가) = (410,000,000원 − 400,000,000원) = 10,000,000원
  ① 3억원
  ② 시가 × 5% = 400,000,000원 × 5% = 20,000,000원
      따라서 부당행위계산부인에 해당하지 아니하여 취득가액은 거래가액인 410,000,000원이 된다.
4. 양도차익 : 800,000,000원 − 410,000,000원 = 390,000,000원   ◆정답 ②

57

부당행위계산부인

다음은 양도소득의 부당행위계산부인에 대한 설명이다. 옳지 않은 것은?

① 납세지 관할 세무서장 또는 지방국세청장은 양도소득이 있는 거주자의 행위 또는 계산이 그 거주자의 특수관계인과의 거래로 인하여 그 소득에 대한 조세 부담을 부당하게 감소시킨 것으로 인정되는 경우에는 그 거주자의 행위 또는 계산과 관계없이 해당 과세기간의 소득금액을 계산할 수 있다.

② "조세의 부담을 부당하게 감소시킨 것으로 인정되는 때"란 특수관계인으로부터 시가보다 높은 가격으로 자산을 매입하거나 특수관계인에게 시가보다 낮은 가격으로 자산을 양도한 때 또는 그 밖에 특수관계인과의 거래로 해당 연도의 양도가액 또는 필요경비의 계산시 조세의 부담을 부당하게 감소시킨 것으로 인정되는 때를 말한다. 다만, 시가와 거래가액의 차액이 5억원 이상이거나 시가의 100분의 3에 상당하는 금액 이상인 경우에 한한다.

③ 거주자와 특수관계 있는 자와의 거래가 부당한 행위에 해당하는지 여부는 거래 당시 즉 양도가액을 확정지을 수 있는 시점인 매매계약일을 기준으로 판단한다.

④ 특수관계인으로부터 토지를 고가로 취득한 경우 부당행위계산 적용시 취득가액은 시가에 의하여 계산하며 이 경우 시가는 「상속세 및 증여세법」상 평가액을 적용한다.

⑤ 甲이 특수관계 있는 乙에게 「상속세 및 증여세법」상 평가액 7억원인 토지를 10억에 양도한 후 乙이 특수관계 없는 丙에게 10억원에 양도한 경우 乙의 취득가액은 「상속세 및 증여세법」상 평가액인 7억원이다.

58

부당행위계산부인

다음은 양도소득의 부당행위계산부인 중 특수관계인에게 증여를 통한 우회양도부인에 대한 설명이다. 틀린 것은?

① 거주자가 특수관계인(이월과세를 적용받는 배우자 및 직계존비속의 경우는 제외한다)에게 자산을 증여한 후 그 자산을 증여받은 자가 그 증여일부터 10년 이내에 다시 타인에게 양도한 경우로서 증여받은 자의 증여세와 양도소득세를 합한 세액이 증여자가 직접 양도하는 것으로 보아 계산한 양도소득세보다 적은 경우에는 증여자가 그 자산을 직접 양도한 것으로 본다. 이 경우 양도소득이 해당 수증자에게 실질적으로 귀속된 경우에도 적용한다.

② 부당행위계산 부인대상이 되면 증여자가 직접 양도한 것으로 간주하므로 증여자가 납세의무자가 된다.

③ 증여자에게 양도소득세가 과세되는 경우에는 당초 증여받은 자산에 대해서는 「상속세 및 증여세법」의 규정에도 불구하고 증여세를 부과하지 아니한다.

④ 부당행위계산 부인대상이 되면 당초 증여자가 직접 양도한 것으로 간주하고 납세의무자가 증여자가 되므로 증여자의 양도차익을 산정할 때 장기보유특별공제율 적용과 세율 적용은 당초 증여자의 취득일부터 수증자의 양도일까지의 보유기간에 의한다.

⑤ 2주택자가 1주택을 특수관계인에게 증여한 후 수증자가 10년 이내 양도하여 부당행위계산 규정이 적용되더라도 증여 후 잔존 1주택이 보유기간 및 거주기간을 충족한 경우 1세대 1주택으로 보아 양도소득세 비과세 규정을 적용할 수 있다.

제 10 절 | 양도소득세 종합문제

대표유형

「소득세법」상 거주자가 국내 소재 부동산을 양도한 경우 양도소득세에 관한 설명으로 틀린 것은?

① 양도소득 과세표준은 종합소득 및 퇴직소득에 대한 과세표준과 구분하여 계산한다.

② 증여자인 매형의 채무를 수증자가 인수하는 부담부증여인 경우에는 증여가액 중 그 채무액에 상당하는 부분은 그 자산이 유상으로 사실상 이전되는 것으로 본다.

③ 양도차익 계산시 증여에 의하여 취득한 토지는 증여를 받은 날을 취득시기로 한다.

④ 양도소득의 총수입금액은 양도가액으로 한다.

⑤ 양도차익은 양도가액에서 장기보유특별공제액을 공제하여 계산한다.

해설 ⑤ 양도차익은 양도가액에서 필요경비를 공제하여 계산한다.　　　　　　　　　◆ 정답 ⑤

Point
59
양도소득세 종합문제

양도소득세에 대한 설명으로 옳은 것은?

① 「도시개발법」이나 그 밖의 법률에 따른 환지처분으로 지목 또는 지번이 변경되거나 보류지(保留地)로 충당되는 경우에는 소득세법상 양도로 본다.

② 파산선고에 의한 처분으로 인하여 발생하는 소득에 대해서도 양도소득세를 과세한다.

③ 거주자의 양도소득과세표준은 종합소득·퇴직소득에 대한 과세표준과 구분하여 계산한다.

④ 부당과소신고가산세는 과세표준 중 부당한 방법으로 과소신고한 과세표준에 상당하는 금액이 과세표준에서 차지하는 비율을 산출세액에 곱하여 계산한 금액의 100분의 20에 상당하는 금액으로 한다.

⑤ 양도소득세 과세대상인 부동산을 양도한 경우 그 양도소득 과세표준 예정신고기한은 그 양도일부터 2개월 이내이다.

60
양도소득세 종합문제

소득세법상 거주자의 국내소재 자산에 대한 양도소득세 관련 설명 중 틀린 것은?

① 등기되지 아니한 국내 부동산임차권의 양도는 양도소득세 과세대상에 해당한다.

② 법령의 규정에 의한 농지의 대토로 인하여 발생하는 소득에 대하여는 양도소득세를 감면한다.

③ 거주자로서 양도소득 과세표준 예정신고 또는 확정신고를 함에 있어서 납부할 세액이 1,000만원을 초과하는 경우에는 납부할 세액의 일부를 납부기한이 지난 후 2개월 이내에 분할납부할 수 있다.

④ 대금을 청산한 날이 분명하지 아니한 경우에는 등기부·등록부 또는 명부 등에 기재된 등기·등록접수일 또는 명의개서일을 취득시기 또는 양도시기로 한다.

⑤ 양도차익을 계산하는 경우 토지의 기준시가는 관계법령의 규정에 의한 개별공시지가를 원칙으로 한다.

61 「소득세법」상 거주자의 양도소득세에 관한 설명으로 틀린 것은? (단, 국내소재 부동산을 양도한 경우임)

양도소득세 종합문제

① 1세대 2주택을 3년 이상 보유한 자가 등기된 주택(조정대상지역이 아님)을 양도한 경우 장기보유특별공제를 적용받을 수 있다.

② 100분의 70의 양도소득세 세율이 적용되는 미등기 양도자산에 대해서는 양도소득 과세 표준 계산시 양도소득기본공제는 적용되지 않는다.

③ 2025년에 양도한 토지에서 발생한 양도차손은 5년 이내에 양도하는 토지의 양도소득금 액에서 이월하여 공제받을 수 있다.

④ 1세대 1주택에 대한 비과세 규정을 적용함에 있어 하나의 건물이 주택과 주택 외의 부분 으로 복합되어 있는 경우 주택의 연면적이 주택 외의 연면적보다 클 때에는 그 전부를 주택으로 본다.

⑤ 거주자 甲의 부동산양도에 따른 소득세의 납세지는 甲의 주소지를 원칙으로 한다.

62 양도소득세에 관한 설명으로 틀린 것은?

양도소득세 종합문제

① 토지의 양도가액은 원칙적으로 양도당시의 양도자와 양수자 간에 실제로 거래한 가액으 로 한다.

② 소득세법상 甲이 특수관계가 없는 乙에게 무상으로 고가주택을 이전한 경우에는 양도소 득세 과세대상이 아니다.

③ 배우자 또는 직계존비속이 아닌 자 간의 부담부증여에 있어서 수증자가 증여자의 채무 를 인수하는 경우 그 채무액상당부분은 양도소득세 과세대상이 아니다.

④ 파산선고에 의한 처분으로 인하여 발생하는 소득은 양도소득세 비과세대상이다.

⑤ 미등기 자산(법령이 정하는 자산은 제외)의 양도에 대해서는 양도소득기본공제가 적용 되지 아니한다.

63

양도소득세 종합문제

「소득세법」상 거주자의 양도소득세와 지방세법상 거주자의 국내자산 양도소득에 대한 지방소득세에 관한 설명으로 틀린 것은? (단, 국내소재 부동산의 양도임)

① 「소득세법」 제104조 제3항에 따른 미등기 양도자산에 대하여는 장기보유특별공제를 적용하지 아니한다.

② 특수관계인 간의 거래가 아닌 경우로서 취득가액인 실지거래가액을 인정 또는 확인할 수 없어 그 가액을 추계결정 또는 경정하는 경우에는 매매사례가액, 감정가액, 기준시가의 순서에 따라 적용한 가액에 의한다.

③ 거주자가 국내 상가건물을 양도한 경우 거주자의 주소지와 상가건물의 소재지가 다르다면 양도소득세 납세지는 거주자의 주소지이다.

④ A법인과 특수관계에 있는 주주가 시가 3억원(「법인세법」 제52조에 따른 시가임)의 토지를 A법인에게 5억원에 양도한 경우 양도가액은 3억원으로 본다. 단, A법인은 이 거래에 대하여 세법에 따른 처리를 적절하게 하였다.

⑤ 양도소득에 대한 개인지방소득세의 세액이 2천원 미만일 때에는 이를 징수하지 아니한다.

64

양도소득세 종합문제

양도소득세에 관한 설명으로 틀린 것은?

① 「도시개발법」이나 그 밖의 법률에 따른 환지처분으로 지목이 변경되는 경우는 양도소득세 과세대상이 아니다.

② 채무자가 채무의 변제를 담보하기 위하여 자산을 양도하는 계약을 체결한 후 채무불이행으로 인하여 당해자산을 변제에 충당한 경우는 양도소득세 과세대상이다.

③ 지상권의 양도는 양도소득세 과세대상이다.

④ 국내거주자의 양도소득세 과세표준은 종합소득 및 퇴직소득의 과세표준과 구분하여 계산한다.

⑤ 국내거주자가 토지와 주식을 양도하는 경우 각각 발생한 결손금은 양도소득금액 계산시 이를 통산한다.

65

양도소득세 종합문제

「소득세법」상 거주자의 양도소득세와 「지방세법」상 거주자의 국내자산 양도소득에 대한 지방소득세에 관한 설명으로 틀린 것은?

① 「소득세법」상 농지란 논밭이나 과수원으로서 지적공부의 지목과 관계없이 실제로 경작에 사용되는 토지를 말하며, 농지의 경영에 직접 필요한 농막, 퇴비사, 양수장, 지소(池沼), 농도(農道) 및 수로(水路) 등에 사용되는 토지를 포함한다.

② 「건축법 시행령」[별표]에 의한 다가구주택을 구획된 부분별로 양도하지 아니하고 하나의 매매단위로 양도하여 단독주택으로 보는 다가구주택의 경우에는 그 전체를 하나의 주택으로 보아 법령에 따른 고가주택 여부를 판단한다.

③ 상업용 건물에 대한 새로운 기준시가가 고시되기 전에 취득 또는 양도하는 경우에는 직전의 기준시가에 의한다.

④ 양도소득에 대한 개인지방소득세 과세표준은 「소득세법」상 양도소득과세표준으로 하는 것이 원칙이다.

⑤ 「소득세법」상 보유기간이 8개월인 조합원입주권의 양도소득에 대한 개인지방소득세 세율은 양도소득에 대한 개인지방소득세 과세표준의 1백분의 70을 적용한다.

66

양도소득세 종합문제

「소득세법」상 양도소득세의 납세의무에 관한 설명으로 틀린 것은? (다만, 양도자산은 비과세되지 아니함)

① 거주자는 국내에 있는 토지의 양도로 발생하는 소득에 대하여 양도소득세 납세의무가 있다.

② 거주자가 양도일까지 계속하여 국내에 5년 이상 주소 또는 거소를 둔 경우 국외에 있는 토지의 양도로 인하여 발생하는 소득에 대하여 양도소득세 납세의무가 있다.

③ 비거주자는 국내에 있는 토지의 양도로 인하여 발생하는 소득에 대하여 양도소득세 납세의무가 있다.

④ 비거주자는 국외에 있는 건물의 양도로 인하여 발생하는 소득에 대하여 양도소득세 납세의무가 있다.

⑤ 출국일 현재 국내에 1주택을 보유한 1세대가 해외이주법에 따른 해외이주로 세대전원이 출국한 경우 출국일부터 2년 이내에 동 주택의 양도로 인하여 발생하는 소득에 대하여는 양도소득세가 비과세된다.

Point 67 상
양도소득세 종합문제

「소득세법」상 거주자의 양도소득세에 관한 설명으로 틀린 것은 몇 개인가? (단, 국내소재 부동산의 양도임)

> ㉠ 1세대 1주택 비과세 요건을 충족하는 고가주택의 양도가액이 15억원이고 양도차익이 5억원인 경우 양도소득세가 과세되는 양도차익은 1억원이다.
> ㉡ 양도소득금액을 계산할 때 부동산을 취득할 수 있는 권리에서 발생한 양도차손은 토지에서 발생한 양도소득금액에서 공제할 수 없다.
> ㉢ 「소득세법」 제97조의2 제1항에 따라 이월과세를 적용받는 경우 장기보유특별공제의 보유기간은 증여자가 해당 자산을 취득한 날부터 기산한다.
> ㉣ 상업용 건물에 대한 새로운 기준시가가 고시되기 전에 취득 또는 양도하는 경우에는 직전의 기준시가에 의한다.
> ㉤ 거주자 甲이 국내소재 1세대 1주택을 4년 6개월 보유·거주한 후 15억원에 양도한 경우 양도차익은 28,950,000원이다(취득가액은 확인 불가능하고 양도당시 기준시가는 5억원, 취득당시 기준시가는 3억 5천만원이며 주어진 자료 외는 고려하지 않는다).

① 0개   ② 1개   ③ 2개
④ 3개   ⑤ 4개

68 중
양도소득세 종합문제

「소득세법」상 거주자의 국내자산 양도소득세 계산에 관한 설명으로 옳은 것은?

① A법인과 특수관계에 있는 주주가 시가 3억원(「법인세법」 제52조에 따른 시가임)의 토지를 A법인에게 5억원에 양도한 경우 양도가액은 3억원으로 본다. 단, A법인은 이 거래에 대하여 세법에 따른 처리를 적절하게 하였다.
② 양도소득금액을 계산할 때 부동산을 취득할 수 있는 권리에서 발생한 양도차손은 토지에서 발생한 양도소득금액에서 공제할 수 없다.
③ 특수관계인 간의 거래가 아닌 경우로서 취득가액인 실지거래가액을 인정 또는 확인할 수 없어 그 가액을 추계결정 또는 경정하는 경우에는 매매사례가액, 감정가액, 기준시가의 순서에 따라 적용한 가액에 의한다.
④ 양도일부터 소급하여 10년 이내에 그 배우자로부터 증여받은 토지의 양도차익을 계산할 때 그 증여받은 토지에 대하여 납부한 증여세는 양도가액에서 공제할 필요경비에 산입하지 아니한다.
⑤ 양도차익을 실지거래가액에 의하는 경우 양도가액에서 공제할 취득가액은 그 자산에 대한 감가상각비로서 각 과세기간의 사업소득금액을 계산하는 경우 필요경비에 산입한 금액이 있을 때에는 이를 공제하지 않은 금액으로 한다.

69

양도소득세 종합문제

소득세법령상 양도소득에 관한 설명으로 옳은 것은?

① 이축권을 별도로 적법하게 감정평가하여 신고하는 경우 그 이축권을 토지·건물과 함께 양도함으로써 발생하는 소득은 양도소득이다.

② 국가가 시행하는 사업으로 인하여 교환하는 농지로서 교환하는 쌍방 토지가액의 차액이 가액이 큰 편의 5분의 1인 농지의 교환으로 발생하는 소득은 양도소득세가 비과세된다.

③ 비사업자가 공익사업과 관련하여 지상권을 양도함으로써 발생하는 소득은 기타소득이다.

④ 취득에 관한 쟁송이 있는 자산에 대하여 그 소유권을 확보하기 위하여 직접 소요된 소송 비용으로서 그 지출한 연도의 각 종합소득금액의 계산에 있어서 필요경비에 산입된 것 은 양도차익 계산시 공제된다.

⑤ 양도소득세 과세대상인 신탁 수익권을 양도한 경우 양도일이 속하는 반기의 말일부터 2개월 이내에 양도소득과세표준을 신고해야 한다.

70

양도소득세 종합문제

복습문제

「소득세법」상 거주자의 양도소득세에 관한 설명으로 틀린 것은? (단, 국내소재 부동산을 양도한 경우임)

① 100분의 70의 양도소득세 세율이 적용되는 미등기 양도자산에 대해서는 양도소득 과세 표준 계산시 양도소득기본공제는 적용되지 않는다.

② 양도소득 과세표준은 종합소득 및 퇴직소득에 대한 과세표준과 구분하여 계산한다.

③ 부동산매매계약을 체결한 거주자가 계약금만 지급한 상태에서 유상으로 양도하는 권리 는 양도소득세의 과세대상이 아니다.

④ 법령으로 정하는 근무상 형편으로 취득한 수도권 밖에 소재하는 등기된 주택과 그 밖의 등기된 일반주택을 국내에 각각 1개씩 소유하는 1세대가 일반주택을 양도하는 경우, 법 정요건을 충족하면 비과세된다.

⑤ 소유하고 있던 공부상 주택인 1세대 1주택을 전부 영업용 건물로 사용하다가 양도한 때 에는 양도소득세 비과세 대상인 1세대 1주택으로 보지 아니한다.

71

양도소득세 종합문제

소득세법상 거주자의 국내소재 부동산과 '부동산에 관한 권리'의 양도에 관한 설명으로 틀린 것은?

① 양도차익 계산시 증여에 의하여 취득한 토지는 증여를 받은 날을 취득시기로 한다.

② 상속받은 부동산을 양도하는 경우, 기납부한 상속세는 양도차익 계산시 이를 필요경비로 공제받을 수 있다.

③ 법령이 정한 장기할부조건부로 부동산을 매매한 경우, 그 취득 및 양도시기는 소유권이 전등기접수일·인도일·사용수익일 중 빠른 날로 한다.

④ 법령이 정한 1세대 1주택으로서 「건축법」에 의한 건축허가를 받지 아니하여 등기가 불 가능한 주택을 양도한 때에는 이를 미등기양도자산으로 보지 아니한다.

⑤ 거주자는 국내에 있는 토지의 양도로 발생하는 소득에 대하여 양도소득세 납세의무가 있다.

박문각 공인중개사

부 록

제35회 기출문제

제35회 기출문제

＊ 제35회 공인중개사 문제와 정답 원안입니다(출제 당시 법령 기준).

01 국세기본법령 및 지방세기본법령상 조세채권과 일반채권의 우선관계에 관한 설명으로 틀린 것은? (단, 납세의무자의 신고는 적법한 것으로 가정함)

① 취득세의 법정기일은 과세표준과 세액을 신고한 경우 그 신고일이다.

② 토지를 양도한 거주자가 양도소득세 과세표준과 세액을 예정신고한 경우 양도소득세의 법정기일은 그 예정신고일이다.

③ 법정기일 전에 전세권이 설정된 사실은 양도소득세의 경우 부동산등기부 등본 또는 공증인의 증명으로 증명한다.

④ 주택의 직전 소유자가 국세의 체납 없이 전세권이 설정된 주택을 양도하였으나, 양도 후 현재 소유자의 소득세가 체납되어 해당 주택의 매각으로 그 매각금액에서 소득세를 강제징수하는 경우 그 소득세는 해당 주택의 전세권담보채권에 우선한다.

⑤ 「주택임대차보호법」 제8조가 적용되는 임대차관계에 있는 주택을 매각하여 그 매각금액에서 지방세를 강제징수하는 경우에는 임대차에 관한 보증금 중 일정액으로서 같은 법에 따라 임차인이 우선하여 변제받을 수 있는 금액에 관한 채권이 지방세에 우선한다.

02 국세기본법령 및 지방세기본법령상 국세 또는 지방세 징수권의 소멸시효에 관한 설명으로 옳은 것은?

① 가산세를 제외한 국세가 10억원인 경우 국세징수권은 5년 동안 행사하지 아니하면 소멸시효가 완성된다.

② 가산세를 제외한 지방세가 1억원인 경우 지방세징수권은 7년 동안 행사하지 아니하면 소멸시효가 완성된다.

③ 가산세를 제외한 지방세가 5천만원인 경우 지방세징수권은 5년 동안 행사하지 아니하면 소멸시효가 완성된다.

④ 납세의무자가 양도소득세를 확정신고하였으나 정부가 경정하는 경우, 국세징수권을 행사할 수 있는 때는 납세의무자가 확정신고한 법정 신고납부기한의 다음 날이다.

⑤ 납세의무자가 취득세를 신고하였으나 지방자치단체의 장이 경정하는 경우, 납세고지한 세액에 대한 지방세징수권을 행사할 수 있는 때는 그 납세고지서에 따른 납부기한의 다음 날이다.

03 종합부동산세법령상 주택에 대한 과세에 관한 설명으로 옳은 것은?

① 「신탁법」 제2조에 따른 수탁자의 명의로 등기된 신탁주택의 경우에는 수탁자가 종합부동산세를 납부할 의무가 있으며, 이 경우 수탁자가 신탁주택을 소유한 것으로 본다.

② 법인이 2주택을 소유한 경우 종합부동산세의 세율은 1천분의 50을 적용한다.

③ 거주자 甲이 2023년부터 보유한 3주택(주택 수 계산에서 제외되는 주택은 없음) 중 2주택을 2024.6.17.에 양도하고 동시에 소유권이전등기를 한 경우, 甲의 2024년도 주택분 종합부동산세액은 3주택 이상을 소유한 경우의 세율을 적용하여 계산한다.

④ 신탁주택의 수탁자가 종합부동산세를 체납한 경우 그 수탁자의 다른 재산에 대하여 강제징수하여도 징수할 금액에 미치지 못할 때에는 해당 주택의 위탁자가 종합부동산세를 납부할 의무가 있다.

⑤ 공동명의 1주택자인 경우 주택에 대한 종합부동산세의 과세표준은 주택의 시가를 합산한 금액에서 11억원을 공제한 금액에 100분의 50을 한도로 공정시장가액비율을 곱한 금액으로 한다.

04 종합부동산세법령상 토지에 대한 과세에 관한 설명으로 옳은 것은?

① 토지분 재산세의 납세의무자로서 종합합산과세대상 토지의 공시가격을 합한 금액이 5억원인 자는 종합부동산세를 납부할 의무가 있다.

② 토지분 재산세의 납세의무자로서 별도합산과세대상 토지의 공시가격을 합한 금액이 80억원인 자는 종합부동산세를 납부할 의무가 있다.

③ 토지에 대한 종합부동산세는 종합합산과세대상, 별도합산과세대상 그리고 분리과세대상으로 구분하여 과세한다.

④ 종합합산과세대상인 토지에 대한 종합부동산세의 과세표준은 해당 토지의 공시가격을 합산한 금액에서 5억원을 공제한 금액에 100분의 50을 한도로 공정시장가액비율을 곱한 금액으로 한다.

⑤ 별도합산과세대상인 토지의 과세표준 금액에 대하여 해당 과세대상 토지의 토지분 재산세로 부과된 세액(「지방세법」에 따라 가감조정된 세율이 적용된 경우에는 그 세율이 적용된 세액, 같은 법에 따라 세부담 상한을 적용받은 경우에는 그 상한을 적용받은 세액을 말한다)은 토지분 별도합산세액에서 이를 공제한다.

05 지방세법령상 취득세의 취득당시가액에 관한 설명으로 옳은 것은? (단, 주어진 조건 외에는 고려하지 않음)

① 건축물을 교환으로 취득하는 경우에는 교환으로 이전받는 건축물의 시가표준액과 이전하는 건축물의 시가표준액 중 낮은 가액을 취득당시가액으로 한다.

② 상속에 따른 건축물 무상취득의 경우에는 「지방세법」 제4조에 따른 시가표준액을 취득당시가액으로 한다.

③ 대물변제에 따른 건축물 취득의 경우에는 대물변제액(대물변제액 외에 추가로 지급한 금액이 있는 경우에는 그 금액을 제외한다)을 취득당시가액으로 한다.

④ 법인이 아닌 자가 건축물을 건축하여 취득하는 경우로서 사실상취득가격을 확인할 수 없는 경우에는 시가인정액을 취득당시가액으로 한다.

⑤ 법인이 아닌 자가 건축물을 매매로 승계취득하는 경우에는 그 건축물을 취득하기 위하여 「공인중개사법」에 따른 공인중개사에게 지급한 중개보수를 취득당시가액에 포함한다.

06 지방세법령상 취득세에 관한 설명으로 틀린 것은? (단, 지방세특례제한법령은 고려하지 않음)

① 대한민국 정부기관의 취득에 대하여 과세하는 외국정부의 취득에 대해서는 취득세를 부과한다.

② 토지의 지목을 사실상 변경함으로써 그 가액이 증가한 경우에는 취득으로 본다.

③ 국가에 귀속의 반대급부로 영리법인이 국가 소유의 부동산을 무상으로 양여받는 경우에는 취득세를 부과하지 아니한다.

④ 영리법인이 취득한 임시흥행장의 존속기간이 1년을 초과하는 경우에는 취득세를 부과한다.

⑤ 신탁(「신탁법」에 따른 신탁으로서 신탁등기가 병행되는 것만 해당한다)으로 인한 신탁재산의 취득 중 주택조합등과 조합원 간의 부동산 취득에 대해서는 취득세를 부과한다.

07 지방세법령상 부동산 취득에 대한 취득세의 표준세율로 옳은 것을 모두 고른 것은? (단, 조례에 의한 세율조정, 지방세관계법령상 특례 및 감면은 고려하지 않음)

> ㉠ 상속으로 인한 농지의 취득: 1천분의 23
> ㉡ 법인의 합병으로 인한 농지 외의 토지 취득: 1천분의 40
> ㉢ 공유물의 분할로 인한 취득: 1천분의 17
> ㉣ 매매로 인한 농지 외의 토지 취득: 1천분의 19

① ㉠, ㉡   ② ㉡, ㉢   ③ ㉢, ㉣
④ ㉠, ㉡, ㉢   ⑤ ㉡, ㉢, ㉣

08 소득세법령상 거주자의 부동산과 관련된 사업소득에 관한 설명으로 옳은 것은?

① 해당 과세기간의 종합소득금액이 있는 거주자(종합소득과세표준이 없거나 결손금이 있는 거주자를 포함한다)는 그 종합소득 과세표준을 그 과세기간의 다음 연도 5월 1일부터 5월 31일까지 대통령령으로 정하는 바에 따라 납세지 관할 세무서장에게 신고하여야 하며, 해당 과세기간에 분리과세 주택임대소득이 있는 경우에도 이를 적용한다.

② 공장재단을 대여하는 사업은 부동산임대업에 해당되지 않는다.

③ 해당 과세기간의 주거용 건물 임대업을 제외한 부동산임대업에서 발생한 결손금은 그 과세기간의 종합소득과세표준을 계산할 때 공제한다.

④ 「공익사업을 위한 토지 등의 취득 및 보상에 관한 법률」 제4조에 따른 공익사업과 관련하여 지역권을 설정함으로써 발생하는 소득은 부동산업에서 발생하는 소득에 해당한다.

⑤ 사업소득에 부동산임대업에서 발생한 소득이 포함되어 있는 사업자는 그 소득별로 구분하지 않고 회계처리하여야 한다.

부록

09 지방세법령상 재산세 과세기준일 현재 납세의무자로 틀린 것은?

① 공부상에 개인 등의 명의로 등재되어 있는 사실상의 종중재산으로서 종중소유임을 신고하지 아니하였을 경우: 종중

② 상속이 개시된 재산으로서 상속등기가 이행되지 아니하고 사실상의 소유자를 신고하지 아니하였을 경우: 행정안전부령으로 정하는 주된 상속자

③ 「도시 및 주거환경정비법」에 따른 정비사업(재개발사업만 해당한다)의 시행에 따른 환지계획에서 일정한 토지를 환지로 정하지 아니하고 체비지로 정한 경우: 사업시행자

④ 「채무자 회생 및 파산에 관한 법률」에 따른 파산선고 이후 파산종결의 결정까지 파산재단에 속하는 재산의 경우: 공부상 소유자

⑤ 지방자치단체와 재산세 과세대상 재산을 연부(年賦)로 매매계약을 체결하고 그 재산의 사용권을 무상으로 받은 경우: 그 매수계약자

10 지방세법령상 재산세의 물납에 관한 설명으로 옳은 것을 모두 고른 것은?

> ㉠ 지방자치단체의 장은 재산세의 납부세액이 1천만원을 초과하는 경우에는 납세의무자의 신청을 받아 해당 지방자치단체의 관할구역에 있는 부동산에 대하여만 대통령령으로 정하는 바에 따라 물납을 허가할 수 있다.
> ㉡ 시장·군수·구청장은 법령에 따라 불허가 통지를 받은 납세의무자가 그 통지를 받은 날부터 10일 이내에 해당 시·군·구의 관할구역에 있는 부동산으로서 관리·처분이 가능한 다른 부동산으로 변경 신청하는 경우에는 변경하여 허가할 수 있다.
> ㉢ 물납을 허가하는 부동산의 가액은 물납 허가일 현재의 시가로 한다.

① ㉠   ② ㉢   ③ ㉠, ㉡
④ ㉡, ㉢   ⑤ ㉠, ㉡, ㉢

11 지방세법령상 재산세에 관한 설명으로 옳은 것은? (단, 주어진 조건 외에는 고려하지 않음)

① 특별시 지역에서 「국토의 계획 및 이용에 관한 법률」에 따라 지정된 주거지역의 대통령령으로 정하는 공장용 건축물의 표준세율은 초과누진세율이다.

② 수탁자 명의로 등기·등록된 신탁재산의 수탁자는 과세기준일부터 15일 이내에 그 소재지를 관할하는 지방자치단체의 장에게 그 사실을 알 수 있는 증거자료를 갖추어 신고하여야 한다.

③ 주택의 토지와 건물 소유자가 다를 경우 해당 주택에 대한 세율을 적용할 때 해당 주택의 토지와 건물의 가액을 소유자별로 구분계산한 과세표준에 세율을 적용한다.

④ 주택의 재산세로서 해당 연도에 부과할 세액이 20만원 이하인 경우에는 납기를 9월 16일부터 9월 30일까지로 하여 한꺼번에 부과·징수할 수 있다.

⑤ 지방자치단체의 장은 과세대상의 누락으로 이미 부과한 재산세액을 변경하여야 할 사유가 발생하여도 수시로 부과·징수할 수 없다.

12 다음 자료를 기초로 할 때 소득세법령상 국내 토지A에 대한 양도소득세에 관한 설명으로 옳은 것은? (단, 甲, 乙, 丙은 모두 거주자임)

> - 甲은 2018.6.20. 토지A를 3억원에 취득하였으며, 2020.5.15. 토지A에 대한 자본적 지출로 5천만원을 지출하였다.
> - 乙은 2022.7.1. 직계존속인 甲으로부터 토지 A를 증여받아 2022.7.25. 소유권이전등기를 마쳤다(토지A의 증여 당시 시가는 6억원임).
> - 乙은 2024.10.20. 토지A를 甲 또는 乙과 특수 관계가 없는 丙에게 10억원에 양도하였다.
> - 토지A는 법령상 협의매수 또는 수용된 적이 없으며, 소득세법 제97조의2 양도소득의 필요경비 계산 특례(이월과세)를 적용하여 계산한 양도소득 결정세액이 이를 적용하지 않고 계산한 양도소득 결정세액보다 크다고 가정한다.

① 양도차익 계산시 양도가액에서 공제할 취득가액은 6억원이다.
② 양도차익 계산시 甲이 지출한 자본적 지출액 5천만원은 양도가액에서 공제할 수 없다.
③ 양도차익 계산시 乙이 납부하였거나 납부할 증여세 상당액이 있는 경우 양도차익을 한도로 필요경비에 산입한다.
④ 장기보유 특별공제액 계산 및 세율 적용시 보유기간은 乙의 취득일부터 양도일까지의 기간으로 한다.
⑤ 甲과 乙은 양도소득세에 대하여 연대납세의무를 진다.

13 소득세법령상 다음의 국내자산 중 양도소득세 과세대상에 해당하는 것을 모두 고른 것은? (단, 비과세와 감면은 고려하지 않음)

> ㉠ 토지 및 건물과 함께 양도하는 「개발제한구역의 지정 및 관리에 관한 특별조치법」에 따른 이축권(해당 이축권 가액을 대통령령으로 정하는 방법에 따라 별도로 평가하여 신고하지 않음)
> ㉡ 조합원입주권
> ㉢ 지역권
> ㉣ 부동산매매계약을 체결한 자가 계약금만 지급한 상태에서 양도하는 권리

① ㉠, ㉢
② ㉡, ㉣
③ ㉠, ㉡, ㉣
④ ㉡, ㉢, ㉣
⑤ ㉠, ㉡, ㉢, ㉣

14 소득세법령상 거주자의 국내자산 양도에 대한 양도소득세에 관한 설명으로 옳은 것은?

① 부담부증여의 채무액에 해당하는 부분으로서 양도로 보는 경우에는 그 양도일이 속하는 달의 말일부터 2개월 이내에 양도소득세를 신고하여야 한다.

② 토지를 매매하는 거래당사자가 매매계약서의 거래가액을 실지거래가액과 다르게 적은 경우에는 해당 자산에 대하여 「소득세법」에 따른 양도소득세의 비과세에 관한 규정을 적용할 때, 비과세 받을 세액에서 '비과세에 관한 규정을 적용하지 아니하였을 경우의 양도소득 산출세액'과 '매매계약서의 거래가액과 실지거래가액과의 차액' 중 큰 금액을 뺀다.

③ 사업상의 형편으로 인하여 세대전원이 다른 시·군으로 주거를 이전하게 되어 6개월 거주한 주택을 양도하는 경우 보유기간 및 거주기간의 제한을 받지 아니하고 양도소득세가 비과세된다.

④ 토지의 양도로 발생한 양도차손은 동일한 과세기간에 전세권의 양도로 발생한 양도소득금액에서 공제할 수 있다.

⑤ 상속받은 주택과 상속개시 당시 보유한 일반주택을 국내에 각각 1개씩 소유한 1세대가 상속받은 주택을 양도하는 경우에는 국내에 1개의 주택을 소유하고 있는 것으로 보아 1세대 1주택 비과세 규정을 적용한다.

15 소득세법령상 거주자가 2024년에 양도한 국외자산의 양도소득세에 관한 설명으로 틀린 것은? (단, 거주자는 해당 국외자산 양도일까지 계속 5년 이상 국내에 주소를 두고 있으며, 국외 외화차입에 의한 취득은 없음)

① 국외자산의 양도에 대한 양도소득이 있는 거주자는 양도소득 기본공제는 적용받을 수 있으나 장기보유 특별공제는 적용 받을 수 없다.

② 국외 부동산을 양도하여 발생한 양도차손은 동일한 과세기간에 국내 부동산을 양도하여 발생한 양도소득금액에서 통산할 수 있다.

③ 국외 양도자산이 부동산임차권인 경우 등기여부와 관계없이 양도소득세가 과세된다.

④ 국외자산의 양도가액은 그 자산의 양도 당시의 실지거래가액으로 한다. 다만, 양도 당시의 실지거래가액을 확인할 수 없는 경우에는 양도자산이 소재하는 국가의 양도 당시 현황을 반영한 시가에 따르되, 시가를 산정하기 어려울 때에는 그 자산의 종류, 규모, 거래상황 등을 고려하여 대통령령으로 정하는 방법에 따른다.

⑤ 국외 양도자산이 양도 당시 거주자가 소유한 유일한 주택으로서 보유기간이 2년 이상인 경우에도 1세대 1주택 비과세 규정을 적용받을 수 없다.

16 다음 자료를 기초로 할 때 소득세법령상 거주자 甲이 확정신고시 신고할 건물과 토지 B의 양도소득과세표준을 각각 계산하면? (단, 아래 자산 외의 양도자산은 없고, 양도소득과세표준 예정신고는 모두 하지 않았으며, 감면소득금액은 없다고 가정함)

구 분	건물(주택 아님)	토지 A	토지 B
양도차익(차손)	15,000,000원	(20,000,000원)	25,000,000원
양도일자	2024.3.10.	2024.5.20.	2024.6.25.
보유기간	1년 8개월	4년 3개월	3년 5개월

• 위 자산은 모두 국내에 있으며 등기됨
• 토지 A, 토지 B는 비사업용 토지 아님
• 장기보유 특별공제율은 6%로 가정함

	건 물	토지 B
①	0원	16,000,000원
②	0원	18,500,000원
③	11,600,000원	5,000,000원
④	12,500,000원	3,500,000원
⑤	12,500,000원	1,000,000원

TV방송 편성표

기본이론 방송(1강 30분, 총 75강)

순서	날짜	요일	과목	순서	날짜	요일	과목
1	1. 13	월	부동산학개론 1강	39	4. 9	수	부동산공시법령 7강
2	1. 14	화	민법·민사특별법 1강	40	4. 14	월	부동산세법 5강
3	1. 15	수	공인중개사법·중개실무 1강	41	4. 15	화	부동산학개론 8강
4	1. 20	월	부동산공법 1강	42	4. 16	수	민법·민사특별법 8강
5	1. 21	화	부동산공시법령 1강	43	4. 21	월	공인중개사법·중개실무 8강
6	1. 22	수	부동산학개론 2강	44	4. 22	화	부동산공법 8강
7	1. 27	월	민법·민사특별법 2강	45	4. 23	수	부동산공시법령 8강
8	1. 28	화	공인중개사법·중개실무 2강	46	4. 28	월	부동산세법 6강
9	1. 29	수	부동산공법 2강	47	4. 29	화	부동산학개론 9강
10	2. 3	월	부동산공시법령 2강	48	4. 30	수	민법·민사특별법 9강
11	2. 4	화	부동산학개론 3강	49	5. 5	월	공인중개사법·중개실무 9강
12	2. 5	수	민법·민사특별법 3강	50	5. 6	화	부동산공법 9강
13	2. 10	월	공인중개사법·중개실무 3강	51	5. 7	수	부동산공시법령 9강
14	2. 11	화	부동산공법 3강	52	5. 12	월	부동산세법 7강
15	2. 12	수	부동산공시법령 3강	53	5. 13	화	부동산학개론 10강
16	2. 17	월	부동산세법 1강	54	5. 14	수	민법·민사특별법 10강
17	2. 18	화	부동산학개론 4강	55	5. 19	월	공인중개사법·중개실무 10강
18	2. 19	수	민법·민사특별법 4강	56	5. 20	화	부동산공법 10강
19	2. 24	월	공인중개사법·중개실무 4강	57	5. 21	수	부동산공시법령 10강
20	2. 25	화	부동산공법 4강	58	5. 26	월	부동산세법 8강
21	2. 26	수	부동산공시법령 4강	59	5. 27	화	부동산학개론 11강
22	3. 3	월	부동산세법 2강	60	5. 28	수	민법·민사특별법 11강
23	3. 4	화	부동산학개론 5강	61	6. 2	월	부동산공법 11강
24	3. 5	수	민법·민사특별법 5강	62	6. 3	화	부동산세법 9강
25	3. 10	월	공인중개사법·중개실무 5강	63	6. 4	수	부동산학개론 12강
26	3. 11	화	부동산공법 5강	64	6. 9	월	민법·민사특별법 12강
27	3. 12	수	부동산공시법령 5강	65	6. 10	화	부동산공법 12강
28	3. 17	월	부동산세법 3강	66	6. 11	수	부동산세법 10강
29	3. 18	화	부동산학개론 6강	67	6. 16	월	부동산학개론 13강
30	3. 19	수	민법·민사특별법 6강	68	6. 17	화	민법·민사특별법 13강
31	3. 24	월	공인중개사법·중개실무 6강	69	6. 18	수	부동산공법 13강
32	3. 25	화	부동산공법 6강	70	6. 23	월	부동산학개론 14강
33	3. 26	수	부동산공시법령 6강	71	6. 24	화	민법·민사특별법 14강
34	3. 31	월	부동산세법 4강	72	6. 25	수	부동산공법 14강
35	4. 1	화	부동산학개론 7강	73	6. 30	월	부동산학개론 15강
36	4. 2	수	민법·민사특별법 7강	74	7. 1	화	민법·민사특별법 15강
37	4. 7	월	공인중개사법·중개실무 7강	75	7. 2	수	부동산공법 15강
38	4. 8	화	부동산공법 7강				

과목별 강의 수
부동산학개론: 15강 / 민법·민사특별법: 15강
공인중개사법·중개실무: 10강 / 부동산공법: 15강 / 부동산공시법령: 10강 / 부동산세법: 10강

방송대학TV 방송기간 문제풀이: 2025. 7. 7 ～ 8. 20 모의고사: 2025. 8. 25 ～ 10. 1
방송시간 ─ 본방송: 월~수 오전 7시 ～ 7시 30분
         └ 재방송: 토 오전 6시 ～ 7시 30분(3회 연속방송)

TV방송 편성표

문제풀이 방송(1강 30분, 총 21강)

순서	날짜	요일	과목	순서	날짜	요일	과목
1	7. 7	월	부동산학개론 1강	12	7. 30	수	부동산세법 2강
2	7. 8	화	민법·민사특별법 1강	13	8. 4	월	부동산학개론 3강
3	7. 9	수	공인중개사법·중개실무 1강	14	8. 5	화	민법·민사특별법 3강
4	7. 14	월	부동산공법 1강	15	8. 6	수	공인중개사법·중개실무 3강
5	7. 15	화	부동산공시법령 1강	16	8. 11	월	부동산공법 3강
6	7. 16	수	부동산세법 1강	17	8. 12	화	부동산공시법령 3강
7	7. 21	월	부동산학개론 2강	18	8. 13	수	부동산세법 3강
8	7. 22	화	민법·민사특별법 2강	19	8. 18	월	부동산학개론 4강
9	7. 23	수	공인중개사법·중개실무 2강	20	8. 19	화	민법·민사특별법 4강
10	7. 28	월	부동산공법 2강	21	8. 20	수	부동산공법 4강
11	7. 29	화	부동산공시법령 2강				

과목별 강의 수: 부동산학개론: 4강 / 민법·민사특별법: 4강
공인중개사법·중개실무: 3강 / 부동산공법: 4강 / 부동산공시법령: 3강 / 부동산세법: 3강

모의고사 방송(1강 30분, 총 18강)

순서	날짜	요일	과목	순서	날짜	요일	과목
1	8. 25	월	부동산학개론 1강	10	9. 15	월	부동산공법 2강
2	8. 26	화	민법·민사특별법 1강	11	9. 16	화	부동산공시법령 2강
3	8. 27	수	공인중개사법·중개실무 1강	12	9. 17	수	부동산세법 2강
4	9. 1	월	부동산공법 1강	13	9. 22	월	부동산학개론 3강
5	9. 2	화	부동산공시법령 1강	14	9. 23	화	민법·민사특별법 3강
6	9. 3	수	부동산세법 1강	15	9. 24	수	공인중개사법·중개실무 3강
7	9. 8	월	부동산학개론 2강	16	9. 29	월	부동산공법 3강
8	9. 9	화	민법·민사특별법 2강	17	9. 30	화	부동산공시법령 3강
9	9. 10	수	공인중개사법·중개실무 2강	18	10. 1	수	부동산세법 3강

과목별 강의 수: 부동산학개론: 3강 / 민법·민사특별법: 3강
공인중개사법·중개실무: 3강 / 부동산공법: 3강 / 부동산공시법령: 3강 / 부동산세법: 3강

연구 집필위원

정석진	하헌진	이태호	이 혁	임기원
이기명	유상순	김성래	김인삼	이준호
김형섭				

제36회 공인중개사 시험대비 **전면개정판**

2025 박문각 공인중개사
합격예상문제 2차 부동산세법

초판인쇄 | 2025. 4. 1. **초판발행** | 2025. 4. 5. **편저** | 박문각 부동산교육연구소
발행인 | 박 용 **발행처** | (주)박문각출판 **등록** | 2015년 4월 29일 제2019-000137호
주소 | 06654 서울시 서초구 효령로 283 서경 B/D 4층 **팩스** | (02)584-2927
전화 | 교재 주문 (02)6466-7202, 동영상문의 (02)6466-7201

판 권
본 사
소 유

정가 27,000원
ISBN 979-11-7262-700-3 | ISBN 979-11-7262-696-9(2차 세트)

박문각 출판 홈페이지에서
공인중개사 정오표를 활용하세요!

보다 빠르고, 편리하게 법령의 제·개정 내용을 확인하실 수 있습니다.

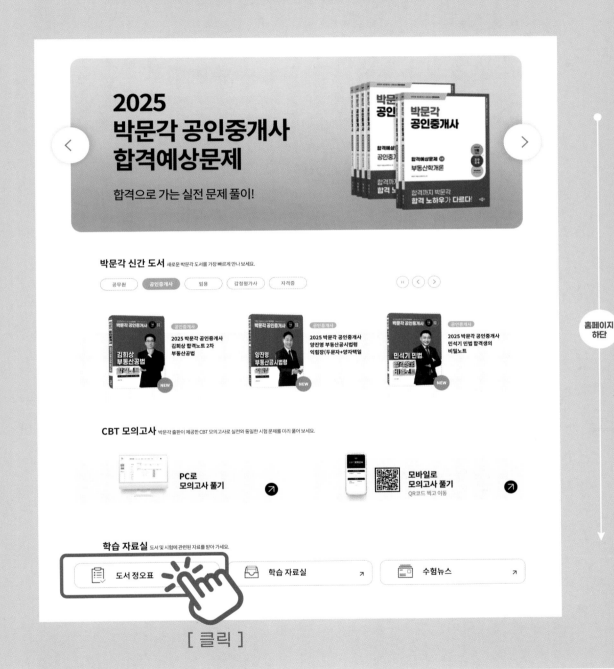

[클릭]

박문각 공인중개사 정오표의 장점	
✓	공인중개사 1회부터 함께한 박문각 공인중개사 전문 교수진의 철저한 제·개정 법령 감수
✓	과목별 정오표 업데이트 서비스 실시! (해당 연도 시험 전까지)
✓	박문각 공인중개사 온라인 "교수학습 Q&A"에서 박문각 공인중개사 교수진에게 직접 문의·답변

박문각 공인중개사

2025 합격 로드맵

합격을 향한 가장 확실한 선택

박문각 공인중개사 수험서 시리즈는 공인중개사 합격을 위한 가장 확실한 선택입니다.

01 기초입문

합격을 향해
기초부터 차근차근!

합격 자신감 UP! **합격지원 플러스 교재**

─

기초입문서 총 2권

합격설명서 │ 민법 판례 │ 핵심용어집 │ 기출문제해설

02 기본이론

기본 개념을
체계적으로 탄탄하게!

─

기본서 총 6권

03 필수이론

합격을 향해
저자직강 필수 이론 과정!

─

저자필수서

전면개정판 제36회 공인중개사 시험대비

방송대학TV 무료강의 | 첫방송 2025. 7. 7(월) 오전 7시

박문각
공인중개사

합격예상문제 2차
부동산세법

정답해설집

박문각 부동산교육연구소 편

브랜드만족
1위
박문각

근거자료
후면표기

2025

동영상강의
www.pmg.co.kr

합격까지 박문각
합격 노하우가 다르다!

박문각

성공을 위한 가장 확실한 선택

박문각은 1972년부터의 노하우와 교육에 대한 끊임없는 열정으로 공인중개사 합격의 기준을 제시하며 경매 및 중개실무 연계교육과 합격자 네트워크를 통해 공인중개사 합격자들의 성공을 보장합니다.

01

공인중개사의 시작 박문각

공인중개사 시험이 도입된 제1회부터
제35회 시험까지 수험생들의 합격을
이끌어 온 대한민국 유일의 교육기업입니다.

02

오랜시간 축적된 데이터

1회부터 지금까지 축적된 방대한 데이터로
박문각 공인중개사는 빠른 합격 & 최다
합격률을 자랑합니다.

03

업계 최고&최다 교수진 보유

공인중개사 업계 최다 교수진이
최고의 강의로 수험생 여러분의
합격을 위해 끊임없이 연구하고 있습니다.

04

전국 학원 수 규모 1위

전국 20여 개 학원을 보유하고 있는
박문각 공인중개사는 업계 최대 규모로서
전국 학원 수 규모 1위 입니다.

박문각 공인중개사

전면개정판 제36회 공인중개사 시험대비
방송대학TV 무료강의 | 첫방송 2025.7.7(월) 오전 7시

박문각 공인중개사

합격예상문제 2차
부동산세법
정답해설집

박문각 부동산교육연구소 편

브랜드만족
1위
박문각
근거자료
후면표기

2025

동영상강의
www.pmg.co.kr

합격까지 박문각
합격 노하우가 다르다!

박문각 공인중개사

CONTENTS

이 책의 차례

01 ⑤	02 ⑤	03 ①	04 ④	05 ⑤	06 ④	07 ③	08 ①	09 ②	10 ①
11 ⑤	12 ③	13 ④	14 ②	15 ⑤	16 ②	17 ③	18 ⑤	19 ①	20 ②
21 ④	22 ②	23 ③	24 ③	25 ②	26 ④	27 ③	28 ③	29 ④	30 ①
31 ④									

01 ⑤ 재산세는 시·군세이다. 즉, 도 단위에서는 도청으로 귀속되는 것이 아닌 시·군·구로 귀속된다.

02 ⑤ 등록면허세: 구세, 도세
① 주민세: 특별시세·광역시세, 시·군세
② 취득세: 특별시세·광역시세, 도세
③ 지방소비세: 특별시세·광역시세, 도세
④ 지방교육세: 특별시세·광역시세, 도세

03 1. 국세: 양도소득세, 상속세, 증여세
2. 지방세: 취득세, 등록면허세, 재산세, 지방교육세, 지역자원시설세

04 ① 재산세와 지역자원시설세는 지방세이다.
② 지방교육세는 지방세이다.
③ 모두 지방세이다.
⑤ 지역자원시설세는 지방세이다.

05 1. 국세: 양도소득세, 종합소득세, 상속세, 증여세
2. 지방세: 등록면허세, 재산세, 지방교육세, 지역자원시설세

06 ④ 취득세의 납세의무 성립시기는 과세물건을 취득하는 때이다.

07 ③ 농어촌특별세의 납세의무 성립시기는 본세의 납세의무가 성립하는 때이다.

08 ① 개인분 주민세: 과세기준일(매년 7월 1일) (지방세기본법 제34조 제1항 제6호 가목, 지방세법 제79조 제2항)
② 거주자의 양도소득에 대한 지방소득세: 과세표준이 되는 소득에 대하여 소득세의 납세의무가 성립하는 때(매년 12월 31일) (지방세기본법 제34조 제1항 제7호)

③ 재산세에 부가되는 지방교육세 : 과세표준이 되는 세목의 납세의무가 성립하는 때(재산세의 성립시기 = 매년 6월 1일) (지방세기본법 제34조 제1항 제11호)

④ 중간예납하는 소득세 : 중간예납기간(1월 1일부터 6월 30일까지)이 끝나는 때(매년 6월 30일) (국세기본법 제21조 제2항 제3호)

⑤ 자동차 소유에 대한 자동차세 : 납기가 있는 달의 1일(매년 6월 1일, 매년 12월 1일) (지방세기본법 제34조 제1항 제9호 가목)

09 ② ⓒ 종합부동산세 : 정부부과제도(원칙), 신고납세제도(예외), 국세
'확정'이란 세금계산을 누가 하느냐를 말하는 것으로 '부과·징수'·'징수방법'과 같은 말이다.
종합부동산세는 원칙적으로 과세관청의 결정에 의하여 납세의무가 확정되는 국세이다. 예외적으로 납세자의 선택에 의해 종합부동산세의 세금계산을 납세자가 할 수도 있다.
ⓖ 취득세 : 신고납부, 지방세
ⓒ 재산세 : 보통징수, 지방세
ⓔ 양도소득세 : 신고납세제도, 국세

10 ① '종합부동산세'는 원칙적으로 과세표준과 세액을 정부가 결정하는 때 세액이 확정되나 예외적으로 납세의무자가 법정신고기간 내 신고하는 때에는 정부의 결정이 없었던 것으로 본다.

> **종합부동산세법 제16조【부과·징수 등】**① 관할세무서장은 납부하여야 할 종합부동산세의 세액을 결정하여 해당 연도 12월 1일부터 12월 15일("납부기간"이라 한다)까지 부과·징수한다.
> ② 관할세무서장은 종합부동산세를 징수하려면 납부고지서에 주택 및 토지로 구분한 과세표준과 세액을 기재하여 납부기간 개시 5일 전까지 발급하여야 한다.
> ③ ① 및 ②에도 불구하고 종합부동산세를 신고납부방식으로 납부하고자 하는 납세의무자는 종합부동산세의 과세표준과 세액을 해당 연도 12월 1일부터 12월 15일까지 대통령령으로 정하는 바에 따라 관할세무서장에게 신고하여야 한다. 이 경우 ①의 규정에 따른 결정은 없었던 것으로 본다.

11 ⑤ 양도소득세의 예정신고만으로 양도소득세 납세의무가 확정된다.

12 ③ 납세자에게 부정행위가 없으며 특례제척기간에 해당하지 않는 경우 원칙적으로 납세의무 성립일부터 5년이 지나면 종합부동산세를 부과할 수 없다.

13 ④ 소득세 납세자가 법정신고기한까지 과세표준신고서를 제출하지 아니한 경우 제척기간은 해당 소득세를 부과할 수 있는 날부터 7년간이다.

14 ② 납세자가 사기나 그 밖의 부정한 행위로 지방세를 포탈하거나 환급 또는 경감받은 경우 부과의 제척기간은 10년이다.

15 ⑤ 납세고지·독촉 또는 납부최고(納付催告)·교부청구·압류의 사유로 소멸시효는 중단된다.

16 ② 1. 틀린 것 : ⓒ, ⓒ(2개)
　　ⓒ 취득세 ⇨ (원칙) 신고납부, (예외) 보통징수
　　ⓒ 확정 : 재산세 ⇨ 보통징수
　　2. 옳은 것 : ⓐ, ⓓ, ⓔ(3개)

17 ③ 취득세 신고서를 납세지 관할 지방자치단체장에게 제출한 날 전에 저당권 설정 등기 사실이 증명되는 재산을 매각하여 그 매각대금에서 취득세를 징수하는 경우, 저당권에 따라 담보된 채권은 취득세에 우선한다.

18 ⑤ 납세담보물 매각시 압류에 관계되는 조세채권은 담보 있는 조세채권보다 우선하지 못한다.

19 ① 체납된 조세의 법정기일 전에 채권담보를 위해 甲이 저당권 설정등기한 사실이 부동산등기부 등본에 증명되는 甲 소유 토지 A의 공매대금에 대하여 그 조세와 피담보채권이 경합되는 경우, 피담보채권보다 우선 징수하는 조세(당해세)는 국세인 경우 상속세와 증여세, 종합부동산세가 있고 지방세인 경우 재산세, 재산세에 부가되는 지방교육세, 소방분 지역자원시설세가 있다.

20 ② 상속세와 증여세는 부가세가 부과되지 않는 조세이다.

21 ④ 취득세에는 표준세율을 100분의 2로 적용하여 산출한 취득세액의 10%에 해당하는 농어촌특별세가 부가된다.

22 ② 종합부동산세 : 보유단계, 국세
　　① 재산세 : 보유단계, 지방세
　　③ 상속세 : 취득단계, 국세
　　④ 양도소득세 : 양도단계, 국세
　　⑤ 취득세 : 취득단계, 지방세

23 ③ 지방소득세 : 보유, 양도
　　① 인지세 : 취득, 양도
　　② 농어촌특별세 : 취득, 보유, 양도
　　④ 지방교육세 : 취득, 보유
　　⑤ 부가가치세 : 취득, 보유, 양도

24 ③ 재산세 : 물납 ○
　　① 취득세 : 물납 ×
　　② 등록면허세 : 물납 ×
　　④ 종합부동산세 : 물납 ×
　　⑤ 양도소득세 : 물납 ×

25 ② 등록면허세는 분납을 허용하지 않는다.

26 ④ ㉢, ㉣
  ㉢ 재산세: 물납 ○, 분납 ○
  ㉣ 재산세 도시지역분: 물납 ○, 분납 ○
  ㉠ 취득세: 물납 ×, 분납 ×
  ㉡ 등록면허세: 물납 ×, 분납 ×
  ㉤ 소방분에 대한 지역자원시설세: 물납 ×, 분납 ○(2022년 개정)
  ㉥ 종합부동산세: 물납 ×, 분납 ○
  ㉦ 부동산임대업에서 발생한 사업소득에 대한 종합소득세: 물납 ×, 분납 ○
  ㉧ 양도소득세: 물납 ×, 분납 ○

27 ③ 대리인은 본인을 위하여 그 신청에 관한 모든 행위를 할 수 있다. 다만, 그 신청의 취하는 특별한
  위임을 받은 경우에만 할 수 있다.

28 ③ 심사청구인에게 중대한 손해가 생기는 것을 예방할 필요가 긴급하다고 인정될 때에 집행정지를
  결정할 수 있다.

29 ④ 이의신청, 심판청구는 그 처분의 집행에 효력을 미치지 아니한다. 다만, 압류한 재산에 대하여는
  이의신청, 심판청구의 결정처분이 있는 날부터 30일까지 공매처분을 보류할 수 있다(지방세기본법
  시행령 제102조).

30 ① 소득세 중간예납세액의 납부고지서로서 50만원 미만인 경우에만 일반우편으로 송달할 수 있다.

31 ④ 공동으로 소유한 자산에 대한 양도소득금액을 계산하는 경우에는 해당 자산을 공동으로 소유하
  는 공유자가 그 양도소득세를 연대하여 납부할 의무가 없다.

> **소득세법 제2조2 【납세의무의 범위】** ⑤ 공동으로 소유한 자산에 대한 양도소득금액을 계산하는 경
> 우에는 해당 자산을 공동으로 소유하는 각 거주자가 납세의무를 진다.

제1장 취득세

Answer

01 ④	02 ⑤	03 ②	04 ④	05 ②	06 ④	07 ②	08 ③	09 ⑤	10 ②
11 ②	12 ④	13 ③	14 ④	15 ③	16 ②	17 ②	18 ③	19 ④	20 ①
21 ①	22 ①	23 ①	24 ⑤	25 ③	26 ⑤	27 ③	28 ④	29 ③	30 ⑤
31 ⑤	32 ⑤	33 ②	34 ③	35 ④	36 ③	37 ⑤	38 ③	39 ③	40 ④
41 ③	42 ③	43 ②	44 ④	45 ⑤	46 ①	47 ①	48 ⑤	49 ⑤	50 ④
51 ③	52 ⑤								

01 ④ 토지의 지목을 사실상 변경함으로써 그 가액이 증가한 경우에 취득으로 본다.

02 ⑤ 다른 주주의 주식이 감자됨으로써 과점주주 "丙"의 지분비율이 증가한 것은 주식을 취득하여 지분비율이 증가한 것이 아니므로 "丙"은 취득세 납세의무를 지지 않는다(行自部 稅政 13407 - 1006).

03 ② 과점주주였으나 주식 등의 양도, 해당 법인의 증자 등으로 과점주주에 해당하지 아니하게 되었다가 해당 법인의 주식 등을 취득하여 다시 과점주주가 된 경우에는 다시 과점주주가 된 당시의 주식 등의 비율이 그 이전에 과점주주가 된 당시의 주식 등의 비율보다 증가된 경우에만 그 증가분만을 취득으로 보아 취득세를 부과한다. 이 사례의 경우 70% ⇨ 40% ⇨ 80%이므로 10%가 과점주주가 된 당시의 주식 등의 비율보다 증가되었다.

04 ④ 12억원
🏠 **과점주주 과세표준의 계산**
1. 취득세 과세대상 자산가액 : (1) + (2) + (3) + (4) = 20억원
(1) 토지 : 10억원
(2) 건물 : 5억원
(3) 차량 : 2억원
(4) 골프 회원권 : 3억원
(5) (주)삼성전자 주식은 취득세 과세대상이 아님
2. 과점주주가 취득한 지분비율 : 60%(과점주주가 아닌 주주가 최초로 과점주주가 된 경우에는 모두 취득한 것으로 의제)
(1) 설립시 : 40%
(2) 매입 후 : 60%
3. 과세표준 : 20억원(취득세 과세대상 자산가액) × 60%(과점주주가 취득한 지분비율) = 12억원

05 ② 등기된 부동산 임차권은 취득세 과세대상이 아니라 양도소득세 과세대상이다.

06 ④ 법인이 부동산을 현물출자 받아 취득하는 경우 취득세가 과세된다.
① 유가증권시장에 상장된 주식은 취득세 과세대상이 아니다.
② 차량을 원시취득한 경우에는 취득세를 과세하지 않는다.
③ 법인 설립시에 발행하는 주식 또는 지분을 취득함으로써 과점주주가 된 경우에는 취득으로 보지 않는다.
⑤ 출판권은 취득세 과세대상이 아니다.

07 ① 법인설립시에 발행하는 주식 또는 지분을 취득함으로써 과점주주가 된 경우에는 취득으로 보지 아니한다.
③ 건축물 중 조작 설비, 그 밖의 부대설비에 속하는 부분으로서 그 주체구조부와 하나가 되어 건축물로서의 효용가치를 이루고 있는 것에 대하여는 주체구조부 취득자 외의 자가 가설(加設)한 경우에도 주체구조부의 취득자가 함께 취득한 것으로 본다.
④ 「민법」 등 관계법령에 따른 등기·등록 등을 하지 아니한 경우라도 사실상 취득하면 각각 취득한 것으로 보고 해당 취득물건의 소유자 또는 양수인을 각각 취득자로 한다. ⇨ 사실상의 취득
⑤ 토지의 지목을 사실상 변경함으로써 그 가액이 증가한 경우에 취득으로 본다.

08 ③ 직계비속이 권리의 이전에 등기가 필요한 직계존속의 부동산을 서로 교환한 경우 무상으로 취득한 것으로 본다.
⇨ 직계비속이 권리의 이전에 등기가 필요한 직계존속의 부동산을 서로 교환한 경우 유상으로 취득한 것으로 본다.

09 ⑤ 건축물 중 조작(造作)설비, 그 밖의 부대설비에 속하는 부분으로서 그 주체구조부(主體構造部)와 하나가 되어 건축물로서의 효용가치를 이루고 있는 것에 대하여는 주체구조부 취득자 외의 자가 가설(加設)한 경우에도 주체구조부의 취득자가 함께 취득한 것으로 본다.

10 ② 무상승계취득의 경우에는 그 계약일(상속으로 인한 취득의 경우에는 상속개시일)에 취득한 것으로 본다.

11 ② 토지의 지목변경에 따른 취득은 토지의 지목이 사실상 변경된 날과 공부상 변경된 날 중 빠른 날을 취득일로 본다.

12 ① 토지의 지목변경에 따른 취득은 토지의 지목이 사실상 변경된 날과 공부상 변경된 날 중 빠른 날을 취득일로 본다. 다만, 토지의 지목변경일 이전에 사용하는 부분에 대해서는 그 사실상의 사용일을 취득일로 본다.
② 부동산을 연부로 취득하는 것은 그 사실상의 연부금 지급일을 취득일로 본다. 다만, 취득일 전에 등기 또는 등록을 한 경우에는 그 등기일 또는 등록일에 취득한 것으로 본다.

③ 무상승계취득한 취득물건을 취득일에 등기·등록하지 않고 화해조서·인낙조서에 의하여 취득일부터 취득일이 속하는 달의 말일부터 3개월 이내에 계약이 해제된 사실을 입증하는 경우에는 취득한 것으로 보지 아니한다.

⑤ 관계 법령에 따라 매립·간척 등으로 토지를 원시취득하는 경우에는 공사준공인가일 전에 사실상 사용하는 경우에는 사실상 사용일을 취득일로 본다.

13 ③ 개인 간의 유상승계취득의 경우 사실상의 잔금지급일(2025년 11월 20일)이 취득시기이다.

14 ④ 상속에 따른 무상취득의 경우 시가표준액을 취득당시가액으로 한다.

15 ③ 토지의 지목을 사실상 변경한 경우 취득당시가액은 그 변경으로 증가한 가액에 해당하는 사실상 취득가격으로 한다.

16 ② 취득물건에 대한 시가표준액이 1억원 이하인 부동산 등을 무상취득(상속은 제외한다)하는 경우 시가인정액과 시가표준액 중에서 납세자가 정하는 가액을 취득당시가액으로 한다(지방세법 제10조의2 제2항 제2호).

17 ② 사실상의 취득가격에 포함되는 항목: ㄹ(1개)
㉠ 취득대금을 일시급 등으로 지급하여 일정액을 할인받은 경우에는 그 할인된 금액을 취득가격으로 한다. 이 경우 그 할인액은 취득가격에 포함하지 않는다.
㉡ 부동산의 건설자금에 충당한 차입금의 이자는 개인이 취득한 경우 취득가격에 포함하지 않는다.
㉢ 연불조건부 계약에 따른 이자상당액 및 연체료는 개인이 취득한 경우 취득가격에 포함하지 않는다.

18 ③ 법인이 아닌 자가 취득한 경우 건설자금에 충당한 차입금의 이자 또는 이와 유사한 금융비용을 제외한 금액으로 한다.

19 ④ 1천분의 30
부동산을 상호교환하여 소유권이전등기를 하는 것은 유상승계취득에 해당하므로 농지의 교환인 경우 1천분의 30, 농지 외의 것의 교환인 경우 1천분의 40의 세율을 적용한다(지방세 통칙 11 - 2).

20 ① 1. 옳은 것: ㉠, ㉡
㉠ 상속으로 인한 농지의 취득: 1천분의 23(지방세법 제11조 제1항 제1호 가목)
㉡ 법인의 합병으로 인한 농지 외의 토지 취득: 1천분의 40(지방세법 제11조 5항)
2. 틀린 것: ㉢, ㉣
㉢ 공유물의 분할로 인한 취득: 1천분의 17 ⇨ 1천분의 23(지방세법 제11조 제1항 제5호)
㉣ 매매로 인한 농지 외의 토지 취득: 1천분의 19 ⇨ 1천분의 40(지방세법 제11조 제1항 제7호 나목)

21 ① 틀린 것 : ⓑ(1개)
　ⓑ 매매로 인한 농지 외의 토지 취득 : 1천분의 40

22 ② 상속으로 임야 취득 : 1천분의 28
　③ 공유물의 분할(등기부등본상 본인 지분을 초과하는 부분의 경우에는 제외한다) : 1천분의 23
　④ 매매로 나대지의 취득 : 1천분의 40
　⑤ 개인이 증여로 농지 취득 : 1천분의 35

23 ① 병원의 병실 : 중과세 ×
　② 골프장 : 사치성재산 ⇨ (표준세율 + 8%)
　③ 고급주택 : 사치성재산 ⇨ (표준세율 + 8%)
　④ 법인 본점의 사무소전용 주차타워 ⇨ (표준세율 + 4%)
　⑤ 고급오락장 : 사치성재산 ⇨ (표준세율 + 8%)

24 ⑤ 개수로 인한 취득(개수로 인하여 건축물 면적이 증가하지 아니함)의 경우에는 중과기준세율 (2%)를 적용한다.

25 ③ ⓛ, ⓒ
　ⓛ 토지의 지목을 사실상 변경함으로써 그 가액이 증가한 경우 : 중과기준세율(2%)
　ⓒ 법인 설립 후 유상 증자시에 주식을 취득하여 최초로 과점주주가 된 경우 : 중과기준세율(2%)
　ⓐ 개수로 인하여 건축물 면적이 증가하는 경우 그 증가된 부분 : 개수로 인하여 건축물 면적이 증 가할 때에는 그 증가된 부분에 대하여 원시취득으로 보아 제1항 제3호의 세율(1천분의 28)을 적용한 다(지방세법 제11조 부동산 취득의 세율 ③).
　ⓓ 상속으로 농지를 취득한 경우 : 1천분의 23

26 ⑤ 과밀억제권역에서 본점이나 주사무소의 사업용 부동산(본점이나 주사무소용 건축물을 신축하거 나 증축하는 경우와 그 부속토지만 해당한다)을 취득하는 경우에는 표준세율에 중과기준세율의 100 분의 200을 합한 세율을 적용한다.

27 ③ 취득세 과세물건을 취득한 후에 그 과세물건이 중과세 세율의 적용대상이 되었을 때에는 대통령 령으로 정하는 날부터 60일 이내에 중과세 세율을 적용하여 산출한 세액에서 이미 납부한 세액(가 산세는 제외한다)을 공제한 금액을 세액으로 하여 대통령령으로 정하는 바에 따라 신고하고 납부하 여야 한다.

28 ④ 취득가액이 50만원 이하일 때에는 취득세를 부과하지 아니한다.

29 ③ 취득세 과세물건을 취득한 자는 그 취득한 날부터 60일 이내, 상속으로 인한 경우는 상속개시일이 속하는 달의 말일부터 6개월 이내에 그 과세표준에 세율을 적용하여 산출한 세액을 신고하고 납부하여야 한다.

30 ① 상속으로 취득세 과세물건을 취득한 자는 상속개시일이 속하는 달의 말일부터 6개월 이내에 과세표준과 세액을 신고·납부하여야 한다.
② 취득세 과세물건을 취득한 후에 그 과세물건이 중과세율의 적용대상이 되었을 때에는 취득한 날부터 60일 이내에 중과세율을 적용하여 산출한 세액에서 이미 납부한 세액(가산세 제외)을 공제한 금액을 신고하고 납부하여야 한다.
③ 취득세 과세물건을 취득한 자가 재산권의 취득에 관한 사항을 등기하는 경우 등기관서에 접수하는 날까지 취득세를 신고·납부하여야 한다.
④ 취득세 납세의무가 있는 법인이 장부 등의 작성과 보존의무를 이행하지 아니한 경우 산출세액의 100분의 10에 상당하는 가산세가 부과된다.

31 ⑤ 등기·등록관서의 장은 등기 또는 등록 후에 취득세가 납부되지 아니하였거나 납부부족액을 발견하였을 때에는 다음 달 10일까지 납세지를 관할하는 시장·군수·구청장에게 통보하여야 한다 (지방세법시행령 제38조 취득세 미납부 및 납부부족액에 대한 통보).

32 ⑤ 틀린 것: ㉠, ㉡, ㉢, ㉣(4개)
㉠ 납세의무자가 취득세 과세물건을 사실상 취득한 후 취득세 신고를 하지 아니하고 매각하는 경우에는 산출세액에 100분의 80을 가산한 금액을 세액으로 하여 보통징수의 방법으로 징수한다.
㉡ 취득가액이 50만원 이하일 때에는 취득세를 부과하지 아니한다.
㉢ 취득세 과세물건을 취득한 자가 재산권의 취득에 관한 사항을 등기하는 경우 등기하기 전까지 취득세를 신고·납부하여야 한다.
㉣ 취득세 과세물건을 취득한 후 중과세 세율 적용대상이 되었을 경우 60일 이내에 산출세액에서 이미 납부한 세액(가산세 제외)을 공제하여 신고·납부하여야 한다.

33 ② 취득세 과세물건을 취득한 후에 그 과세물건이 중과세 세율의 적용대상이 되었을 때에는 대통령령으로 정하는 날부터 60일 이내에 중과세 세율을 적용하여 산출한 세액에서 이미 납부한 세액(가산세는 제외한다)을 공제한 금액을 세액으로 하여 대통령령으로 정하는 바에 따라 신고하고 납부하여야 한다.

34 ③ 취득세를 비과세, 과세면제 또는 경감받은 후에 해당 과세물건이 취득세 부과대상 또는 추징 대상이 되었을 때에는 그 사유 발생일부터 60일 이내에 산출한 세액[경감받은 경우에는 이미 납부한 세액(가산세는 제외한다)을 공제한 세액을 말한다]을 신고하고 납부하여야 한다.

35 법정신고기한이 지난 후 (1개월) 이내에 기한 후 신고를 한 경우 (무신고가산세액)의 100분의 50에 상당하는 금액을 감면한다. 기한 후 신고서를 제출한 경우(납부할 세액이 있는 경우에는 그 세액을 납부한 경우만 해당한다) 지방자치단체의 장은 「지방세법」에 따라 신고일부터 (3개월) 이내에 그 지방세의 과세표준과 세액을 결정하여야 한다.

36 ③ 취득세 비과세 : ㉠, ㉡, ㉣(3개)
㉠ 서울특별시가 구청청사로 취득한 건물 : 비과세
㉡ 대한민국 정부기관의 취득에 대하여 과세하지 않는 외국정부의 취득 : 비과세
㉣ 국가, 지방자치단체 또는 지방자치단체조합에 귀속 또는 기부채납을 조건으로 취득하는 부동산 : 비과세
㉢ 이전한 건축물의 가액이 종전 건축물의 가액을 초과하지 아니하는 경우 그 건축물의 이전으로 인한 취득 : 과세(표준세율 − 2%)
㉤ 법령이 정하는 고급주택에 해당하는 임시건축물의 취득 : 과세
㉥ 「건축법」에 따른 공동주택의 대수선 : 과세

37 ⑤ 「건축법」에 따른 공동주택의 대수선은 취득세를 부과한다.

38 ③ 「지방세법」 제9조 제3항에서 규정한 「신탁」이라 함은 「신탁법」에 의하여 위탁자가 수탁자에 신탁등기를 하거나 신탁해지로 수탁자가 위탁자에게 이전되거나 수탁자가 변경되는 경우를 말하며, 명의신탁해지로 인한 취득 등은 「신탁법」에 의한 신탁이 아니므로 이에 해당되지 아니한다(지방세법 제9조 관련 운영예규 : 법 9 − 3).

39 ③ 법인설립시 발행하는 주식을 취득함으로써 지방세기본법에 따른 과점주주가 되었을 때에는 그 과점주주가 해당 법인의 부동산 등을 취득한 것으로 보지 아니한다.

40 ④ 1. 틀린 것 : ㉠, ㉡, ㉢, ㉤(4개)
㉠ 납세의무자 : 관계 법령에 따른 등기·등록 등을 하지 아니한 경우라도 사실상 취득하면 각각 취득한 것으로 보고 해당 취득물건의 소유자 또는 양수인을 각각 취득자로 한다.
㉡ 과점주주 : 설립 ⇨ 납세의무 ×
㉢ 취득시기 : 토지의 지목변경일 이전에 사용하는 부분에 대해서는 그 사실상의 사용일을 취득일로 본다.
㉤ 비과세 : 임시건축물 ⇨ 고급오락장(사치성재산) ⇨ 과세
2. 옳은 것 : ㉣(1개)

41 ③ 틀린 것 : ㉠, ㉣, ㉤(3개)
㉠ 취득시기 : 연부취득 ⇨ 사실상의 연부금 지급일(다만, 사실상 연부금 지급일 전에 등기 또는 등록을 하는 경우에는 그 등기일 또는 등록일)
㉣ 매각 : 중가산세 ⇨ 100분의 10 ⇨ 토지의 지목변경 ⇨ 중가산세 적용 ×
㉤ 비과세 : 「건축법」상 대수선 ⇨ 과세

42 ③ 무상승계취득한 취득물건을 취득일에 등기·등록하지 아니하고 화해조서·인낙조서에 의하여 취득일부터 취득일이 속하는 달의 말일부터 3개월 이내에 계약이 해제된 사실을 입증하는 경우에는 취득한 것으로 보지 아니한다.

43 ② 「도시 및 주거환경정비법」 제16조 제2항에 따른 주택재건축조합이 주택재건축사업을 하면서 조합원으로부터 취득하는 토지 중 조합원에게 귀속되지 아니하는 토지를 취득하는 경우에는 「도시 및 주거환경정비법」 제54조 제2항에 따른 소유권이전 고시일의 다음 날에 그 토지를 취득한 것으로 본다.

44 ④ 지방자치단체의 장은 조례로 정하는 바에 따라 취득세의 세율을 표준세율의 100분의 50의 범위에서 가감할 수 있다.

45 ⑤ 무덤과 이에 접속된 부속시설물의 부지로 사용되는 토지로서 지적공부상 지목이 묘지인 토지의 취득에 대한 취득세는 중과기준세율을 적용하여 계산한 금액을 그 세액으로 한다(지방세법시행령 제30조 제2항 제2호).

46 ① 부동산을 연부로 취득하는 것은 사실상의 연부금 지급일을 취득일로 본다. 다만, 사실상 연부금 지급일 전에 등기 또는 등록을 하는 경우에는 그 등기일 또는 등록일을 취득일로 본다.

47 ① 취득세 특징: ㉠, ㉡, ㉢, ㉣, ㉥, ㉦, ㉧(7개)
㉮ 초과누진세율: 취득세 세율에는 초과누진세율이 없다.
㉯ 소액징수면제: 재산세에 있는 제도이다.
㉧ 취득세는 목적세가 아닌 보통세이다.
㉠ 분할납부: 취득세에는 분할납부제도가 없다.
㉢ 취득세에는 물납제도가 없다.

48 ⑤ 부동산등기에 대한 등록면허세 세액이 6천원 미만일 때에는 6천원으로 한다.

49 ⑤ 지목변경으로 인한 취득세 납세의무자가 신고를 하지 아니하고 매각하는 경우 중가산세를 적용하지 아니한다.

50 ④ 개인 간의 주택 매매로서 사실상의 잔금지급일이 2025년 4월 2일로 하는 부동산(취득가액 1억원)의 소유권이전등기에 대해서는 취득세가 과세되는 등기에 해당한다. 등록면허세가 과세되는 등기에 해당하지 않는다.

51 ③ 국가기관 또는 지방자치단체는 등기·가등기 또는 등록·가등록을 등기·등록관서에 촉탁하려는 경우에는 등록면허세를 납부하여야 할 납세자에게 등록면허세 영수필 통지서(등기·등록관서의 시·군·구 통보용) 1부와 등록면허세 영수필 확인서 1부를 제출하게 하고, 촉탁서에 이를 첨부하여 등기·등록관서에 송부하여야 한다. 다만, 「전자정부법」 제36조 제1항에 따라 행정기관 간에 등록면허세 납부사실을 전자적으로 확인할 수 있는 경우에는 그러하지 아니하다(지방세법시행령 제49조의2 제1항).

① 취득세 과세물건을 취득한 후 중과세 대상이 되었을 때에는 중과세율을 적용하여 산출한 세액에서 이미 납부한 세액(가산세 제외)을 공제한 금액을 세액으로 하여 신고·납부하여야 한다.

② 지방세의 체납으로 인하여 압류의 등기 또는 등록을 한 재산에 대하여 압류해제의 등기 또는 등록 등을 할 경우에는 「지방세법」 제26조에 의하여 등록면허세가 비과세되는 것이다(지방세법 제26조 비과세 관련 운영예규 법 26 – 1 국가 등에 관한 비과세).

④ 등록 당시에 감가상각의 사유로 가액이 달라진 경우에는 변경된 가액을 등록면허세 과세표준으로 한다.

⑤ 국가, 지방자치단체 또는 지방자치단체조합은 취득세 과세물건을 매각(연부로 매각한 것을 포함한다)하면 매각일부터 30일 이내에 대통령령으로 정하는 바에 따라 그 물건 소재지를 관할하는 지방자치단체의 장에게 통보하거나 신고하여야 한다.

52 ⑤ 같은 채권을 위한 저당권의 목적물이 종류가 달라 둘 이상의 등기 또는 등록을 하게 되는 경우에 등기·등록관서가 이에 관한 등기 또는 등록 신청을 받았을 때에는 채권금액 전액에서 이미 납부한 등록면허세의 산출기준이 된 금액을 뺀 잔액을 그 채권금액으로 보고 등록면허세를 부과한다(지방세법 제46조 같은 채권등기에 대한 목적물이 다를 때의 징수방법).

① 광업권의 취득에 따른 등록시 등록면허세가 과세된다.

② 환매등기를 병행하는 부동산의 매매로서 환매기간 내에 매도자가 환매한 경우의 그 매도자와 매수자의 취득에 대한 취득세는 표준세율에서 중과기준세율을 뺀 세율로 산출한 금액을 그 세액으로 한다.

③ 지방자치단체의 장은 채권자대위자의 부동산의 등기에 대한 등록면허세 신고납부가 있는 경우 납세의무자에게 그 사실을 즉시 통보하여야 한다.

④ 국가, 지방자치단체 또는 지방자치단체조합은 취득세 과세물건을 매각(연부로 매각한 것을 포함한다)하면 매각일부터 30일 이내에 대통령령으로 정하는 바에 따라 그 물건 소재지를 관할하는 지방자치단체의 장에게 통보하거나 신고하여야 한다.

제 **2** 장 | **등록면허세**

Answer

01 ③	02 ①	03 ①	04 ①	05 ①	06 ③	07 ①	08 ⑤	09 ②	10 ②
11 ④	12 ②	13 ③	14 ④	15 ②	16 ④	17 ②	18 ③	19 ②	20 ③
21 ④	22 ④	23 ④							

01 ③ 근저당권 말소등기의 경우 등록면허세의 납세의무자는 근저당권설정자 또는 말소대상 부동산의 현재 소유자이다.

02 ① 설정된 전세권에 대한 말소등기를 하는 경우의 등록면허세 납세의무자는 전세권설정자이다.

03 ② 저당권설정등기시는 채권금액이 과세표준이 된다.
③ 지역권설정등기시는 요역지가액이 과세표준이 된다.
④ 임차권설정등기시는 월임대차금액이 과세표준이 된다.
⑤ 지상권설정등기시는 부동산가액이 과세표준이 된다.

04 ① 가등기의 등록분 등록면허세 과세표준은 부동산가액에 의한다.
② 가압류 : 채권금액의 1천분의 2
③ 가처분 : 채권금액의 1천분의 2
④ 경매신청 : 채권금액의 1천분의 2
⑤ 저당권의 설정 : 채권금액의 1천분의 2

05 ② 상속으로 인한 소유권 이전등기 - 부동산가액의 1천분의 8
③ 소유권보존등기 - 부동산가액의 1,000분의 8
④ 저당권 - 채권금액의 1천분의 2
⑤ 전세권 - 전세금액의 1천분의 2

06 ③ 틀린 것 : ㉠, ㉡, ㉢(3개)
㉠ 상속으로 인한 소유권 이전 등기의 세율은 부동산 가액의 1천분의 8로 한다.
㉡ 대도시 밖에 있는 법인의 본점이나 주사무소를 대도시로 전입함에 따른 등기는 법인등기에 대한 세율의 100분의 300을 적용한다.
㉢ 「여신전문금융업법」 제2조 제12호에 따른 할부금융업을 영위하기 위하여 대도시에서 법인을 설립함에 따른 등기를 할 때에는 대도시에 설치가 불가피하다고 인정되는 업종에 해당하여 중과하지 아니한다.

07 ① 말소등기에 대한 등록면허세는 건당 6,000원으로 한다.

08 ⑤ 지역권 말소등기시 등록면허세는 건당 6천원이다.

09 ② 乙, 6,000원
1. 임차권에 대한 납세의무자 : 등록을 하는 乙
2. 임차권설정등기시 세액 : 월임대차금액 × 0.2% = 100만원 × 0.2% = 2,000원
3. 세액이 6천원 미만일 때에는 6천원으로 한다.

10 ② 같은 채권의 담보를 위하여 설정하는 둘 이상의 저당권을 등록하는 경우에는 이를 하나의 등록으로 보아 그 등록에 관계되는 재산을 처음 등록하는 등록관청 소재지를 납세지로 한다.

11 ④ 항공기 등록에 대한 등록면허세 납세지는 정치장 소재지이다.

12 ① 선박 등기 – 선적항소재지를 관할하는 특별시·광역시·도
③ 항공기 등록 – 항공기의 정치장소재지를 관할하는 특별시·광역시·도
④ 어업권 등록 – 어장 소재지를 관할하는 특별시·광역시·도
⑤ 광업권 등록 – 광구의 소재지를 관할하는 특별시·광역시·도

13 ③ 틀린 것: ㉢, ㉺, ㉻(3개)
㉢ 부동산 등기에 대한 등록면허세 납세지는 부동산 소재지이다.
㉺ 등록면허세 납세의무자가 신고의무를 다하지 아니한 경우에도 등록면허세 산출세액을 등록을 하기 전까지 납부하였을 때에는 신고를 하고 납부한 것으로 본다. 이 경우 무신고가산세 및 과소신고가산세를 부과하지 아니한다.
㉻ 등록을 하려는 자가 신고의무를 다하지 않은 경우 등록면허세 산출세액을 등록하기 전까지 납부하였을 때에는 신고·납부한 것으로 보며, 이 경우 무신고가산세를 부과하지 아니한다.

14 ④ 400,000원

구 분		등록면허세
=	산출세액	2,000,000
−	세액감면	1,000,000
=	납부세액	1,000,000

1. 지방교육세: 납부하여야 할 등록에 대한 등록면허세액의 100분의 20
= 1,000,000원 × 20% = 200,000원
2. 농어촌특별세: 등록면허세 감면세액의 100분의 20
= 1,000,000원 × 20% = 200,000원
3. 등록면허세 부가세의 합 = ㉠ + ㉡ = 400,000원

15 ② 대한민국 정부기관의 등록 또는 면허에 대하여 과세하는 외국정부의 등록 또는 면허의 경우에는 등록면허세를 부과한다.

16 ④ 「채무자 회생 및 파산에 관한 법률」 제6조 제3항, 제25조 제1항부터 제3항까지, 제26조 제1항, 같은 조 제3항, 제27조, 제76조 제4항, 제362조 제3항, 제578조의5 제3항, 제578조의8 제3항 및 제578조의9 제3항에 따른 등기에 대하여는 등록면허세를 부과하지 아니한다.

17 ② 1. 틀린 것: ㉡, ㉣(2개)
㉡ 부동산 등록에 대한 신고가 없는 경우 등록 당시 시가표준액을 과세표준으로 한다.
㉣ 대도시 밖에 있는 법인의 본점이나 주사무소를 대도시로 전입함에 따른 등기는 법인등기에 대한 세율의 100분의 300을 적용한다.
2. 옳은 것: ㉠, ㉢, ㉺(3개)

18 ③ 틀린 것 : ㉠, ㉡, ㉢(3개)

㉠ 대도시에서 법인을 설립함에 따른 등기를 할 때에는 그 등록면허세의 세율을 해당 표준세율의 100분의 300으로 한다. 다만, 대도시에 설치가 불가피하다고 인정되는 업종으로서 대통령령으로 정하는 업종("대도시 중과 제외 업종"이라 한다)에 대해서는 그러하지 아니하다(지방세법 제28조 제2항). 「여신전문금융업법」 제2조 제12호에 따른 할부금융업은 대도시 중과 제외 업종에 해당하여 등록면허세 중과세를 적용하지 아니한다.

㉡ 등록 당시에 자산재평가의 사유로 그 가액이 달라진 때에는 변경된 가액을 과세표준으로 한다.

㉢ 지방자치단체의 장은 등록면허세의 세율을 표준세율의 100분의 50의 범위에서 가감할 수 있다.

19 ② 부동산의 등록에 대한 등록면허세의 과세표준은 등록자가 신고한 당시의 가액으로 하고, 신고가 없거나 신고가액이 시가표준액보다 적은 경우에는 시가표준액으로 한다.

20 ③ 세율 : 대도시 밖에 있는 법인의 본점이나 주사무소를 대도시로 전입함에 따른 등기는 법인등기에 대한 세율의 100분의 300을 적용한다.

21 ④ 신고 ×, 납부 ○ ⇨ 신고를 하고 납부한 것으로 본다. ⇨ 가산세 ×

22 ④ 임차권 설정 및 이전등기시 월 임대차금액의 1천분의 2를 등록면허세 표준세율로 한다(단, 표준세율을 적용하여 산출한 세액이 부동산등기에 대한 그 밖의 등기 또는 등록세율보다 크다고 가정함).

23 ④ 대도시에서 법인을 설립함에 따른 등기를 할 때에는 그 등록면허세의 세율을 해당 표준세율의 100분의 300으로 한다. 다만, 대도시에 설치가 불가피하다고 인정되는 업종으로서 대통령령으로 정하는 업종("대도시 중과 제외 업종"이라 한다)에 대해서는 그러하지 아니하다(지방세법 제28조 제2항). 「여신전문금융업법」 제2조 제12호에 따른 할부금융업은 대도시 중과 제외 업종에 해당하여 등록면허세 중과세를 적용하지 아니한다(지방세법 시행령 제26조 제1항 제23호).

제3장 재산세

Answer

01 ②	02 ④	03 ②	04 ①	05 ③	06 ③	07 ③	08 ③	09 ③	10 ①
11 ⑤	12 ③	13 ②	14 ⑤	15 ⑤	16 ③	17 ①	18 ②	19 ②	20 ③
21 ②	22 ⑤	23 ①	24 ②	25 ②	26 ⑤	27 ⑤	28 ①	29 ②	30 ⑤
31 ②	32 ②	33 ⑤	34 ④	35 ④	36 ④				

01 ① 재산세 과세대상인 건축물의 범위에는 주택을 포함하지 아니한다.
③ 납세의무자가 해당 지방자치단체의 관할구역에 2개 이상의 주택을 소유하고 있는 경우 그 주택의 가액을 모두 합한 금액을 과세표준으로 하지 않고 각각의 주택의 가액을 과세표준으로 하여 주택의 세율을 적용한다.
④ 주택의 부속토지의 경계가 명백하지 아니한 경우 그 주택의 바닥면적의 10배에 해당하는 토지를 주택의 부속토지로 한다.
⑤ 토지에 대한 재산세 과세대상은 종합합산과세대상, 별도합산과세대상 및 분리과세대상으로 구분한다.

02 ① 재산세 과세대상인 토지의 범위에는 주택을 포함하지 아니한다.
② 상가에 대한 토지와 건물의 소유자가 같은 경우 해당 상가의 토지와 건물의 가액을 구분한 과세표준에 세율을 적용한다.
③ 납세의무자가 해당 지방자치단체의 관할구역에 2개 이상의 주택을 소유하고 있는 경우 그 주택의 가액을 모두 합한 금액을 과세표준으로 하지 않고 각각의 주택의 가액을 과세표준으로 하여 주택의 세율을 적용한다.
⑤ 토지에 대한 재산세 과세대상은 종합합산과세대상, 별도합산과세대상 및 분리과세대상으로 구분한다.

03 ② 공장입지 기준면적을 초과하는 공장용지 : 0.2%~0.5% 종합합산과세대상토지
① 종중이 소유하는 농지 : 0.07% 분리과세대상토지
③ 회원제 골프장으로 사용되는 토지 : 4% 분리과세대상토지
④ 고급오락장용 토지 : 4% 분리과세대상토지
⑤ 상가용 건축물의 기준면적 이내의 부속토지 : 별도합산과세대상토지

04 ① 기준면적 이내의 일반영업용 건축물의 부속토지 : 별도합산과세대상토지
② 입지기준면적 이내의 공장용 건축물의 부속토지 : 0.2% 분리과세대상토지
③ 과세기준일 현재 실제 영농에 사용되고 있는 개인이 소유하는 농지 : 0.07% 분리과세대상토지
④ 기준면적 내의 목장용지 : 0.07% 분리과세대상토지
⑤ 공익목적으로 사용되는 임야 : 0.2% 분리과세대상토지

05 ③ 「장사 등에 관한 법률」에 따른 설치·관리허가를 받은 법인묘지용 토지로서 지적공부상 지목이 묘지인 토지는 사업용 토지이므로 별도합산과세대상으로 과세한다. 다만, 지목이 묘지인 개인 묘지는 재산세를 비과세한다.

06 ③ ⓒ, ㉣
ⓒ 「체육시설의 설치·이용에 관한 법률 시행령」에 따른 회원제 골프장이 아닌 골프장용 토지 중 원형이 보전되는 임야: 별도합산(0.2%~0.4%)

🏠 **지방세법 시행령 제101조 [별도합산과세대상 토지의 범위] ③**

> 다만, 「체육시설의 설치·이용에 관한 법률」에 따른 회원제 골프장용 토지의 임야는 제외한다. ➪ 고율분리 (4%)

㉣ 「도로교통법」에 따라 등록된 자동차운전학원의 자동차운전학원용 토지로서 같은 법에서 정하는 시설을 갖춘 구역 안의 토지: 별도합산(0.2%~0.4%)

🏠 **지방세법 시행령 제101조 [별도합산과세대상 토지의 범위] ③**
㉠ 1990년 5월 31일 이전부터 종중이 소유하고 있는 임야: 저율분리(0.07%)
ⓒ 과세기준일 현재 계속 염전으로 실제 사용하고 있는 토지: 저율분리(0.2%)

07 ③ 틀린 것: ⓒ, ⓒ, ⑩(3개)
ⓒ 종중이 1990년 1월부터 소유하는 농지: 분리과세대상
ⓒ 1990년 5월 31일 이전부터 종중이 소유하고 있는 임야: 분리과세대상
⑩ 여객자동차운송사업 면허를 받은 자가 그 면허에 따라 사용하는 차고용 토지(자동차운송사업의 최저보유차고면적기준의 1.5배에 해당하는 면적 이내의 토지): 별도합산과세대상

08 ③ 틀린 것: ⓒ, ㉣, ⑩ (3개)
ⓒ 개별주택가격 × 60%
㉣ 100분의 70 ➪ 100분의 60
⑩ 토지와 건물의 소유자가 다를 경우 해당 주택에 대한 세율을 적용할 때 해당 주택의 토지와 건물의 가액을 합산한 과세표준에 해당 세율을 적용한다.

09 ③ 토지에 대한 재산세의 과세표준은 시가표준액인 개별공시지가에 공정시장가액비율(100분의 70)을 곱하여 산정한 가액으로 한다.

10 ① 골프장용 토지: 4%
② 읍지역 소재 공장용 건축물의 부속토지: 0.2%
③ 고급주택: 0.1%~0.4%
④ 별도합산과세대상 차고용 토지: 0.2%~0.4%
⑤ 종합합산과세대상 무허가건축물의 부속토지: 0.2%~0.5%

11 ⑤ 납세의무자가 해당 지방자치단체 관할구역에 2개 이상의 주택을 소유하고 있는 경우 그 주택의 가액을 모두 합한 금액을 과세표준으로 하지 않고 독립된 매1구의 주택 가액을 각각의 과세표준으로 하여 주택의 세율을 적용한다(주택 ⇨ 개별과세).

12 ③ 특별시·광역시(군 지역은 제외한다)·특별자치시(읍·면지역은 제외한다)·특별자치도(읍·면지역은 제외한다) 또는 시(읍·면지역은 제외한다) 지역에서 「국토의 계획 및 이용에 관한 법률」과 그 밖의 관계 법령에 따라 지정된 주거지역 및 해당 지방자치단체의 조례로 정하는 지역의 대통령령으로 정하는 공장용 건축물의 표준세율은 1천분의 5이다.

13 ② 건축법 등 관계 법령의 규정에 따라 허가를 받아야 할 건축물로서 허가를 받지 아니한 건축물의 부속토지: 0.2~0.5% 3단계 초과누진세율
① 과세기준일 현재 군지역에서 실제 영농에 사용되고 있는 개인이 소유하는 과수원: 0.07% 저율분리과세대상
③ 1980.05.01부터 종중이 소유하고 있는 임야: 0.07% 저율분리과세대상
④ 회원제 골프장용토지로서 체육시설의 설치·이용에 관한 법률의 규정에 의한 등록대상이 되는 토지: 4% 고율분리과세대상
⑤ 고급오락장으로 사용되는 건축물의 부속토지: 4% 고율분리과세대상

14 ⑤ 과세기준일 현재 계속 염전으로 실제 사용하고 있는 토지: 0.2% 저율분리
① 과세기준일 현재 특별시지역의 도시지역 안의 녹지지역에서 실제 영농에 사용되고 있는 개인이 소유하는 전(田): 0.07% 저율분리
② 1990년 5월 31일 이전부터 관계법령에 의한 사회복지사업자가 복지시설의 소비용(消費用)에 공(供)하기 위하여 소유하는 농지: 0.07% 저율분리
③ 산림의 보호육성을 위하여 필요한 임야로서 자연공원법에 의하여 지정된 공원자연환경지구 안의 임야: 0.07% 저율분리
④ 1990년 5월 31일 이전부터 종중이 소유하고 있는 임야: 0.07% 저율분리

15 ⑤ ㉢ < ㉣ < ㉠ < ㉺ < ㉡
㉢ 군지역 내 개인 소유 자경농지: 0.07%
㉣ 군지역에 소재하는 일정한 기준면적 이내의 공장용지: 0.2%
㉠ 일반영업용 건축물: 0.25%
㉺ 시지역 내 주거지역에 있는 공장용 건축물: 0.5%
㉡ 회원제 골프장, 고급오락장용 토지: 4%

16 ③ 토지에 대한 과세표준은 시가표준액에 공정시장가액비율을 곱하여 산정한 가액으로 한다.

17 ① 토지에 대한 과세표준은 시가표준액에 공정시장가액비율을 곱하여 산정한 가액으로 한다.

18 ② 법령에 따른 시가표준액이 10억원인 고급주택의 재산세 과세표준은 시가표준액에 공정시장가액 비율 100분의 60을 곱하여 산정한 가액이며, 재산세 표준세율은 0.1%~0.4%의 4단계 초과누진세율 이다.

19 ②「신탁법」제2조에 따른 수탁자의 명의로 등기 또는 등록된 신탁재산의 경우 : 위탁자

20 ③「신탁법」제2조에 따른 수탁자의 명의로 등기 또는 등록된 신탁재산의 경우에는 위탁자(「주택법」 제2조 제11호 가목에 따른 지역주택조합 및 같은 호 나목에 따른 직장주택조합이 조합원이 납부한 금전으로 매수하여 소유하고 있는 신탁재산의 경우에는 해당 지역주택조합 및 직장주택조합을 말함) 는 재산세를 납부할 의무가 있다. 이 경우 위탁자가 신탁재산을 소유한 것으로 본다.

21 ② 틀린 것 : ㉣, ㉤(2개)
㉣ 공부상에 개인 등의 명의로 등재되어 있는 사실상의 종중 재산으로서 종중소유임을 신고하지 아니한 경우 종중재산의 공부상 소유자를 납세의무자로 본다.
㉤ 국가와 재산세 과세대상 재산을 연부로 매수계약을 체결하고 그 재산의 사용권을 무상으로 받은 경우 매수계약자가 재산세를 납부할 의무가 있다.

22 ⑤ 국가가 선수금을 받아 조성하는 매매용 토지로서 사실상 조성이 완료된 토지의 사용권을 무상으로 받은 자는 재산세를 납부할 의무가 있다.

23 ① 납세의무자는 재산세의 납부세액이 250만원을 초과하는 경우, 납부할 세액의 일부를 납부기한이 지난 날부터 3개월 이내에 분할납부할 수 있다.

> 1. 납부할 세액이 500만원 이하인 경우 : 250만원을 초과하는 금액
> 2. 납부할 세액이 500만원을 초과하는 경우 : 세액의 100분의 50 이하의 금액

24 ② 해당 연도에 주택에 부과할 세액이 20만원 이하인 경우에는 조례로 정하는 바에 따라 납기를 7월 16일부터 7월 31일까지로 하여 한꺼번에 부과·징수한다.

25 ② 틀린 것 : ㉠, ㉤(2개)
㉠ 토지분 재산세 납기는 매년 9월 16일부터 9월 30일까지이다. 주택에 대한 재산세 납기는 해당 연도에 부과·징수할 세액의 2분의 1은 매년 7월 16일부터 7월 31일까지, 나머지 2분의 1은 9월 16일부 터 9월 30일까지이다. 다만, 해당 연도에 부과할 세액이 20만원 이하인 경우에는 조례로 정하는 바에 따라 납기를 7월 16일부터 7월 31일까지로 하여 한꺼번에 부과·징수할 수 있다.
㉤ 고지서 1장당 재산세로 징수할 세액이 2천원 미만인 경우에는 해당 재산세를 징수하지 아니한다.

26 ⑤ 주택의 경우에는 재산세 세부담의 상한을 적용하지 아니한다.

27 ⑤ 물납을 허가하는 부동산의 가액은 재산세 과세기준일 현재의 시가로 한다.

28 ① 고지서 1장당 재산세로 징수할 세액이 2천원 미만인 경우에는 해당 재산세를 징수하지 아니한다.

29 ② 재산세를 물납(物納)하려는 자는 법정서류를 갖추어 그 납부기한 10일 전까지 납세지를 관할하는 시장·군수에게 신청하여야 한다. 물납신청을 받은 시장·군수는 신청을 받은 날부터 5일 이내에 납세의무자에게 그 허가 여부를 서면으로 통지하여야 한다.

30 ⑤「도로법」에 따른 도로와 그 밖에 일반인의 자유로운 통행을 위하여 제공할 목적으로 개설한 사설 도로는 재산세를 비과세한다.

31 ② 임시로 사용하기 위하여 건축된 건축물로서 재산세 과세기준일 현재 1년 미만의 법령에 따른 고급오락장은 사치성 재산으로 재산세를 부과한다.

32 ②「지방세법」상 물납의 신청 및 허가 요건을 충족하고 재산세(재산세 도시지역분 포함)의 납부세액이 1천만원을 초과하는 경우 물납이 가능하다.

33 ⑤ 물납 신청 후 불허가 통지를 받은 경우에 해당 시·군·구의 다른 부동산으로의 변경신청은 허용된다.

> **지방세법 시행령 제114조【관리·처분이 부적당한 부동산의 처리】** ② 시장·군수·구청장은 불허가 통지를 받은 납세의무자가 그 통지를 받은 날부터 10일 이내에 해당 시·군·구의 관할구역에 있는 부동산으로서 관리·처분이 가능한 다른 부동산으로 변경 신청하는 경우에는 변경하여 허가할 수 있다.

34 ④ 甲의 상가 건축물에 대한 재산세는 시가표준액에 법령이 정하는 공정시장가액비율을 곱하여 산정한 가액을 과세표준으로 하여 비례세율을 적용한다.

35 ④「도로법」제2조 제2호에 따른 도로의 부속물 중 도로관리시설, 휴게시설, 주유소, 충전소, 교통·관광안내소 및 도로에 연접하여 설치한 연구시설은 재산세를 부과한다.

36 ④ 지방자치단체가 1년 이상 공용 또는 공공용으로 사용하는 재산으로서 소유권의 유상이전을 약정하고 그 재산을 취득하기 전에 미리 사용하는 경우에는 재산세를 부과한다.

제1장 종합부동산세

Answer

01 ④	02 ⑤	03 ⑤	04 ②	05 ⑤	06 ④	07 ④	08 ③	09 ⑤	10 ⑤
11 ①	12 ⑤	13 ④	14 ④	15 ②	16 ④	17 ④	18 ②	19 ②	

01 ① 관할세무서장은 납부하여야 할 종합부동산세의 세액을 결정하여 해당 연도 12월 1일부터 12월 15일까지 부과·징수한다.
② 종합부동산세는 부과·징수가 원칙이며 납세의무자의 선택에 의하여 신고납부도 가능하다.
③ 종합부동산세를 신고납부방식으로 납부하고자 하는 납세의무자는 종합부동산세의 과세표준과 세액을 관할세무서장이 결정하기 전인 해당 연도 12월 1일부터 12월 16일까지 관할세무서장에게 신고하여야 한다.
⑤ 종합부동산세는 분납이 허용된다.

02 ⑤ 과세기준일 현재 세대원 중 1인이 해당 주택을 단독으로 소유한 경우로서 대통령령으로 정하는 1세대 1주택자의 경우에만 과세기준일 현재 만 75세이고 해당 주택을 과세기준일 현재 17년 보유한 경우 공제율은 100분의 80이다.

03 ⑤ ㉠, ㉡, ㉢, ㉣
㉠ 종중이 1990년 1월부터 소유하는 농지 : 재산세(저율분리) ⇨ 종합부동산세 과세대상(×)
㉡ 1990년 1월부터 소유하는 「수도법」에 따른 상수원보호구역의 임야 : 재산세(저율분리) ⇨ 종합부동산세 과세대상(×)
㉢ 「지방세법」에 따라 재산세가 비과세되는 토지 : 종합부동산세 비과세
㉣ 취득세 중과대상인 고급오락장용 건축물 : 건축물은 종합부동산세 과세대상(×)

04 ② 여객자동차운송사업 면허를 받은 자가 그 면허에 따라 사용하는 차고용 토지(자동차운송사업의 최저보유차고면적기준의 1.5배에 해당하는 면적 이내의 토지) : 별도합산과세대상 ⇨ 종합부동산세 과세대상(○)
① 취득세 중과대상인 고급오락장용 건축물 : 종합부동산세 과세대상(×)
③ 공장용 건축물 : 종합부동산세 과세대상(×)
④ 「지방세법」에 따라 재산세가 비과세되는 토지 : 종합부동산세 비과세 준용
⑤ 종중이 1990년 1월부터 소유하는 농지 : 저율분리과세대상 ⇨ 종합부동산세 과세대상(×)

05 ⑤ 여객자동차운송사업 면허를 받은 자가 그 면허에 따라 사용하는 차고용 토지(자동차운송사업의 최저보유차고면적기준의 1.5배에 해당하는 면적 이내의 토지) : 별도합산과세대상 ⇨ 종합부동산세 과세대상(○)

① 회원제 골프장용 토지(회원제 골프장업의 등록시 구분등록의 대상이 되는 토지) : 분리과세대상 ⇨ 종합부동산세 과세대상(×)

② 상업용 건축물(오피스텔 제외) : 종합부동산세 과세대상(×)

③ 관계법령에 따른 사회복지사업자가 복지시설이 소비목적으로 사용할 수 있도록 하기 위하여 1990년 5월 1일부터 소유하는 농지 : 분리과세대상 ⇨ 종합부동산세 과세대상(×)

④ 취득세 중과세대상인 고급오락장 : 종합부동산세 과세대상(×)

06 재산세 과세대상 중 주택, 종합합산 과세대상토지, 별도합산 과세대상토지가 종합부동산세 과세대상이다.

④ 용도지역별 적용배율을 적용한 면적 이내의 건축물의 부속토지 : 별도합산과세

① 사회복지사업자가 복지시설의 소비용에 공하기 위하여 소유하는 농지 : 저율분리과세

② 종중이 소유하고 있는 임야 : 저율분리과세

③ 고급오락장용 토지 : 고율분리과세

⑤ 도시지역 밖의 기준면적 이내의 목장용지 : 저율분리과세

07 ④ 틀린 것 : ㉡, ㉢, ㉣, ㉤(4개)

㉡ 과세기준일 현재 세대원 중 1인과 그 배우자만이 공동으로 1주택을 소유하고 해당 세대원 및 다른 세대원이 다른 주택을 소유하지 아니한 경우 신청한 경우에 한하여 공동명의 1주택자를 해당 1주택에 대한 납세의무자로 한다(종합부동산세법 제10조의2 제2항).

㉢ 1세대가 일반 주택과 합산배제 신고한 임대주택을 각각 1채씩 소유한 경우 해당 일반 주택에 그 주택소유자가 과세기준일 현재 그 주택에 주민등록이 되어 있고 실제로 거주하고 있는 경우에 한정하여 1세대 1주택자에 해당한다(종합부동산세법시행령 제2조의3 제2항).

㉣ 과세표준 합산의 대상에 포함되지 않는 주택을 보유한 납세의무자는 해당 연도 9월 16일부터 9월 30일까지 관할세무서장에게 해당 주택의 보유현황을 신고하여야 한다(종합부동산세법 제8조 제3항).

㉤ 종합부동산세 과세대상 1세대 1주택자로서 과세기준일 현재 해당 주택을 12년 보유한 자의 보유기간별 세액공제에 적용되는 공제율은 100분의 40이다(종합부동산세법 제9조 제8항).

08 ③ 주택분 종합부동산세의 납세의무자가 과세기준일 현재 1세대 1주택자로서 만 60세 이상인 경우에 법령에 따라 산출한 세액에서 그 산출된 세액에 법령이 정하는 연령별 공제율을 곱한 금액을 공제한다.

09 ⑤ 종합합산과세대상토지의 재산세로 부과된 세액이 세부담상한을 적용받는 경우 그 상한을 적용받은 세액을 종합합산과세대상토지분 종합부동산세액에서 공제한다(종합부동산세법 제14조 제3항).

10 ⑤ 종합합산과세대상 토지에 대한 종합부동산세 납세의무자로서 과세기준일 현재 만 60세 이상인 경우 연령에 따른 세액공제를 적용하지 않는다.

11 ① 관할세무서장은 납부하여야 할 종합부동산세의 세액을 결정하여 해당 연도 12월 1일부터 12월 15일(이하 "납부기간"이라 한다)까지 부과·징수한다.

12 ⑤ 「종합부동산세법」에 따라 납부하여야 할 종합부동산세액의 100분의 20에 해당하는 농어촌특별세를 부과한다.

13 ④ 납세의무자가 법인 또는 법인으로 보는 단체인 경우 과세표준에 2주택 이하를 소유한 경우 1천분의 27을 적용하여 계산한 금액을 주택분 종합부동산세액으로 한다.

14 ④ 종합합산과세대상인 토지의 과세표준 금액에 대하여 해당 과세대상토지의 토지분 재산세로 부과된 세액(「지방세법」 제111조 제3항에 따라 가감조정된 세율이 적용된 경우에는 그 세율이 적용된 세액, 같은법 제122조에 따라 세부담 상한을 적용받은 경우에는 그 상한을 적용받은 세액을 말한다)은 토지분 종합합산세액에서 이를 공제한다.

15 ② 납세의무자가 해당 연도에 납부하여야 할 종합합산과세대상인 토지에 대한 종합부동산세의 세부담 상한액은 직전년도에 부과된 종합부동산세액의 100분의 150이다.

16 ④ 사용자가 법인인 경우에는 「국세기본법」 제39조 제2호에 따른 과점주주가 아닌 종업원에게 무상이나 저가로 제공하는 사용자 소유의 주택으로서 국민주택규모 이하이거나 과세기준일 현재 공시가격이 6억원 이하인 주택은 합산의 대상이 되는 주택의 범위에 포함되지 아니하는 것으로 본다(종합부동산세법시행령 제4조 제1항 제1호 나목).

17 ④ 주택분 종합부동산세액에서 공제되는 재산세액은 재산세 표준세율의 100분의 50의 범위에서 가감된 세율이 적용된 경우에는 그 세율이 적용된 세액으로 한다.

18 ② 과세표준 계산시 1세대 2주택에 적용되는 공정시장가액비율은 재산세와 종합부동산세 모두 60%이다.

19 ② 개인(거주자)이 여러 개의 주택을 보유한 경우 재산세는 주택별로 과세하며, 종합부동산세는 개인별로 합산하여 과세한다.

제2장 소득세 총설

01 ⑤	02 ④	03 ⑤	04 ③	05 ①	06 ⑤	07 ②	08 ⑤	09 ③	10 ③

01 ⑤ 비거주자는 국외에 있는 건물의 양도로 인하여 발생하는 소득에 대하여 양도소득세 납세의무가 없다.

02 ④ 비거주자가 국내 주택을 양도한 경우 양도소득세 납세지는 국내 사업장의 소재지(양도한 주택의 소재지)이다.

03 ⑤ 부동산임대업에 관련된 사업소득의 경우 과세소득을 부부단위로 합산하여 과세하지 아니한다.

04 ③ 토지·건물과 함께 양도하는 이축을 할 수 있는 권리를 양도한 경우 양도소득이다. 다만, 해당 이축권 가액을 별도로 평가하여 신고하는 경우는 제외한다. 여기서 '별도로 평가하여 신고하는 경우'란 감정평가업자가 감정한 가액이 있는 경우 그 가액(감정한 가액이 둘 이상인 경우에는 그 감정한 가액의 평균액)을 구분하여 신고하는 경우를 말한다. 이처럼 이축권의 가액을 별도로 평가하여 신고하는 경우 이축권을 양도하고 받은 대가는 기타소득으로 과세한다.

05 ① 공동으로 소유한 자산에 대한 양도소득금액을 계산하는 경우에는 해당 자산을 공동으로 소유하는 공유자가 그 양도소득세를 연대하여 납부할 의무가 없다.

> **소득세법 제2조의2【납세의무의 범위】** ⑤ 공동으로 소유한 자산에 대한 양도소득금액을 계산하는 경우에는 해당 자산을 공동으로 소유하는 각 거주자가 납세의무를 진다.

06 ⑤ 비거주자가 국내 주택을 양도한 경우 양도소득세 납세지는 양도한 국내 주택 소재지이다.

07 ② 지역권·지상권을 설정하거나 대여함으로써 발생하는 소득은 사업소득이다. 다만, 「공익사업을 위한 토지 등의 취득 및 보상에 관한 법률」 제4조에 따른 공익사업과 관련하여 지역권·지상권(지하 또는 공중에 설정된 권리를 포함한다)을 설정하거나 대여함으로써 발생하는 소득은 기타소득이다.

08 ⑤ 주택을 임대하여 얻은 소득은 거주자의 사업자등록 여부에 관계없이 소득세 납세의무가 있다.

09 ① 미등기부동산을 임대하고 그 대가로 받는 것은 사업소득이다.
② 지상권을 양도함으로써 발생하는 소득은 양도소득이다.
④ 자기소유의 부동산을 타인의 담보로 사용하게 하고 그 사용대가로 받는 것은 사업소득이다.
⑤ 공익사업과 관련된 지상권의 대여로 인한 소득은 기타소득이다.

10 ③ 甲과 乙이 공동소유 A주택(甲지분율 40%, 乙지분율 60%)을 임대하는 경우, 주택임대소득의 비과세 여부를 판정할 때 지분이 가장 큰 자(乙)의 소유로 보아 주택 수를 계산한다.

<table>
<tr><td>제3장</td><td>양도소득세</td></tr>
</table>

Answer

01 ⑤	02 ⑤	03 ④	04 ②	05 ④	06 ⑤	07 ②	08 ④	09 ③	10 ③
11 ④	12 ④	13 ①	14 ①	15 ③	16 ②	17 ①	18 ⑤	19 ④	20 ④
21 ③	22 ③	23 ③	24 ④	25 ⑤	26 ②	27 ①	28 ②	29 ③	30 ⑤
31 ③	32 ①	33 ③	34 ⑤	35 ③	36 ⑤	37 ③	38 ③	39 ④	40 ④
41 ④	42 ③	43 ①	44 ③	45 ①	46 ⑤	47 ④	48 ③	49 ②	50 ③
51 ⑤	52 ①	53 ⑤	54 ①	55 ②	56 ⑤	57 ②	58 ①	59 ③	60 ①
61 ③	62 ③	63 ②	64 ⑤	65 ⑤	66 ④	67 ③	68 ①	69 ②	70 ③
71 ②									

01 ⑤ 「도시개발법」이나 그 밖의 법률에 따른 환지처분으로 지목 또는 지번이 변경되거나 보류지(保留地)로 충당되는 경우에는 양도로 보지 아니한다.

02 ① 공유토지를 공유자 지분 변경없이 분할하는 경우 뿐만 아니라 분할한 공유토지를 소유지분별로 재분할하는 경우도 양도로 보지 아니한다.
② 「도시개발법」에 따른 도시개발사업 시행자가 공사대금으로 취득한 보류지를 양도하는 경우에는 과세대상 양도에 해당한다.
③ 양도라 함은 등기 또는 등록에 관계없이 자산이 사실상 유상으로 이전되는 것을 말한다.
④ 배우자 간의 부담부증여에 대하여는 수증자가 증여자의 채무를 인수한 경우에도 당해 채무액은 수증자에게 인수되지 않은 것으로 추정한다. 다만, 당해 채무액이 국가 및 지방자치단체에 대한 채무 등 객관적으로 인정되는 경우에는 그러하지 아니하다.

03 ④ 부담부증여에 있어서 수증자가 인수한 채무상당액은 양도로 본다.

04 ① 담보목적으로 제공된 자산은 양도에 해당하지 않는다.
③ 소액주주가 유가증권시장에서 양도하는 경우는 과세하지 않는다.
④ 사업용 기계장치는 과세대상이 아니다.
⑤ 공유지분의 변경없이 공동소유의 토지를 소유지분별로 단순히 분할하는 경우에는 양도에 해당하지 않으며, 지분변동으로 유상의 대가를 수수하면 양도에 해당한다.

05 ④ 80,000,000원

1. 부담부증여에 대한 양도가액 = 양도가액 × $\dfrac{\text{인수한 채무상당액}}{\text{증여가액}}$

2. 부담부증여에 대한 취득가액 = 취득가액 × $\dfrac{\text{인수한 채무상당액}}{\text{증여가액}}$

구 분		계산 방법	
	양도가액	500,000,000원 × $\dfrac{100,000,000원}{500,000,000원}$	100,000,000원
−	취득가액	100,000,000원 × $\dfrac{100,000,000원}{500,000,000원}$	20,000,000원
−	기타필요경비	−	−
=	양도차익	400,000,000원 × $\dfrac{100,000,000원}{500,000,000원}$	80,000,000원

06 ⑤ 甲이 X토지와 증여가액(시가) 1억원인 양도소득세 과세대상에 해당하지 않는 Y자산을 함께 乙에게 부담부증여하였다면 乙이 인수한 채무 1억원 중 8천만원에 해당하는 부분만 X토지에 대한 양도로 본다.

07 ② 점포임차권의 양도로 인한 소득은 기타소득이다.

08 ④ 행정관청으로부터 인가·허가·면허 등을 받음으로써 발생한 영업권의 단독양도로 인하여 발생하는 소득은 기타소득으로 종합소득세가 과세된다. 이에 반해 사업용 고정자산과 함께 양도하는 영업권이 양도소득세 과세대상이다.

09 ③ 이혼으로 인하여 혼인 중에 형성된 부부공동재산을 「민법」 제839조의2에 따라 재산분할하는 경우: 양도로 보지 않는다.

10 ① 상속에 의하여 취득한 자산에 대하여는 상속이 개시된 날
② 「도시개발법」또는 그 밖의 법률에 따른 환지처분으로 인하여 취득한 토지의 취득시기는 환지 전의 토지의 취득일. 다만, 교부받은 토지의 면적이 환지처분에 의한 권리면적보다 증가 또는 감소된 경우에는 그 증가 또는 감소된 면적의 토지에 대한 취득시기 또는 양도시기는 환지처분의 공고가 있은 날의 다음 날로 한다.
④ 「민법」 제245조 제1항의 규정에 의하여 부동산의 소유권을 취득하는 경우에는 당해 부동산의 점유를 개시한 날
⑤ 자기가 건설한 건축물에 있어서는 「건축법」 제22조 제2항에 따른 사용승인서 교부일. 다만, 사용승인서 교부일 전에 사실상 사용하거나 같은 조 제3항 제2호에 따른 임시사용승인을 받은 경우에는 그 사실상의 사용일 또는 임시사용승인을 받은 날 중 **빠른** 날

11 ④ 2025년 6월 20일

🔒 **일반 매매의 양도 또는 취득시기**

> 1. 원칙 : 사실상 대금을 청산한 날
> 2. 대금을 청산한 날이 분명하지 아니한 경우 : 등기·등록접수일 또는 명의개서일
> 3. 대금을 청산하기 전에 소유권이전등기를 한 경우 : 등기접수일

12 ④ 완성 또는 확정되지 아니한 자산을 양도 또는 취득한 경우로서 해당 자산의 대금을 청산한 날까지 그 목적물이 완성 또는 확정되지 아니한 경우에는 그 목적물이 완성 또는 확정된 날

13 ① 부동산의 소유권이 타인에게 이전되었다가 법원의 무효판결에 의하여 당해 자산의 소유권이 환원되는 경우에는 그 자산의 당초 취득일이 취득시기가 된다.

14 ① 「민법」상 점유로 인하여 부동산의 소유권을 취득한 경우 : 당해 부동산의 점유개시일

15 ③ 「공익사업을 위한 토지 등의 취득 및 보상에 관한 법률」에 따라 공익사업을 위하여 수용되는 경우 : 대금을 청산한 날, 수용의 개시일 또는 소유권이전등기접수일 중 빠른 날. 다만, 소유권에 관한 소송으로 보상금이 공탁된 경우에는 소유권 관련 소송 판결 확정일로 한다.

16 ② 환지처분에 의하여 취득한 토지의 양도 및 취득시기는 환지 전의 토지의 취득일로 한다.

17 ① 양도가액 ⇨ 양도차익 ⇨ 양도소득금액 ⇨ 양도소득과세표준

> 1. 양도가액 − 취득가액 − 기타필요경비 = 양도차익
> 2. 양도차익 − 장기보유특별공제 = 양도소득금액
> 3. 양도소득금액 − 양도소득기본공제 = 양도소득과세표준

18 ⑤ 외국납부세액공제는 산출세액에서 공제되므로 양도소득 과세표준에는 영향을 미치지 않는다.

> 1. 양도가액 − 취득가액 − 기타필요경비 = 양도차익
> 2. 양도차익 − 장기보유특별공제 = 양도소득금액
> 3. 양도소득금액 − 양도소득기본공제 = 과세표준

19 ④ 290,000,000원

☑ **실지거래가액에 의한 양도차익**

	구 분	실지거래가액	비 고
	양도가액	500,000,000원	
−	취득가액	200,000,000원	
−	기타필요경비(자본적지출 + 양도비용)	10,000,000원	양도비용 10,000,000원
=	양도차익	290,000,000원	

20 ④ 8개, 모두 옳은 설명이다.

21 ③ 장기보유특별공제액은 필요경비에 해당하지 않고 양도차익에서 차감하는 항목이다.

22 ③ 양도자산의 보유기간 중에 그 자산의 감가상각비로서 사업소득금액의 계산시에 필요경비로 산입한 금액과 매입시 기업회계기준에 따라 발생한 현재가치할인차금 중 보유기간 동안 사업소득의 필요경비로 산입된 것은 양도차익을 산정하는 경우 필요경비에 해당하지 않는다.

23 ③ 취득 후 본래의 용도를 유지하기 위해 소요된 수익적 지출액은 필요경비에 포함되지 아니한다.

24 ④ 취득가액을 실지거래가액에 의하는 경우 취득세는 납부영수증이 없는 때에도 필요경비로 인정한다.

25 ⑤ 틀린 것 : ⓒ, ⓒ, ⓔ, ⓜ, ⓗ(5개)
ⓒ 취득당시 실지거래가액을 확인할 수 없는 경우에는 매매사례가액, 감정가액, 환산가액, 기준시가를 순차로 적용하여 산정한 가액을 취득가액으로 한다.
ⓒ 매매사례가액은 양도일 또는 취득일 전후 각 3개월 이내에 해당 자산과 동일성 또는 유사성이 있는 자산의 매매사례가 있는 경우 그 가액을 말한다.
ⓔ 감정가액은 해당 자산에 대하여 감정평가기준일이 양도일 또는 취득일 전후 각 3개월 이내이고 둘 이상의 감정평가법인 등이 평가한 것으로서 신빙성이 인정되는 경우 그 감정가액의 평균액으로 한다.
ⓜ 환산가액은 양도가액을 추계할 경우에는 적용되지 않고 취득가액을 추계할 경우에는 적용된다.
ⓗ 취득가액을 매매사례가액으로 계산하는 경우 취득당시 개별공시지가에 3/100을 곱한 금액이 필요경비에 포함된다.

26 ② ㉠ ⇨ ㉢ ⇨ ㉡ ⇨ ㉣
양도가액 또는 취득가액을 실지거래가액에 따라 정하는 경우로서 장부나 그 밖의 증명서류에 의하여 해당 자산의 양도당시 또는 취득당시의 실지거래가액을 인정 또는 확인할 수 없는 경우에는 양도가액 또는 취득가액을 매매사례가액, 감정가액, 환산가액(취득가액에만 적용) 또는 기준시가에 따라 추계조사하여 결정 또는 경정할 수 있다.

27 ① 1억4천만원
추계방법에 의한 취득가액을 환산가액으로 하는 경우 ① (환산가액 + 개산공제액)이 ② (자본적지출액 + 양도비)보다 적은 경우에는 ② (자본적지출액 + 양도비)를 필요경비로 할 수 있다[소법 97 ② (2) 단서]. 이 경우 세부담의 최소화를 위하여 다음의 금액을 필요경비로 한다.

필요경비 = MAX (①, ②)
① (환산가액 + 개산공제액)
② (자본적지출액 + 양도비)

	양도가액	300,000,000원	매매사례가액
−	취득가액	150,000,000원	환산취득가액 = 양도당시의 매매사례가액 × $\dfrac{\text{취득당시의 기준시가}}{\text{양도당시의 기준시가}}$ = 300,000,000원 × $\dfrac{1억원}{2억원}$ = 150,000,000원
−	기타필요경비	3,000,000원	필요경비개산공제 = 취득당시의 기준시가 × 3% = 100,000,000원 × 3% = 3,000,000원
=	양도차익	147,000,000원	

필요경비 = MAX (①, ②) = 160,000,000원
① (환산가액 + 개산공제액)
   = (150,000,000원 + 3,000,000원)
   = 153,000,000원
② (자본적지출액 + 양도비)
   = 140,000,000원 + 20,000,000원
   = 160,000,000원

따라서 양도소득세 부담을 최소화하기 위한 양도차익은 다음과 같다.

	양도가액	300,000,000원	매매사례가액
−	취득가액	0원	
−	기타필요경비	160,000,000원	① 자본적지출액 : 140,000,000원 ② 양도비 : 20,000,000원
=	양도차익	140,000,000원	

28 ② 취득당시 실지거래가액을 확인할 수 없는 경우에는 매매사례가액, 감정가액, 환산가액, 기준시가를 순차로 적용하여 산정한 가액을 취득가액으로 한다.

29 ③ 토지의 기준시가는 「부동산 가격공시에 관한 법률」에 따른 개별공시지가로 한다.

30 ⑤ 1세대 1주택에 해당하는 등기된 고가주택을 양도하는 경우에도 장기보유특별공제는 적용된다.

31 ③ 법원의 결정에 의하여 양도당시 취득에 관한 등기가 불가능한 부동산은 미등기양도에서 제외되어 장기보유특별공제를 적용받을 수 있다.

32 ① 장기보유특별공제액은 건물의 양도차익에 보유기간별 공제율을 곱하여 계산한다.

33 ③ 법령이 정한 미등기양도자산만 양도소득기본공제를 적용하지 않는다.

34 ① 양도소득기본공제는 보유기간의 장단에 관계없이 모든 자산에 대하여 소득별로 적용한다.
② 양도소득기본공제는 보유기간에 상관없다.
③ 미등기 양도자산에 대하여는 양도소득기본공제를 적용하지 않는다.
④ 양도소득금액에 감면소득금액이 있는 경우에는 그 감면소득금액 외의 양도소득금액에서 먼저
공제한다.

35 ③ 비상장주식

🏠 **양도소득금액의 구분계산과 결손금의 통산**

> 양도소득금액은 다음의 소득별로 구분하여 계산한다. 이 경우 소득금액을 계산할 때 발생하는 결손금은 다
> 른 소득금액과 합산하지 않는다.
> 1. 토지·건물 및 부동산에 관한 권리와 기타자산의 양도소득금액
> 2. 주식 또는 출자지분의 양도소득금액
> 3. 파생상품 등의 양도소득금액
> 4. 신탁수익권의 양도소득금액

36 ⑤ 6개월 보유한 골프 회원권을 양도한 경우는 6%~45%의 8단계 초과누진세율을 적용하고 , 6개월
보유한 등기된 1세대 1주택인 아파트를 양도한 경우는 70%의 세율이 적용된다.

37 ③ 분양권은 보유기간에 따라 세율이 다르다. 즉, 1년 미만 보유하고 양도한 경우에는 70%, 1년 이
상 2년 미만 보유하고 양도한 경우에는 60%, 2년 이상 보유하고 양도한 경우에는 60% 세율을 적용
한다.

38 ③ 미등기양도자산은 양도소득세 과세표준에 100분의 70을 곱한 금액을 양도소득 산출세액으로 한다.

39 ④ 1세대 1주택으로서 「건축법」에 의한 건축허가를 받지 아니하여 등기가 불가능한 자산은 미등기
양도자산에서 제외한다.

40 ④ 2025년 12월 31일 – 양도인의 주소지 관할세무서장
1. 예정신고·납부기한: 국내소재 부동산을 2025년 10월 24일 양도한 경우 양도일(2025년 10월 24일)
이 속하는 달의 말일부터 2개월(2025년 12월 31일) 이내
2. 관할관청: 양도인의 주소지 관할세무서장

41 ① 2025.3.15.에 양도한 경우, 예정신고기한은 2025.5.31.이다.
② 예정신고시 예정신고납부세액공제(산출세액의 10%)가 적용되지 않는다.

③ 예정신고 관련 무신고가산세가 부과되는 경우, 그 부분에 대하여 확정신고와 관련한 무신고가산세가 다시 부과되지 아니한다(중복 ×).
⑤ 확정신고 기간은 양도일이 속한 연도의 다음 연도 5월 1일부터 5월 31일까지이다.

42 ③ 예정신고납부를 할 때에는 확정신고납부의 경우와 마찬가지로 분할납부를 할 수 있다.

43 ② 건물을 신축하고 그 취득일부터 5년 이내에 양도하는 경우로서 감정가액을 취득가액으로 하는 경우에는 그 감정가액의 100분의 5에 해당하는 금액을 양도소득 결정세액에 가산한다.
③ 토지 또는 건물을 양도한 경우에는 그 양도일이 속하는 달의 말일부터 2개월 이내에 양도소득 과세표준을 신고해야 한다.
④ 예정신고납부할 세액이 2천만원을 초과하는 때에는 그 세액의 100분의 50 이하의 금액을 납부기한이 지난 후 2개월 이내에 분할납부할 수 있다.
⑤ 당해연도에 누진세율의 적용대상 자산에 대한 예정신고를 2회 이상 한 자가 법령에 따라 이미 신고한 양도소득금액과 합산하여 신고하지 아니한 경우에는 양도소득 과세표준의 확정신고를 하여야 한다.

44 ③ 「소득세법」상 보유기간이 8개월인 조합원입주권의 세율은 양도소득에 대한 개인지방소득세 과세표준의 1천분의 70을 적용한다.
① 「소득세법」, 「법인세법」 및 「조세특례제한법」에 따라 소득세 또는 법인세가 비과세되는 소득에 대하여는 지방소득세를 과세하지 아니한다(지방세법 제90조).
② 양도소득에 대한 개인지방소득세의 공제세액이 산출세액을 초과하는 경우에는 그 초과금액은 없는 것으로 한다(지방세법 제103조의 4).
④ 양도소득에 대한 개인지방소득세의 세액이 2천원 미만인 경우에는 이를 징수하지 아니한다(지방세법 제103조의 60).
⑤ 거주자가 「소득세법」 제105조에 따라 양도소득과세표준 예정신고를 하는 경우에는 해당 신고기한에 2개월을 더한 날("예정신고기한"이라 한다)까지 양도소득에 대한 개인지방소득세 과세표준과 세액을 대통령령으로 정하는 바에 따라 납세지 관할 지방자치단체의 장에게 신고("예정신고"라 한다)하여야 한다. 이 경우 거주자가 양도소득에 대한 개인지방소득세 과세표준과 세액을 납세지 관할 지방자치단체의 장 외의 지방자치단체의 장에게 신고한 경우에도 그 신고의 효력에는 영향이 없다(지방세법 제103조의5 제1항).

🔒 2019.12.31. 개정

- 개정 전 : 신고기한까지
- 개정 후 : 신고기한에 2개월을 더한 날까지

45 ② 국외자산 양도시 양도소득세의 납세의무자는 국외자산의 양도일까지 계속하여 5년간 국내에 주소를 둔 거주자이다.
③ 미등기 국외토지에 대한 양도소득세율은 6%~45%이다.
④ 국외자산 양도에 대하여는 장기보유특별공제를 적용하지 아니한다.

⑤ 국외자산의 양도가액은 그 자산의 양도 당시의 실지거래가액으로 한다. 다만, 양도 당시의 실지거래가액을 확인할 수 없는 경우에는 양도자산이 소재하는 국가의 양도 당시 현황을 반영한 시가에 따르되, 시가를 산정하기 어려울 때에는 그 자산의 종류, 규모, 거래상황 등을 고려하여 대통령령으로 정하는 방법에 따른다.

46 ⑤ 미등기 국외토지에 대한 양도소득세율은 6%~45%이다.

47 경작상의 필요에 의하여 농지를 교환하는 경우, 교환에 의하여 새로이 취득하는 농지를 (㉠ 3년) 이상 농지소재지에 거주하면서 경작하는 경우[새로운 농지의 취득 후 (㉡ 3년) 이내에 법령에 따라 수용 등이 되는 경우 포함]로서 교환하는 쌍방 토지가액의 차액이 가액이 큰 편의 (㉢ 4분의 1) 이하이면 농지의 교환으로 인하여 발생하는 소득에 대한 양도소득세를 비과세한다.

48 ③ 「소득세법」에 따라 1거주자로 보는 교회가 주택을 양도하는 경우에는 1세대 1주택 비과세 규정이 적용되지 않는다.

49 ② 소유하고 있던 공부상 주택인 1세대 1주택을 거주용이 아닌 영업용 건물(점포·사무소 등)로 사용하다가 양도하는 때에는 1세대 1주택으로 보지 아니한다.

50 ③ 대지 1,000m², 건물 200m²
1. 건 물
주택(150m²) ≥ 상가(50m²) : 전부를 주택으로 본다. 따라서 200m²를 비과세한다.
2. 토 지
주택의 부속토지 : 200m² × 5배 = 1,000m²이다. 따라서 1,000m²를 비과세한다.

51 1세대 1주택 비과세 요건을 갖춘 고가주택에 해당하는 자산에 적용할 양도차익은 [일반적인 양도차익 $\times \dfrac{\text{양도가액} - 12\text{억원}}{\text{양도가액}}$]으로 계산한 금액으로 한다.
1. 일반적인 양도차익 : 15억원 − 10억원 = 5억원
2. 1세대 1주택 비과세 요건을 갖춘 고가주택의 양도차익 : $5\text{억원} \times \dfrac{(15\text{억원} - 12\text{억원})}{15\text{억원}} = 1\text{억원}$

52 ① 국내에 1주택을 소유한 1세대가 종전의 주택을 양도하기 전에 신규 주택을 취득함으로써 일시적으로 2주택이 된 경우 종전의 주택을 취득한 날부터 1년 이상이 지난 후 신규 주택을 취득하고 신규 주택을 취득한 날부터 3년 이내에 종전의 주택을 양도하는 경우에는 이를 1세대 1주택으로 보아 제154조 제1항을 적용한다.

53 ⑤ 사업상 형편으로 인한 이전은 보유기간의 제한을 받지 아니하는 예외에 해당하지 않는다.

54 ① 2017년 8월 3일 이후 취득 당시에 조정대상지역에 있는 주택으로 양도일 현재 1주택만을 보유하고 있는 1세대로서 당해 주택의 보유기간이 2년 이상이고 그 보유기간 중 거주기간이 2년 이상인 경우에만 비과세가 적용된다.

55 ① 양도소득세 납세의무자는 乙이다.
③ 양도차익 계산시 양도가액에서 공제할 취득가액은 3억원이다.
④ 乙이 납부한 증여세는 양도소득세 납부세액 계산시 필요경비에 산입한다.
⑤ 양도소득세에 대해 甲과 乙이 연대하여 납세의무를 지지 않는다.

56 ⑤ 장기보유특별공제 보유기간 적용시 증여한 배우자 또는 직계존비속이 해당 자산을 취득한 날부터 기산(起算)한다.

57 ② "조세의 부담을 부당하게 감소시킨 것으로 인정되는 때"란 특수관계인으로부터 시가보다 높은 가격으로 자산을 매입하거나 특수관계인에게 시가보다 낮은 가격으로 자산을 양도한 때 또는 그 밖에 특수관계인과의 거래로 해당 연도의 양도가액 또는 필요경비의 계산시 조세의 부담을 부당하게 감소시킨 것으로 인정되는 때를 말한다. 다만, 시가와 거래가액의 차액이 3억원 이상이거나 시가의 100분의 5에 상당하는 금액 이상인 경우에 한한다.

58 ① 거주자가 특수관계인(이월과세를 적용받는 배우자 및 직계존비속의 경우는 제외한다)에게 자산을 증여한 후 그 자산을 증여받은 자가 그 증여일부터 5년 이내에 다시 타인에게 양도한 경우로서 증여받은 자의 증여세와 양도소득세를 합한 세액이 증여자가 직접 양도하는 것으로 보아 계산한 양도소득세보다 적은 경우에는 증여자가 그 자산을 직접 양도한 것으로 본다. 다만, 양도소득이 해당 수증자에게 실질적으로 귀속된 경우에는 그러하지 아니하다.

59 ① 「도시개발법」이나 그 밖의 법률에 따른 환지처분으로 지목 또는 지번이 변경되거나 보류지(保留地)로 충당되는 경우에는 소득세법상 양도로 보지 아니한다.
② 파산선고에 의한 처분으로 인하여 발생하는 소득에 대해서도 양도소득세를 비과세한다.
④ 부당과소신고가산세는 과세표준 중 부당한 방법으로 과소신고한 과세표준에 상당하는 금액이 과세표준에서 차지하는 비율을 산출세액에 곱하여 계산한 금액의 100분의 40에 상당하는 금액으로 한다.
⑤ 양도소득세 과세대상인 부동산을 양도한 경우 그 양도소득 과세표준 예정신고기한은 양도일이 속하는 달의 말일부터 2개월 이내이다.

60 ① 등기되지 아니한 국내 부동산임차권의 양도는 양도소득세 과세대상에 해당하지 않고 종합소득 중 기타소득에 해당한다.

61 ③ 2025년에 양도한 토지에서 발생한 양도차손은 5년 이내에 양도하는 토지의 양도소득금액에서 이월하여 공제받을 수 없다.

62 ③ 배우자 또는 직계존비속이 아닌 자 간의 부담부증여에 있어서 수증자가 증여자의 채무를 인수하는 경우 그 채무액상당부분은 양도소득세 과세대상이 아니다.

🔖 **부담부증여**

> 1. 부담부증여란 증여자의 채무를 부담(인수)한다는 전제하에 수증자에게 증여자의 재산을 증여하는 행위로서, 증여자의 채무를 수증자가 인수하는 경우에는 증여가액 중 그 채무액에 상당하는 부분은 그 자산이 사실상 유상으로 이전되는 것으로 보아 증여자에게 양도소득세가 부과되며 나머지 금액은 수증자가 증여받은 것으로 본다.
> 2. 배우자 간 또는 직계존비속 간의 부담부증여에 대하여는 수증자가 증여자의 채무를 인수한 경우에도 당해 채무액은 수증자에게 채무가 인수되지 아니한 것으로 추정한다. 다만, 당해 채무액이 국가 및 지방자치단체에 대한 채무 등 대통령령이 정하는 바에 의하여 객관적으로 인정되는 경우에는 그러하지 아니한다.

63 ② 특수관계인 간의 거래가 아닌 경우로서 취득가액인 실지거래가액을 인정 또는 확인할 수 없어 그 가액을 추계결정 또는 경정하는 경우에는 매매사례가액, 감정가액, 환산가액(취득가액에만 적용), 기준시가의 순서에 따라 적용한 가액에 의한다.

64 ⑤ 비상장주식만 통산한다.

🔖 **양도소득금액의 구분계산과 결손금의 통산**

> 다음의 양도소득금액은 구분하여 계산하고, 각 소득금액을 계산함에 있어서 발생하는 결손금을 다른 소득금액과 통산하지 않는다.
> 1. 토지·건물 및 부동산에 관한 권리와 기타자산의 양도소득금액
> 2. 주식 또는 출자지분의 양도소득금액
> 3. 파생상품 등
> 4. 신탁수익권
> 따라서 국내거주자가 토지와 주식을 양도하는 경우 각각 발생한 결손금은 양도소득금액 계산시 이를 통산하지 않는다.

65 ⑤ 「소득세법」상 보유기간이 8개월인 조합원입주권의 양도소득에 대한 개인지방소득세 세율은 양도소득에 대한 개인지방소득세 과세표준의 1천분의 70을 적용한다.

66 ④ 비거주자는 국외에 있는 건물의 양도로 인하여 발생하는 소득에 대하여 양도소득세 납세의무가 없다.

67 ③ 틀린 것: ⓒ, ⑩(2개)
ⓒ 양도소득금액을 계산할 때 부동산을 취득할 수 있는 권리에서 발생한 양도차손은 토지에서 발생한 양도소득금액에서 공제할 수 있다.

ⓜ 1세대 1주택 비과세요건을 충족한 고가주택의 양도차익

양도가액	1,500,000,000원
− 환산취득가액	1,050,000,000원[1,500,000,000원 × (3.5억원/5억원)]
− 필요경비개산공제	10,500,000원(350,000,000원 × 3%)
= 양도차익	439,500,000원

∴ 1세대 1주택 비과세요건을 충족한 고가주택의 양도차익은 439,500,000원 × (3억원/15억원) = 87,900,000원

68 ② 양도소득금액을 계산할 때 부동산을 취득할 수 있는 권리에서 발생한 양도차손은 토지에서 발생한 양도소득금액에서 공제할 수 있다.

③ 특수관계인 간의 거래가 아닌 경우로서 취득가액인 실지거래가액을 인정 또는 확인할 수 없어 그 가액을 추계결정 또는 경정하는 경우에는 매매사례가액, 감정가액, 환산취득가액, 기준시가의 순서에 따라 적용한 가액에 의한다.

④ 양도일부터 소급하여 10년 이내에 그 배우자로부터 증여받은 토지의 양도차익을 계산할 때 그 증여받은 토지에 대하여 납부한 증여세는 양도가액에서 공제할 필요경비에 산입한다.

⑤ 양도차익을 실지거래가액에 의하는 경우 양도가액에서 공제할 취득가액은 그 자산에 대한 감가상각비로서 각 과세기간의 사업소득금액을 계산하는 경우 필요경비에 산입한 금액이 있을 때에는 이를 공제한 금액으로 한다.

69 ① 이축권을 별도로 적법하게 감정평가하여 신고하는 경우 그 이축권을 토지·건물과 함께 양도함으로써 발생하는 소득은 기타소득이다.

③ 비사업자가 공익사업과 관련하여 지상권을 양도함으로써 발생하는 소득은 양도소득이다.

④ 취득에 관한 쟁송이 있는 자산에 대하여 그 소유권을 확보하기 위하여 직접 소요된 소송비용으로서 그 지출한 연도의 각 종합소득금액의 계산에 있어서 필요경비에 산입된 것은 양도차익 계산시 공제되지 아니한다.

⑤ 양도소득세 과세대상인 신탁 수익권을 양도한 경우 양도일이 속하는 달의 말일부터 2개월 이내에 양도소득과세표준을 신고해야 한다.

70 ③ 부동산매매계약을 체결한 거주자가 계약금만 지급한 상태에서 유상으로 양도하는 권리는 양도소득세의 과세대상이다.

71 ② 상속받은 부동산을 양도하는 경우, 기납부한 상속세는 양도차익 계산시 이를 필요경비로 공제받을 수 없다.

연구 집필위원

정석진	하헌진	이태호	이 혁	임기원
이기명	유상순	김성래	김인삼	이준호
김형섭				

제36회 공인중개사 시험대비 **전면개정판**

2025 박문각 공인중개사
합격예상문제 **2차** 부동산세법 정답해설집

초판인쇄 | 2025. 4. 1. **초판발행** | 2025. 4. 5. **편저** | 박문각 부동산교육연구소
발행인 | 박 용 **발행처** | (주)박문각출판 **등록** | 2015년 4월 29일 제2019-000137호
주소 | 06654 서울시 서초구 효령로 283 서경 B/D 4층 **팩스** | (02)584-2927
전화 | 교재 주문 (02)6466-7202, 동영상문의 (02)6466-7201

판 권
본 사
소 유

비매품
ISBN 979-11-7262-700-3 | ISBN 979-11-7262-696-9(2차 세트)

2025 박문각 공인중개사
전국 네트워크 시스템

업계 최대 규모 박문각공인중개사 학원!
박문각의 합격시스템을 전국에서 만나보실 수 있습니다.

서울 경기				
강남 박문각	02)3476-3670	검단 박문각	032)565-0707
종로 박문각	02)733-2288	부천 박문각	032)348-7676
노량진 박문각	02)812-6666	분당 박문각	031)711-0019
평택 박문각	031)691-1972	안산 박문각	031)482-7090
구리 박문각	031)555-3000	이천 박문각	031)633-2980
병점 박문각	031)224-3003	시흥 배곧공인중개사	031)432-3040

충북 충남			
대전 박문각	042)483-5252	천안 박문각	041)592-1335
세종 박문각	044)862-0992	청주 박문각	043)265-4001
제천 제천박문각고시	043)646-9993	충주 충주고시	043)852-3660

전북 전남			
광주 박문각	062)361-8111	전주 행정고시	063)276-2000
순천 박문각	061)725-0555	익산 행정고시	063)837-9998

경북 경남			
대구 서대구박문각	053)624-0070	대구 박문각	053)794-5411

강원	
강릉 영동고시	033)646-5611

제주	
제주 탐라고시	064)743-4393

박문각 공인중개사

합격예상문제 2차

부동산세법

 2024 고객선호브랜드지수 1위
교육(교육서비스)부문

 2023 고객선호브랜드지수 1위
교육(교육서비스)부문

 2022 한국 브랜드 만족지수 1위
교육(교육서비스)부문 1위

 2021 조선일보 국가브랜드 대상
에듀테크 부문 수상

 2021 대한민국 소비자 선호도 1위
교육부문 1위

 2020 한국 산업의 1등
브랜드 대상 수상

 2019 한국 우수브랜드
평가대상 수상

 박문각 공인중개사
온라인강의 www.pmg.co.kr
유튜브　　박문각 클라쓰

 박문각 북스파
수험교재 및 교양서 전문
온라인 서점

 방송대학TV

동영상강의 무료제공 | 방송시간표 수록

기본이론 방송　2025. 1.13(월) ~ 7. 2(수)
문제풀이 방송　2025. 7. 7(월) ~ 8.20(수)
모의고사 방송　2025. 8.25(월) ~ 10. 1(수)

비매품

14320
9 791172 627003
ISBN 979-11-7262-700-3
ISBN 979-11-7262-696-9 (2차 세트)

박문각　www.pmg.co.kr　교재문의 02-6466-7202　동영상강의 문의 02-6466-7201

04 기출문제풀이

기출문제 풀이로
출제경향 체크!

—
핵심기출문제 총 2권
회차별 기출문제집 총 2권
저자기출문제

| 핵심기출문제 |

| 회차별 기출문제집 |

| 저자기출문제 |

05 예상문제풀이

시험에 나오는
모든 문제유형 체크!

—
합격예상문제 총 6권

06 핵심마무리

단기간 합격을 위한
핵심만을 정리!

—
핵심요약집 총 2권
파이널 패스 100선

| 핵심요약집 |

| 파이널 패스 100선 |

07 실전모의고사

합격을 위한
마지막 실전 완벽 대비!

—
실전모의고사 총 2권
THE LAST 모의고사

| 실전모의고사 |

| THE LAST 모의고사 |

박문각
공인중개사

합격예상문제 시리즈

1 차 부동산학개론 | 민법·민사특별법
2 차 공인중개사법·중개실무 | 부동산공법 | 부동산공시법령 | 부동산세법